U0933511

珍藏本
纪念版

汉译世界学术名著丛书

国民经济学基础

〔德〕瓦尔特·欧肯 著

左大培 译

商务印书馆
SINCE 1897
The Commercial Press

2017年·北京

Walter Eucken
DIE GRUNDLAGEN DER NATIONALÖKONOMIE
Springer-Verlag，Berlin 1989
本书根据施普林格出版社 1989 年版译出

汉译世界学术名著丛书
（120年纪念版·珍藏本）
出 版 说 明

2017年2月11日，商务印书馆迎来120岁的生日。120年前，商务印书馆前贤怀揣文化救国的理想，抱持"昌明教育，开启民智"的使命，立足本土，放眼寰宇，以出版为津梁，沟通中西，为中国、为世界提供最富智慧的思想文化成果。无论世事白云苍狗，潮流左右激荡，甚至战火硝烟弥漫，始终践行学术报国之志，无改初心。

迻译世界各国学术名著，即其一端。早在20世纪初年便出版《原富》《天演论》等影响至今的代表性著作，1950年代后更致力于外国哲学和社会科学经典的译介，及至1980年代，辑为"汉译世界学术名著丛书"，汇涓为流，蔚为大观。丛书自1981年开始出版，历时三十余年，迄今已推出七百种，是我国现代出版史上规模最大、最为重要的学术翻译工程。

丛书所选之书，立场观点不囿于一派，学科领域不限于一门，皆为文明开启以来，各时代、各国家、各民族的思想与文化精粹，代表着人类已经到达过的精神境界。丛书系统译介世界学术经典，引领时代思想，为本土原创学术的发展提供丰富的文化滋养，为推动中国现代学术和现代化进程做出了突出的贡献。

为纪念商务印书馆成立120周年，我们整体推出“汉译世界学术名著丛书”120年纪念版的珍藏本，寄望既利于文化积累，又便于研读查考，同时向长期支持丛书出版的译者、编者和读者致以敬意。

两甲子后的今天，商务印书馆又站在了一个新的历史时间节点上。我们不仅要铭记先辈的身影和足迹，更须让我们的步伐充满新的时代精神。这是商务人代代相传的事业，更是与国家和民族的命运始终紧密相连的事业。我们责无旁贷，必须做好我们这代人的传承与创造，让我们的努力和成果不仅凝聚成民族文化的记忆，还能成为后来人可以接续的事业。唯此，才能不负前贤，无愧来者。

商务印书馆编辑部

2017年10月

中译本前言

左 大 培

瓦尔特·欧肯的《国民经济学基础》问世于1940年的德国，出版后立即在德国经济学界引起轰动，4年之中连续出了4版。连当时著名的德国经济学家都说，此书使他对经济学的明白程度跃上了一个新的高度。此书作用如此之大，是因为它对经济学的研究方法作了清楚而又透彻的说明，对德国历史学派与现代的理论经济学之间的争论作出了公允的结论，对经济学中理论与历史的关系作出了令人信服的说明。对于正统的西方微观经济学、新古典经济学的研究方法、逻辑思路，此书作了精确的概括。直至今日，西方的新古典经济学仍然没有突破本书所论述的研究方法的框架。

瓦尔特·欧肯是20世纪40年代德国经济学中的"弗赖堡学派"的领袖。该学派为战后西德的经济体制和经济政策奠定了理论基础，为艾哈德实行的社会市场经济提供了理论依据。欧肯早年曾按历史学派的方式从事过经济研究，后来又在边际主义的货币理论和资本理论研究上颇有建树。但是他最主要的著作是《国民经济学基础》和《经济政策原理》。前者论述经济学的基本问题和研究方法，后者阐述经济政策的基本原理。时至今日，这两本书在德国仍然是经济学中的权威之作。

本书中译本据原著1943年版译出。中译本附上本书英译本的一篇《绪论》和一篇《序言》。因为这两篇文章扼要地说明了著者写作本书的目的、历史背景、所针对的主要问题，以及本书在经济学中的历史地位。英译本《绪论》的作者卢茨是欧肯的学生，他在20世纪50—60年代是国际著名的资本理论权威。有了这两篇英译本前言，中译本就没有必要再作序了。

目　　录

第三篇 科学地认识经济实际

英译本绪论

本书的德文第一版出版于1940年。从那时以来,这本书已经又出了五版,并被译成了西班牙文和意大利文。目前的这个英文译本依据的是德文第六版。

作者是德国弗赖堡大学的经济学教授。欧肯教授在大学学习的时候,历史学派正统治着德国大学中的经济学教学。虽然他在开始从事专业的时候沿着历史学派的道路做过一些工作,但是,历史学派的代表人物们在经济领域中从事历史研究的目的和方法都不能令他满意。这个学派的成员不能说明诸如第一次世界大战后德国的通货膨胀这样的经济事件的原因,这是他转向经济理论的又一个理由。他变成了历史学派在德国经济学家中最主要的敌手,在一些出版物中批评了这个学派。通过写作和教学,他为复活对经济理论的兴趣作出了贡献;在20世纪20年代,这种对经济理论的兴趣的复活是引人注目的。他又是在德国还剩下的少数几个这样的经济学家之一:他们在20世纪30年代和第二次世界大战中帮助保持了这种对经济理论的兴趣。在此期间,他出版了《资本理论研究》(1936年*)和面前的这本书,该书在德国的经济学杂志上立即引

* 应为1934年之误。——中译者注

起了广泛的讨论。作为本书的补充材料,应该提到欧肯教授的一些文章,特别是《克服历史主义》(发表于《施穆勒年鉴》,1938 年)和《施穆勒式的科学》(《世界经济回顾》,1940 年)。

无疑地,本书在德语国家中所获得的成功部分地来源于这样一个事实:它填补了文献上的一个空白;这些国家比其他国家更缺少这种文献。这本书的中心论题是:经济问题的两个方面导致了通过两种途径来探讨它们:一种途径是历史的,另一种是理论的。这当然是一个老论题了。19 世纪下半叶广泛地讨论过它;在那场论争中,一方面的首领是施穆勒,另一方面的是门格尔。两个人中的每一方都有其有力的论据。历史学家们可以正确地宣称:在任何一定的时期中,一国的经济发展都是总的历史发展的一部分,从而都只能在关于那个时代的政治、社会和智力的历史知识的背景之下来理解,因此必须用以历史研究为标志的各种方法来处理。他们的敌手们则可以有同样的权利宣称,这些方法并不能够使我们解释一个经济系统内部的各种相互关系,即并不能让我们追溯到观察到的各种经济事实在经济上的原因。这个论争从来也没有得到满意的解决。门格尔不能说服历史学派的追随者们;施穆勒也不能说服理论学派的追随者们;在争论停止以后,经济学的研究仍然像过去一样,沿着两条完全不同的路线进行着。

德国和世界过去 20 年中的各种事件必定引起对这个问题的新的讨论和探索。它们似乎提供了充分的证据,说明没有什么能够比桑巴特的下列论断离真理更远:政治事件并不决定性地影响经济发展。各种政治革命对于经济的影响变得如此明显,以至于德国年轻一代中的许多人得出了这样的结论:抽象的经济理论几

乎不能对理解经济实际作出什么贡献。追溯一个既定时期中一国的经济发展，一直到标志着这个时期的各种巨大的历史（社会、政治和智力）力量，似乎是更为现实的。在德国，经济理论从未像在盎格鲁—撒克逊国家中那样牢固地确立起来，它似乎又注定要采取守势了。

作者接受了这个形势所提出的挑战。为了充分认识任何时间、任何地点的经济实际，到底需要什么？这是本书试图回答的主要问题。当时，许多理论家似乎与其说把理论当作最终目的在于帮助说明经济实际的工具，还不如说把它当作逻辑上的练习；而许多历史学家则把经济理论当作他们车间里的一种不必要的工具。在这样一个时代中，这样一本书理应受到欢迎：它从观察有目的地取自日常经济生活的各种简单的经济事实出发，从其中阐发出一般的概念工具；再回到各种事实上来，指出怎样运用这个工具以理解经济实际，该工具对这种理解又如何必不可少；在这个过程中，就回答了经济史学家和经济理论家各起什么样的作用这样一个问题。

这本书虽然探讨方法论问题，但是读者将会发现，它与标准的方法论论文极不相同。找不到对这样一些问题的抽象讨论：例如经济学中的“归纳法”和“演绎法”，或社会科学与自然科学之间的关系，以及诸如此类的通常在方法论的文献中被详尽地讨论的课题。对经济实际的强烈感受；广泛的经济史知识；确信不能靠抽象的论证方法论来找到经济学中的适当做法，而是各种经济问题本身的性质决定了这种做法；作者对他的问题和结论的探讨，都是这本书独有的特征。

弗·阿·卢茨

英译本序言

过去一百多年中，经济学家们作出了无数不同的努力，以便更好地认识经济世界。古典经济学家们建立了一个逻辑上异常一致的体系，阐发了为经济分析所必不可少的各种方法。但是他们不能完全理解现代的经济世界——这个产业主义的、有着各种新型社会问题、循环波动以及现代的经济权力斗争的世界。当代的各种问题变得越有压力，经济科学与现实世界之间的鸿沟就变得越令人不能容忍。

19 世纪经济学中的两个最重大的发展，都来自更好地认识实际经济世界的努力：这就是历史学派和现代的经济理论体系。门格尔、瓦尔拉斯、杰文斯和其他大师们规划并开始建立了经济理论的现代结构，他们的目的一直是：通过重新思考经济生活的各种基本条件而更好地把握经济实际。历史学派的道路则完全不同。他们排斥理论，致力于广泛地描述特殊的工业部门、不同国家的社会条件、农业和其他许多东西。这些都被视为一个历史发展过程的一部分并被塞进了经济发展的各种"阶段"和"风格"之中。不管这两个运动在方法上和结果上有什么不同，他们都怀着同样的冲动：渴望更好地认识现实的经济世界。正如弗里德利希·冯·维塞尔1891 年所指出的："二者都追随着时代的精神，排斥玄学的理论，在观察的王国中寻求它们的结论。”

各种经济发展和经济波动的理论都有着同样的目标。在认识经济发展的进程时，它们的目的在于更加接近经济实际，在分析与现实世界之间的鸿沟上架起桥梁。充分就业理论也在试图向经济科学中引进更多的现实主义。在这方面它走得很远。提出它的人们相信，经济分析应该放弃各种比例、相对价格和各种物品的边际量；他们使用消费、生产、投资和储蓄的总量的术语来进行分析。在这方面，他们走的是重商主义者们的道路。我们在这里不想进行批判，我们只是要强调：充分就业理论的目的也在于更好地认识现实的经济世界。

这本书产生于同样的原因。集中的计划、各种充分就业政策、新形式的经济危机和异常迅速地变化着的日常经济生活中的各种事实，都在强迫经济学家们再一次向自己提出这样的问题：怎样才能把握现实的经济世界。现代的经济世界使经济学家们不断地面临着各种新的要求，而我们在这里试图回答的正是这些要求。

我们的结论是：经济学的分析工具必须、也能够扩大，以便包括对经济现象的形态学的研究(morphological study)。对经济史的这种形态学的研究揭示了有限数量的纯粹的形式，所有过去和现在的实际的经济秩序都是由这些纯粹的形式构成的。我们的两个任务是：提炼出这些纯粹的形式；同时为将会解释经济运行过程的理论分析提供一个基础。尽管经济发展带来了种种变化，但仍然可以观察到形式的一定的恒定性。我们不应该再集中注意力于试图在我们的科学理论中跟上日复一日的、迅速的经济发展。这种尝试只是令人想起坦塔罗斯(Tantalus)：当他伸手去摘果实时，果实总是移得离他越来越远，使他总是落在果实后面而够不到它。我们的目的毋宁是：建立一个形态学的和理论的体系，它能够包括一切经济生活，不管经济生活如何发展；它能够像一张网一样捕捉住不断变化的经济实际的形态。有了这个形态学体系，也就有可能为我们现代的各种问题而充分利用过去的理论成就。

经济学在盎格鲁—撒克逊各国的发展与在德国极不相同。19 世纪 70 年代的英国政治经济学没有受到历史学派像在德国所具有的那样深远的影响，从古典经济理论到现代经济理论的过渡不是通过"革命"，而是在马歇尔的无可争议的领导下逐渐进行的。于是，连续性就成了盎格鲁—撒克逊世界的经济学的特征。但是最近就完全不同了。发生了突然的危机。作为凯恩斯的理论的出发点的各种问题、它用来工作的方法和范畴，都与那些过去占统治地位的东西不同。许多过去似乎牢靠的东西现在都成问题了；这个危机已经波及所有国家的经济思想当中。

在这样不确定的时代中，回到经济世界的各种基本事实上去，把一切意识形态都坚定地抛到一边，似乎是有价值的。英国和美国的读者过去可能不会像在现在的形势下那样能理解本书的目的。当我们洞察了经济生活的各种实际条件时，就会十分清楚：精确把握现实经济世界要求认识经济活动在其中发生的那各种不同的形式；因此，形态学的分析必须先于理论的分析。所以我相信，恰恰是本书中的各种形态学的观点可能会使英国和美国的读者们感兴趣，特别是从经济政策的各种原理的观点来看更是如此。

T. V. 哈金森先生以如此之大的谅解承担了本书的翻译工作，我理应特别愉快地感谢他。

瓦尔特・欧肯

于布拉艾斯高的弗赖堡

1950 年 3 月

德文第一版序言

本书不是一本关于方法论的著作，它的对象是**经济实际**。对每一门科学来说，方法论反思的滋长繁盛都是一种患病的象征。但是，单靠方法论还从来没有治愈过一门患病的科学。

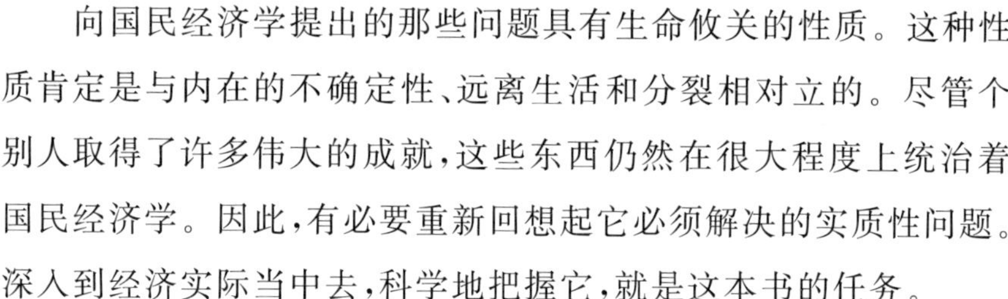

向国民经济学提出的那些问题具有生命攸关的性质。这种性质肯定是与内在的不确定性、远离生活和分裂相对立的。尽管个别人取得了许多伟大的成就，这些东西仍然在很大程度上统治着国民经济学。因此，有必要重新回想起它必须解决的实质性问题。深入到经济实际当中去，科学地把握它，就是这本书的任务。

1939 年 11 月

德文第二版序言摘录

本书第一版问世后，随即展开了一场科学讨论。在这场讨论中，可以一再看到对本书的主要思想的很好的理解；讨论也从不同方面促进了对所提出的问题的探讨。但是，我在讨论的过程中得出了这样的印象：应该在第二版中比在第一版中更明确地强调某些重要的思想……

思考的进程表明：科学工作有必要从各种学说观点转向实际的事物，从书本转向现实的经济，从书桌转向厂家和家计。这里所说的意思已被大多数人，但不是所有的人正确地理解了。有些人认为，这种观点反映出连科学—国民经济学的传统的那些伟大的成就都予以低估和抛弃。我已经在一次较大范围的科学座谈的过程中更详细地说明过一次我的实际态度。我想在这里重复一下这些话。

“我们必须撇开书本，去观察现实；我们必须离开权威们，去面对事实。这不是说，我们应该回到对科学一无所知的石器时代人的状态。我们当然必须知道并运用前人留下的科学知识。但是，有必要坚定地重新转向现实。也许我可以用别的一些科学来向您说明，问题在什么地方；这也有被误解的危险。”

“伽利略是个既很了解古代科学，也很了解中世纪科学的人。

他特别钦佩阿基米德。他充分了解这些旧的成就，但是他说：我们暂时撇开这些不谈；我们要径直研究石头的降落，或者研究为什么有落潮和涨潮这个问题。也就是说，从日常的各种观察出发，从简单的事实出发；离开书本。这并不意味着鄙视过去的科学；伽利略已经充分吸取了它，它也影响了他对问题的提法。相反地，这意味着果断地转向各种事实，重新彻底研究这些事实，而不是继续纠缠于至今所有的各种观念。如果您读一下开普勒与伽利略之间令人钦佩的往来书信的话，那么您就会发现，一再重复的主要动机是：如果我们继承旧的科学，例如亚里士多德的科学，那我们就会停止不前。因此，转向事实吧！——请不要把我误解为：我想把我们当中的某个人与像伽利略那样的伟人相比。我根本不会那样做。问题不在于人物，而仅仅在于阐明这门科学的形势与我们所具有的任务。我们要确定我们所处的地点，说明我们着手研究事物时所必须使用的方式。”……

“科学总是同时是两个东西：它既是革命的，又是传统的。就它彻底地提出问题并且必须这样提问题来说，它是革命的；它是传统的，是因为它不允许抛弃那些说过很重要的东西的人们所提出、所解决的问题。在经济科学现在的状况下，鉴于它面对重大的二律背反而破产的事实，我们必须特别彻底地提出问题，重新分析各种事实状况，而不能简单地继续已有的东西。这并不是不虔诚。这是在这门科学今日所处的形势下必须提出的要求。我很遗憾，我努力采取的态度被误解了。它被同那样一些人物的态度混淆在一起：他们既不了解事实，也不了解过去的科学成就，而是虚构空浮词句的体系。他们陷入了旧的、灾难性的概念的玄思当中，还认为这是彻头彻尾的新东西。我们必须最坚决地远离这些东西。”

我们正是在讨论具体的实际问题时得知，哪些旧的问题提法、处理方法和对问题的解答是有价值的、不可缺少的，哪些推动着我们，哪些是无用的、没有价值的，必须放弃。为此本书举了许多例子。因此，当我们说：我们越是彻底地探究事实并且暂时放弃简单地继承现有的学说观点，最后就越能与精神传统中真正伟大的和富有成果的东西密切地联系起来，越能有把握地剔除多余的和有害的东西；那么，这仅仅在表面上是怪论。我们这样做（而且将会表明，我们**必须**这样做），不是要建立一个新的流派或一个新的宗派，而是要为这**一门**科学服务。

1941 年 9 月

德文第三版序言摘录

关于对国民经济学传统的态度，我已经在第二版序言中发表了一些意见。有理由通过序言再谈一下这个问题。

任何开始研究国民经济学问题的人都不容易在国民经济学中找到头绪。他面对着极为多种多样的不同学说。他读比如说斯密、李斯特、桑巴特、凯恩斯以及其他老的和新的人物的著作并断定，他们说得极不相同。加之他又到处碰到利益相关的人和门外汉们的作品，起初他并不能把它们与科学的成就区分开来。他不能认出重要的东西；他把表述上的区别当成实质上的对立，不能把宝贵的东西同没有价值的东西分别开来。阅读的结果通常是把粗浅地学到的不同学说的看法并列地记在脑袋里，这种并列与实际的经济几乎没有什么联系。就是国民经济学的专家满足于折衷主义地汇集各种学说观点的事也并不罕见。此外还有这样一些作家，他们否定过去的一切或几乎一切成就，相信只有自己才拥有哲人之石。——无论如何，不存在与传统的可靠关系，不能使过去做出的伟大的思维工作对解决经济现实的问题产生多少成果，甚至不能使它产生任何成果。

如何才能在这方面造成转变？怎样才能普遍地而不仅是零星地形成一种与伟大成就的活生生的关系？——本书的回答是，不是通过简单的继承一个或另一个流派，就是说，不是靠求助于一个权威或许多权威，而是通过坚决地面对事实，面对实际的经济本身。这似乎是一个荒唐的回答。怎么？我们应该通过避开国民经济学的伟人们来与他们建立联系？那我们岂不就背弃了他们吗？那样我们不就给自己堵住了通向他们的道路吗？——不，恰恰相反。人们是在对对象、对各种实际经济问题本身的工作中询问过去的思想家，并且在共同努力解决实际问题时真正熟悉他们的。这样人们就理解了他们所研究的各种问题、他们发展的各种方法和他们的解答的影响。这时人们就不难认识到，真正科学的、国民经济学的研究与思想家们假哲学的空话、与虚浮的方法论、与利益相关者们的看法之间隔着多大的距离。这样也就会成功地把表述上的差别与科学见解上的对立区别开来，并看到例如现代的国民经济学理论就比局外人所经常揣测的要统一得多。鉴于国民经济学当前的状况，必须像在一门专门科学的范围内才能做到的那样彻底地提出问题。但是，恰恰是由于我们从传统转向事实，也就开始直接地、更深刻地真正理解精神传统：因为对事物的分析导致克服前人留下的历史的和理论的国民经济学的并列问题，把这两股精神劳动的潮流汇合到一起，由此提高了它们的效力。

最近，人们把我对国民经济学的态度与施本格勒的态度作了比较。据说，正像施本格勒认为迄今为止的国民经济学在其真理与事实相遇的所有地方都已经失效了一样，我也要抛弃迄今为止的国民经济学知识，因为它们不符合经济实际。据说施本格勒和我两个人都根本否定现有的国民经济学。——这是一种什么样的误解，而且还是一种容易避免的误解！我再重复一遍：这本书是一个统一体。谁如果只读了零星的几页，那他就根本不可能理解这从属于一个总的内在关联的几页。谁要是选出那个批判篇（它离开各种学说观点而转向各个事实），以及谁要是不熟悉那些部分（它们分析事实并在工作本身中与国民经济学的大师们联系起来），谁就不会理解这里对精神传统和科学工作的连续性所采取的态度。这里适用的也是：Je ne sais pas l'art d'être clair pour qui ne veut pas être attentif〔我不知道如何使那些不注意的人明白〕。——无论如何，那些不了解国民经济学的思维工作及其伟人就匆忙地否定过去的一切成就的人，不应该依据我。相反地，我希望同时使所有那些准确地、完整地读了这本书，并且严肃地致力于科学地探究实际的经济的人，能够容易理解国民经济学的那些富有成果的、理应受到尊重的著作。

1942年12月

德文第五版和第六版序言

我们在最近这个时期所经历的各种划时代的事件，并没有引起本书的变化。——本书的目的之一就在于从其变化和多样性上去认识经济实际，又不使自己卷入事件的漩涡中去。科学应当仔细研究今天的和过去的、这里的和那里的实际的经济，但是它自己不能听任时机的摆布。

因此，这两版只作了这样一些改动和扩充，它们对于更清楚、更明确地表达某些思想看来是适当的。它们没有触及本书的主要思想。

在最后的注脚中简短地说明了第六版对于第五版（1947 年）所作的比较重要的改动。

瓦尔特·欧肯

1949 年 12 月

第 一 篇

一个主要问题

第一章　国民经济学的一个主要问题从日常经验中产生

Ⅰ. 事实与问题

1. 引子

希波里特·泰纳曾经说过:“三个世纪以来,我们越来越丧失了对事物的完整的直接观察;在一种多样的、长期的课堂教育的强制下,我们不是研究各种对象,而是研究它们的记号;不是研究地层,而是研究地图。”事实上,每种文化、每门科学在其发展进程中都陷入了失去对事物的完整的直接观察的危险。那时就是抛开围绕字眼的争论、忘记没有内容的概念成规而真正研究地形的时候了。国民经济学现在正处于这种状况。为了赢得一个牢固的基础,有必要完整地直接观察事实,明确地、简单地提出问题。

我站在给我的房间供暖的炉子前,这是一个极其平常的炉子。然而,注视它确实就足以激发出那些最重要的问题。——大约三百年前,笛卡儿在他开创性的《哲学原理》的一开头就描写过他如何彻底怀疑起整个世界来。他谈到:他看着他面前的炉子,观察他的上衣并用他的手去触摸纸张。这一切都是真的吗?他这样问道。抑或它是个幻影？我本人存在吗？究竟什么是真的？——如此彻底地怀疑和如此彻底地提问是哲学家的事，但不是个别科学的科学家的事，因此也不是国民经济学家的事。我们并不像笛卡儿那样，怀疑立在我们面前的炉子的存在，也不怀疑桌子、上衣和纸张的存在。我们以日常经验为出发点，而不问它究竟如何形成。如果我们要提出哲学家的问题，那就是混淆了问题的提法，从而混淆了科学；这种混淆虽然经常可以看到，但却是有害的和不可原谅的。

但是，如果说个别的经验科学也从日常经验出发，那么它提的问题却比头脑简单的人要彻底得多，而且没有任何一门经验科学会像头脑简单的人那样毫不在乎地把日常经验当作不言自明的来接受。——用来造炉子的物质具有什么性质？光是这一个问题就会引出一堆问题，它们会一直导向原子物理学。这炉子为什么有一定的热力？一个这样的问题将会导向热力学以至更远。——我们提出其他问题：究竟为什么生产炉子？为什么恰好把它安装在这间屋子里？似乎是些简单的问题。因为冬天这儿冷。确实。但是我们从日常经验中知道，为了制造这一个炉子，各种极不相同的、分开的劳务相互交织地衔接了起来。从筑炉工向后直到在煤矿和矿山中劳动的矿工，以及直到在钻床旁劳动的五金工人，参与的人的数目几乎无法弄清。矿石是用一条船运到德国的；这样，那些向这条船上打铆钉的工人就也间接地参加了炉子的生产。怎么会安排得使所有这些工作都互相衔接并且最终全都向炉子的生产看齐？——而当我现在的目光落到桌子上或纸上，或者落到窗户上时，就不由得产生了完全类似的问题。我在屋子里看到的所有

物品，都产生于一个宏大的分工机构。这儿闪亮出一个关系到所有人的大问题。**每一个人的物品供应、从而每个人的生存都取决于这个巨大的分工的总关联，如何控制这个巨大的分工的总关联？**甚至仅仅是为了理解这一个炉子的生产和冬天对我的房间的供暖，我也必须从其内在联系上了解这个整体。

2. 更详细地探讨这个主要问题。它的五个方面

人们不能避开这个问题。它是重要的。而且即使18世纪以前还没有完全看到它，也并没有因此而触及它的重要性。——它如何详细地显示出来？

今天我吃了一定量的面包、肉和蔬菜，生起了炉子，在我的屋子里点了几小时电灯。由此我满足了我今天的一部分需要。我必须放弃其他需要的满足，因为我缺乏满足它们的手段。别人的情况也正是这样。为什么会这样控制这个巨大的社会生产的总体，以至于人们今天满足他们对面包、肉或者其他消费品的需要的一个一定的部分，而不满足另一个部分？或者，从另一方面看同一个问题：为什么这块地上种麦子，那块地上种烟草，而第三块地上种甜菜？为什么我们乘飞机飞过的那片田野分派给了某些植物？而且在同样质量的土地上种上了不同的作物。为什么？那块田野的形象唤起的印象是，土地不是任意地分派给不同的用途的。关于土地的使用方向的决定取决于什么？显然这是一个重要问题；因为对居民的面包、烟草、糖和其他消费品的供应又取决于这一使用方向。而劳动力又是如何被引导到各个用途中去的呢？为什么冶

金工人 A 今天为之劳动的铁，以后某一部分用于造船，另一部分用于造桥，第三部分则用在小铁工业中？简而言之：现存的土地、劳动力和现存的半成品、制成品，为什么、又是怎样被导入一定的使用方向的？这是第一个问题。

第二，在一个机床厂工作的工长 B，每月收入 400 马克的工资。为他的成绩，为他参与其他许多用这些机床生产的物品的生产，厂商付给他 400 马克的钱，而他则用这笔钱去买一定量的消费品。为什么这个人和他的家庭获得了这年德国生产的消费品中的一个一定的部分？为什么不更多些也不更少些？可以向千百万人提出同样的问题。在这方面，各个人的份额是完全不同的。有些人只得到 B 的工资的四分之一或一半，其他的人则较多或者多得多。C 有一笔储蓄银行存款并由此当月收入 40 马克利息。为什么？一年的巨大的消费品分散进入某些渠道，最后以不同的强度和构成消失在各家计中，这又如何解释？

从一个完全不同的方面人们也碰到这第二个问题——分配问题。无数的人参加了我们谈到过的炉子的生产。他们这样做当然不是无报酬的。零售商出售这个炉子得了 80 马克。这 80 马克和许多参与者们的收入之间存在着一种联系吗？如果存在，是哪一种联系？各个人，从卖炉子的和炉子工厂里的工人谈起，都得到了哪个份额？这里也展示了一个直到矿主和高炉工人的收入以至于更远的广阔前景。

第三，炉子的生产需要**时间**，而制成的炉子则在许多年中提供它的效用服务——给房间供暖。而且，就算我为炉子支付的 80 马克与矿工和运输工人的工资以及所有其他生产者的收入有某种联系，他们中的大多数人在我买炉子并逐渐用坏它之前也早就已经获得了他们的收入。在这个炉子制成并进入使用之前，从而在它自己服务于消费之前，直接和间接合作生产这个炉子的极为众多的工人早就已经把他们的收入用于购买面包、肉和其他许多消费品了。如何照顾到这一点，使得在许多参与者自己的服务满足人们的一种需要以前好多个月和好多年，消费品就供他们的使用支配？——我们必须对 B 工长的收入提出正好同样的问题。可能要过许多年，他参与生产的机床才会协助制成消费品，如鞋、衣服、木制品。怎么会在好多个月和好多年之前就开始生产 B 在这个星期需要的衣服、鞋、面包，怎样在今天使生产如此进行，以致将来的消费品供应不出现中断？

不管我们向何处看去：总是到处都突现出生产的时间结构问题。R 地的农民 A 今天从他的母牛那儿获得了 60 公升奶。在他把奶当作饮用奶卖掉的范围内，这些奶服务于今天和明天的牛奶供应。但是，如果把奶全部或者部分地喂了小牛，它就服务于较远的未来的牛奶供应。生产一次是为了满足离得近的需要，另一次是为了时间上离得较远的、预期是在较远的未来的需要。如何从时间上这样控制生产？——今天制成的一吨锻铁，可以用于生产制鞋机。鞋是消费品，而如果制鞋机在 15 年后损耗了，那么存在于锻铁中的所有服务就都在消费上成熟了，或接近于在消费上成熟。或者这些锻铁用于建造一座高炉。这样就要持续长得多得多的时间，在某些情况下要好几十年，那些服务才能在消费上成熟。

也可以说：现在、较近或较远的将来的需要为了得到满足而相互斗争。如何对这个斗争作出裁决？——所有与投资和储蓄有关的问题都从属于这一问题。

另外一个问题在我们的顺序中是第四个问题，它涉及第三个问题：鞋厂使用什么制鞋机，农民在耕作中使用什么作业体制，在生产炉子时使用什么生产方法——所有这些都不是固定的。恰恰是近代，存在着许许多多技术上的可能性，而工厂主、手工业者、农夫、承包运货的商人、运输企业家以至每一个家户都必须从这些可能性的数目中进行选择。我们不断地作出关于应当使用的技术的决定：它可能仅仅涉及应该步行还是利用自行车，或是摩托车，或者汽车？——每次应该从许多技术上可能的方法中挑出和使用哪一个方法，这个问题是一个经济问题。为什么以一定的方式解决它？看一下历史就会证明，这种决定常常具有最大的影响并且决定了许多人的命运。光是采用机械织布机所引起的社会改变在许多地方就是何等革命性的啊！

最后，第五，在哪里造炉子？在哪儿炼铁？从哪里获得矿石？为什么商人在下莱茵的一个工厂里买炉子，为什么炉子工厂建在那儿，为什么在埃森生产铁，又为什么在瑞典买矿石？为什么煤、水泥、小麦和啤酒的产地以一定方式在空间上分布于一个地区或整个德国，零售商店、饭店和手工业企业又以一定的方式在空间上分布于柏林？——如果人们鸟瞰地球，那么他们就会看到，不同构成的大大小小的物品日复一日地奔向陆上和海洋上的一定地点。物品每天在国家与国家之间（例如在德国和瑞典之间）销来销去。但是不可忽视的是，在一国的各个部分之间、在城市和农村之间、在各个村庄之间和城市之内同样不断地进行着交换。每个工厂都从一定的地点获得原料和半成品，并且向一定的地点提供它的产品。一切物品的生产都发生于某种空间安排之中，从生产地点出发的为数众多的大大小小的物品之流和反向流从一个地方运动到另一个地方。生产的这种空间控制是怎样进行的？

*　　*　　*

从观察最接近我们的环境而产生的这五个问题并不具有独立性。它们表达了同一个问题的不同方面。从五个不同的要点中看到的是同一件事，人们已经在每个个别经济中看出了它。农民通过在11月卖掉他小麦收成的一定部分并把另一部分重新播种，不仅决定了如何使用土地，而且同时也决定了这个生产的时间结构。而通过播种，他作出了某种地点选择，使用了某一种技术。这样，由所有这些产生了他一定的收入。——在每个工厂中都不仅年复一年地生产着一定数量的某些物品，而且所有的协作者都获得了收入。工厂处于一个确定的地方，向某些地点送去物品；它使用一种一定的技术，并且也通过比如说它的出售将财货之流在时间上指挥到一个确定的方向上去。所有这一切都不可分割地连接在一起。

社会经济的总过程也是这样一个统一的过程，每个厂家、每个家计都仅仅是这个总过程的一个环节：控制生产以满足不同种类的需要，从时间上建构生产，分配过程，使用一定的技术以及经济在空间上的安排都发生于一个过程之中。这一切都是为了克服物品的现存的稀缺而发生的。这样，就是为了借以个别地理解日常的经济生活，我们也要问及这个整体的各种联系。

3. 一个补充

那位1929年还每月挣400马克的工长，在他的工厂采用了短时工作之后，1930年只得到300马克。同时重要的消费品的价格下降，以至于他还能买到比上一年的四分之三多一些的东西。——比起1929年来，威斯特法伦的一家轧钢厂1930年限制了它的中板生产，却生产了几乎与上一年一样多的薄板。柏林的建筑厂家C、D、F在1930年不得不承受订货缺乏并且解雇了很多工人；这些工人这时靠失业津贴过活，也有个别人更加卖力地耕种自己的田地。因为需求疲软，莱比锡的化学工厂H对西欧国家的出口下降，而汉堡和不来梅的进口企业的销售额也同样减少了。其他的商号，例如丝绸缝纫厂G，1930年保住了它们的销售额；于是它们的就业率不变。

我们惯于把这种变动称为**行情波动**。——近来人们已经成功地努力从统计上把握了一个国家或一国的各个部分或者世界的行情波动。这样一些统计报表毫无疑问是有用的。但是特别重要的是直观地想象本来的事实情况，像它们今天在各个工厂、手工业企业、贸易商号、农民的农场和家计当中发生的那样想象它们。行情变化是具体的日常经济生活的变动。因此，我们通过问及巨大的经济整体的各种关联，也要认识它**变动**的原因。

也许现在已经至少可以隐约地感到这整个问题的生命攸关性了。因为正是其存在的变化唤起了人们对科学问题的理解。大部分人都承认机体功能的正常过程是某种不言自明的东西；有时一种疾病促使他们提出生理学的或生物学的问题，或者至少感受到这种问题的意义。在平静的时代，只有少数人向历史求教；而在革命的时期则有好些人想知道历史的塑造力、它的魔力及其教训。日常经济生活不断变化着的动荡时代也是这样，在这些时代与日常经济生活有关的问题受到重视。机器厂的工人很少关心他今天和明天使用消费品是如何实现的，而目前付出的劳绩是要在许多年之后才能达到消费上的成熟的。但是，当他的工厂由于缺乏销路而倒闭、由此使他失业的时候，他可能就要开始思考那迫使工厂关门的整个经济的联系。也许倒闭是由投资过程中的干扰造成的；这时就会显示出，这个看起来是学院式的时间结构问题是一个在实践中极其重要的问题。在生产炉子时使用的技术所提出的问题暂时可能显得不那么重要。但是，倘若在炉子生产中使用了新方法，这一新方法虽然有力地扩大了生产，但是却游离了很多工人，宣判了较老的厂家的衰亡，那又会怎样呢？那时人们就想知道，使用新技术在整个经济中怎样起作用。经济上的危急状况使广泛传播的、对所提出的问题的麻木不仁消失。

4. 批评和反批评

1. 这样就在日常经验中产生了国民经济学的一个重大问题。然而，经验，即使是日常的经验，没有**概念**也是不可能的。因此，我们也使用了诸如经济、生产、收入、工资、分配、劳动、工作以及其他那样的概念。我们没有澄清和定义这些概念就这样做，这里不存在错误吗？是不是首先必须给概念下定义呢？尽管在国民经济学中只是罕见地在原则上表述这种要求，许多国民经济学家却按照它去行动。什么是“经济”？什么叫“国民经济”？什么是“服务”？

这是经常被推到开头处的问题提法。这样，它们就明显地是与我们提出的那些问题完全不同的问题。推上首位的是有关概念的问题，而不是有关事物的联系的问题。

但是，这样提问题从一开始就把科学工作引入歧途，就像有关定义的问题和定义本身已经从大多数其他科学的开端上消失了一样，它们也同样应该从国民经济学的开端上消失。科学根本没有能力在其工作的开始就给出科学的定义。例如，倘若要在研究事实之前就规定“经济”的概念，那就缺乏任何基础。剩下的就只是在这样的定义中以大众的用词习惯为依据，而这样就为多变地、不确定地和主观地解释词汇打开了大门。毫不奇怪，各个学者都按爱好而将极不相同的基本概念一定义就送上市场出售，产生了例如关于什么是“经济”的既激烈而又同样无用的争论，而这种争论绝对不会促进对经济实际的认识。

因为起初还不能科学地对日常的概念下定义，国民经济学就必须暂时像在生活中运用概念时那样，不下定义地使用它们。这样它就立即达到了对事物的分析。对对象的研究导致结果，而结果在定义中简略地表达出来，然后定义才又是进一步研究的工具。即使起初使用的、从日常经验中得出的概念（例如经济、国民经济、生产、工资的概念）是不完整的和不确定的，它们也必须暂时满足于这样。它们是以后可以扔掉的拐棍。只有当我们已经探究了实际问题之后，我们才能够科学地下定义。这时、也只有这时才能判定，究竟哪些概念是有用的，应该形成哪些新的、纯粹科学的概念。由此可见，那种认为科学必须从定义开始，因为它从头就使用概念来工作的意见，是站不住脚的、有害的。（在这里——在开头——

我只能挂出这个警告牌。从我们思维进程的进一步过程中将会得知，不注意它是多么灾难性的。）可以处在开端的定义问题是如此之少，关于经济或“资本主义”或者“资本主义危机”的本质的问题是如此之少。科学因此而陷入沉思和抽象的推论，而同样看不到实际的经济的踪影。——最后，不自己提出问题，而从过去发表过的学说观点出发并且描述它们，希望通过一些同意或者批评性的补充而继续前进，这也是一条邪路。科学，即使是以前的成就，只有通过直接地、出于观察具体实际地提出问题，才会成为活生生的。①

2. 但是，就是在已经看到了这第一个问题并且认识到了它的重要性的时候，在许多情况下也缺乏对它的表述。

从其统一性上无视它是不罕见的。这主要是在这种时候：人们以过去流行的方式使用三分法或四分法，分别提出并试图以特别的学说回答关于生产、分配和消费或者（在第二种场合）还有关于流通的问题。这种分解很容易导致区别分离开的生产、流通、分配和消费的“领域”，而那时人们也就把每一个个别的经济问题分派给一个这样的特别领域。让·巴·萨伊有力地代表了这种分解；首先是在他的影响下，这一分解在几十年中都得到了承认，以至于它长期统治着教科书文献。但它无论如何也不适用于经济实际，因此它必须消失。因为正是由于它而忽视了经济上发生的事情的统一。在经济的任何处所都显露出，这种统一是如何之大。例如在工人的家户中，工人作为“生产”的参与者获得其工资，从而参加了“分配”并因此收到货币，货币被视为“流通”现象，然后又在“消费”中进入工人的使用或者在织布厂中，它在开始和进行“生产”时依赖于银行信贷，从而依赖于“流通”；在织布厂中，在“生产”的过程中进行着向工人、职员和企业领导人的“分配”；而它通过生产织品，不仅在再生产过程中消费了纱线，而且在安排它的生产计划时必须非常精确地按照预期到的“消费”行事。信贷供应、从而流通上的每个变动，都同时在生产、分配、消费上表现出来，反之亦然。这里不存在独立的领域，因此也不应该存在分开的学说，而应该只有一个整体，一个问题和一个学说。②

如果虽然认识了它的统一性，但是却忽视或低估各个方面，那就会以另一种方式失去对这一问题的完整的把握。国民经济学的不少科学家也患过这种疾病。众所周知，李嘉图把“确定调节分配的规律”称作政治经济学的任务。不过人们不应该像通常那样很重视李嘉图这句话，因为李嘉图自己提供了更多的东西。他试图说明，市场价格围绕生产成本的波动如何控制着生产，这样就深入研究了生产的控制问题。他在辩论所谓的机器问题时，也对应用技术问题——我们的第四个问题——进行了著名的、即使是有限的探讨，而在关于国际贸易的那一章中对经济的空间秩序也同样是如此。但是，在李嘉图那里，这最后两个重要问题及其研究是单独的，而且它们并没有被理解为整个问题的部分。但是，主要的是没有提出、而只是附带地涉及生产的时间结构问题。而这个疏忽在李嘉图的体系本身中产生了恶果。李嘉图后来不得不承认，在经济过程的控制中，时间因素具有重要的影响，但是这种影响在他的学说中没有足够地表现出来。

在现代的理论中常常更严重地缺乏提问题的完整性，这种完

整性是必要的。现代的理论家们常常不从其空间分布上考察经济过程,而应用技术的问题也过于被视为特殊问题。但是,首先又是我们的第三个问题,也就是生产的时间结构问题,被许多国民经济学家尽可能缩小了,或者根本就没提出来。有影响的思想家——如瓦尔拉斯和帕累托——认为尽可能排除时间因素是正确的。在他们的体系中,他们从这一虚构出发:劳动力和原料的卖者们同时消费靠他们的服务帮助生产的消费品。这个假定显然是完全不合乎实际的,它排除了有关投资和储蓄的问题——一位幽默的人曾经谈到瓦尔拉斯的理论体系,说它像一座与居住问题无关的宫殿。确实如此。但是为什么是这样?主要是因为,设计者没有能够想起,必须总是也从其时间序列上考察一切经济上的计划和行动,不掌握其时间结构就不可能理解日常的经济生活。并不是像看起来那样,可以使这个时间方面事后并且单独地发挥作用;不解决它,就解决不了作为整体的这个主要问题。例如,正如前面指出的,大部分工人作为工资得到的不是同时用他们的服务生产的产品,而是其生产很早就已经开始了的产品。他们工资收入的数额主要是由这一事实这样决定的。因此,如果不从一开始就注意经济过程的时间分层,对工资形成的解释和整个分配学说以及对每一个其他问题的研究就会是不充分的。低估或者完全忽视时间因素已经在使现代理论研究的重要部分离开实际的经济上起了很大作用。

如果要使问题的提法适应具体的经济,它就必须针对事物,而不是针对词句,必须是统一的和完整的。③

Ⅱ. 日常经验

从日常经济生活中产生的不仅仅是国民经济学的这一个重大的主要问题。在同一个日常经济生活中也存在着关于经济问题的看法和意识形态的极为巨大的混乱。因此，每个人都存在于日常经济生活中，而这日常经济生活产生了两种作用：激起一个迫切要求回答的重要问题和一个十分巨大的障碍，这个障碍给真正有用的回答造成困难或者阻碍了它。

1. 因为每个人都处于经济生活中，每个人也就对那些直接涉及他的经济问题形成了一种看法：面包师对面包和面粉的价格，对他的同业公会和他的帮工的工资；工业家对铁路的运费政策，对关税，对他购买商品的卡特尔的价格和交易条件；工人对他支付的房租和其他价格以及他得到的工资。并不是像看起来那样，似乎每一个人都独立地思考过有关价格形成或者工资形成的问题。通常他只是复述他周围的人的看法。“很少有人思考，但是所有的人都想要有看法”（贝克莱）。

个人的这样一些看法绝不只是关系到他的直接的环境。恰恰是从他个人的利益出发，他涉及得更远并且也对更广的联系和整个经济的事实作出判断。一个工业家，其原料价格被一个卡特尔抬高了，而他自己却没有为其产品而卡特尔化，对卡特尔的形成作出的是完全不利的一般的评价；而属于卡特尔的工业家则与此相反。那个分享了薪水普遍提高的公务员几乎不会给国家开支如此增加的作用以不好的评价。有被机械化大厂家的竞争压倒的危险的手工业者，把采用新机器视为国民经济的堕落，并且乐意把每个似乎会对他证明这种观点的思路都当成是正确的而接受下来。

并不是像看起来那样，似乎个人总是恰当地判断了他自己的利益状况。事实经常不是这样。例如，大部分零售商起先乐意推广贴有商标、有第二手的价格约束的商品，因为他们相信由此会受到保障。只是后来他们中的许多人才看出，价格受约束的商标商品暗中损害了独立的零售商的地位。同样地，许多德国的企业家1922年和1923年要求、同意并支持了帝国银行慷慨地发放信贷，而没有注意到，对他们来说，通货膨胀也意味着严重的损害。但是不管怎样，每一个在经济上行动的人对经济联系的看法都产生于真实的或假定的利益状况。叔本华曾经说过："无论我们的利益是哪一种，它总是对我们的判断施加秘密的影响；同它一致的东西对我们立刻显得合理、公正、理智；违反它的东西则对我们极严肃的显示为不公正的和可恶的，或者是不恰当的和荒谬的。""爱好的幻术就这样每天都在迷惑和收买我们的理智。"——许多人对他们自己的经济环境都是真正的行家。但是他们不能够平心静气地判断他们所处于其中的那些重大的联系。每一个人，甚至是今日的一个大康采恩的领导人，都从他自己的利益状况出发去察看事物，并且此外也只观察到社会经济的宏大的总联系的一小部分。

2. 除了各个个人的分歧的看法之外，封闭的集团的意识形态在日常经济生活和经济政策中也起着作用。它产生于所有形成了经济权力体的地方，并且是在经济斗争中有计划地创造出来的武器。在这方面它远甚于多种多样的个人意见。

并不是所有这些意识形态都具有纯经济的性质。宗教的或者哲学的或政治的观念都经常被用作经济上有利益者的意识形态。自由贸易的得益者们利用世界公民的宗教哲学观，保护关税的得益者们利用民族观念，而古日耳曼的合作社观念则被用作现代卡特尔的意识形态。没有被经济上有利益的人们用作意识形态的宗教或政治观念，人们在历史上几乎找不到。绝不仅仅是在所谓的“资本主义”时代，而是在所有的时代、所有的地方都是如此。——正如在20世纪的经济斗争中那样，在13、14和15世纪的中世纪城市里，在从事远地贸易的商人和手工业者之间的斗争中，双方也同样依据当时处于统治地位的宗教和政治观念创造出了有利益者们的意识形态。这些意识形态或者要掩饰有利益者们的要求的真实动机，或者要赋予他们更大的冲击力。18世纪中叶的英国广泛流传着这种观点：生活资料的高价格和低工资在经济上是值得想望的。一位国民经济学家福斯特在一本书中反对这种观点并且对此评论道：“它是贪欲怀着热望抓住并为它自己的目的而造就的一种学说。再没有比一种给人们自己带来好处的谎言更容易使他们相信的东西了。”

由于知识分子们听候权力集团的支配并为他们制造意识形态，权力集团便大大地赢得了重要性和影响。人类的整个精神史充满了从意识形态上保卫权力要求或者支持它的进攻的尝试。“我吃谁的面包，就唱谁的歌。”例如，不同宗教的神学家们过去和现在都何等经常地致力于使宗教强大的历史基本力量为统治阶层的目的服务。就是历史学家们也非常经常地有意或无意地服务于统治集团的或为统治而斗争的集团的利益。在历史的进程中，投入了多少法学的机智来证明权力集团的要求与适用的法律或者与正义感相一致！例如，想一想16世纪初奥格斯堡金融寡头的法律顾问坡廷格尔的著作吧，他甚至以非常机敏而有成效的方式在文献上参加了为从立法上处理垄断而进行的斗争。写一部从那时的垄断意识形态到今日的卡特尔意识形态的历史，是既诱人又必要的。人们将会发现，这些意识形态使它们自己适应当时的精神一文化和政治的总形势，在自然法时代依据自然法，在营业自由的时代依据个人彼此缔结卡特尔协定的自由，而在社会化的时代又找证据说，卡特尔和其他垄断组合是社会主义的先驱。进行论证的结果总是证明集团利益与公共福利的一致。这样一些意识形态很经常地具有显著的作用，特别是对司法和管理实践来说是如此。

科学的学说有时成了利益者们的意识形态。例如在17和18世纪，自然法学说在诸侯们手中就是如此而作为反对各个等级的武器。或者在19世纪，国民经济学的自由贸易学说就是如此而作为自由贸易得益者们的武器。——认为就整体来说，在世界上或在一个国家里生产得太多了，这是旧的、在科学上早已被克服了的论断。而在每一次严重的萧条中，写作匠和利益者们都宣传它，以便由此为有计划地限制生产造舆论。——或者甚至反过来：科学接受了利益者们的意识形态。例如，当1919年之后马克崩溃之时，许多德国的国民经济学家就接受了国际收支差额论。那时他们没有认识到，以指出国际收支逆差而对马克的恶化作出解释是由这样一些企业主圈子提出来的：它们的利益在于廉价而又充裕的信贷，因此，出于它们的利益地位，它们抱有成见而反对接受用通货膨胀作出的正确解释。浪漫主义和神秘主义的抽象推论与权力集团的巨大利益有共同之点，这并不罕见。例如，亚当·米勒对传统经济形式的狂热崇拜迎合了施泰因—哈登贝格改革时代地主们的富于影响的利益并为它们服务。深思和利益者们的意识形态常常紧紧连在一起。写作匠们自由飘浮的意识形态至少造成了一种迷雾，在这种迷雾中，经济集团的意识形态和要求就可以传播开来。

经济生活中充满了权力斗争。而头几次较深入地了解经济权力斗争的人惯于对看法和意识形态的利益制约性感到愤恨。但是，应该把各个从事经济活动的人的意见（它们在其环境内是有价值的）与集团的意识形态区别开来。而比一切愤恨都更为重要的是冷静地看清利益制约的日常经验并思考一条走出这个幻觉和偏见的世界的道路。

3. 说这一切不是为了表明一种悲观主义的世界观。相反地，有必要确认一件不可能过高估计其重要性的事实。怎样才能科学地认识经济实际，尽管世界充满利益者们的看法和利益者们的意识形态？究竟是否有可能摆脱日常经验？或者理智至少在经济领域中总是意志的单纯的工具？国民经济学能够由此脱身吗？或者它总是陷在根据利益决定的看法和意识形态的领域内？它如何才能超越这个领域？自希腊人以来，一切真正的经验科学和科学理论都把从日常的空话走向科学的真理看做是科学的主要任务。对我们的问题来说，能够完成这个任务吗？怎样才能完成它？科学的国民经济学家本身如何才能摆脱他自己的利益状况的强有力的影响？

在这方面，绝不是由利益决定的日常经验必定是不对的。它说得可能对，也可能不对。为了对此作出判断，必须找到一条严格的准则和一种科学的方法。例如，工人们常常认为，提高工资扩大了居民的购买力并由此推动了需求的复苏和经济的繁荣。相反地，企业主们看到的是与提高工资相联系着的成本上升，据此而预计收益的减少和工人的解雇，也就是预期经济形势的恶化。谁在具体的情况下是正确的？或者说，在多大程度上一个或者另一个意见是正确的？科学必须对此作出回答。那种传播很广的观点认为，必定可以在中间的某个地方找到真理。这种观点没有任何根据。为什么真理应该恰好处在工会的和雇主联合会的看法的中间？国民经济学并不是这样简单地解决它的问题的。

许多国民经济学家没有认识到他们面对日常经验所承担的决定性的重要任务。就是在方法论的文献中也有规则地忽略它，或者只是粗略地触及它，而不明白它的根本的重要性。常常是根本没有看清利益者们的意识形态的真相，也常常根本没有看清在它们后面起作用的强有力的权力集群。在这里以特别灾难性的方式显示出对现实的生疏。因为人们越是不把利益者们的意识形态作为这种东西来认识，它们就总是越有力量。——或者是，人们虽然已经听到了一些关于利益者们的观点的东西，并且也相信在某些地方发现了它们的踪迹，但是他们没有注意到，到处都存在着利益者们的看法，连国民经济学家自己也总是有做它们俘虏的危险。但是，如果科学和利益者们的意识形态互相融和了，科学就失去了它的价值，而利益者们的意识形态的影响则增强了。——或者最后，人们按照马克思的或者现代存在主义哲学的程序，在精神生活中只看到当时的生活处境的一种反映。这样虽然认识到了看法和意识形态是受处境和权力约束的，但是却立即对是否可能摆脱这

种束缚这个决定性的问题作出了否定的回答。倘若确是如此，国民经济学就会如同其他任何一门科学一样失去生存的权利。那样它就只包括另外的一些看法和利益者们的意识形态，而这些东西确实已经够多的了。因此，如何才能脱离由利益决定的主观看法，确实地说明具体的日常经济生活的联系？④

第二章　问题的内在矛盾性：重大的二律背反

Ⅰ. 作为个别的历史问题的问题

1. 通过直接观察现在(此刻)包围着我们的事实，我们提出国民经济学的第一个主要问题。炉子今天的样子，这个月工人的收入，今天面包和肉的买入，把我们引向了日常经济生活的总体联系问题。——但是，一旦我们将我们的思维向后倒退几年或者几十年，我们就会发觉，那时我们的日常经济生活和我们周围世界的日常经济生活是另一个样子的，并且运行得也不一样。同时我们又从旅行中得知，在国家的其他部分和其他国家中，日常经济生活在过去和现在又是各式各样不相同的。亨利·福特吩咐在美国的汽车生产中心底特律附近建立了一座美国村庄，样子就像 19 世纪中期的村庄。从整个国家中搬来了这个时期的房屋和车间。在那里建起了教堂、学校、市政厅、乡村锻工场、风磨、面包房，往来靠一辆套马的邮政马车。比起今日的底特律附近来，当时的日常经济生活在一种完全不同的社会、政治、精神和技术环境中进行得是多么不同啊！——由于完全不同种的风俗和观念，今日西藏的日常经济生活不同于波兰的，合众国东部的不同于巴西中部的。

较详细的科学研究证实了经验的这第一个印象。例如，19 世纪初普鲁士的彻底的政治社会改革——农民解放，取消了土地对农民的束缚，产生了迁徙自由，消除了强迫服劳役、交纳贡赋和强制性仆役服务的义务，从而给了农民自由的财产。这一改革既完全改变了普鲁士地主们的、也完全改变了普鲁士农民们的日常经济生活。像在 12 世纪南德的一个村庄里那样运行的经济过程，只有在以封建领主的土地统治为中心的农村政治社会结构的环境中才能得到理解。日常经济生活过去和现在都总是依赖于国家的自由情况、它的居民的种族及其教育情况、传统、人们的各种信念、各种制度、国家、地区或城市的政治结构，总而言之，依赖于历史的环境。

还有：当下的日常经济生活本身就是历史。通常的历史写作是“纪念碑式的”历史学，它以特殊的方式分配重点。它从发生的事情中挑选出对它显得伟大和意义重大的东西：很明显的政治事件，国家、教会和文化上的重要人物及其活动，重要的公共机构，国家和文化的产生和衰败。历史学家通常只察看历史的存在和形成中某些明亮地照射出来的方面。他很少注意千百万人灰色的日常经济生活。但是就是这个日常的经济生活也属于历史实际。而且就像它过去那样，或者就像它现在在德国或在英国或在其他什么地方的上万和上百万农家院、手工业厂家、工厂、家户中日复一日地似乎无聊地进行着的那样。人干的一切，矿工 M 今日的劳动与零售商 R 的劳动一样，都是历史。就连这几行字的读者今天的日常生活也属于今年的历史，并由此而属于历史。人们并不知道，以后历史的写作是否会注意它。但这不是决定性的。对大部分共同地亲身经历着历史的人来说，历史的这一无名的、日常的方面是最根本的。他们的生活是这种历史的一个片段。在某些时期和时刻，甚至是在纪念碑式的历史学的意义上也会特别显露出，这种历史是何等重要。例如，罗马世界帝国的没落与它存在的最后几个世纪中发生的经济衰落密切相联。在这里，上百万人日常经济生活的逐渐变动以简直是巨大的冲击力起了作用。1929—1933 年的世界经济危机意味着很大部分人类的日常经济生活的急剧变化。不先了解这一经济危机，任何人都不能理解 20 世纪 30 和 40 年代外交政策和对内政策史。但是即使撇开这样的历史情况不谈，日常的经济生活也总是某一个方面的历史。就是在规模巨大的政治事件放出强光的时代，如英国的克伦威尔时代或欧洲的拿破仑时代，也是如此。而且即使是在这样的时代中，日常经济生活对同时生活着的人们来说也是重要的。⑤

2. 但是，如果各自的日常经济生活都是当时总的历史存在的一个片段，那就必须把它的联系问题也当作这样的问题，即当作历史的问题来理解。必须在当时的历史情况的范围内来理解经济活动：在斯巴达国家的范围内理解斯巴达人，从 17 世纪出发理解 17 世纪的英国人以及由今天的时代出发理解今天的经济活动。

刚才我们提出过这样一个问题：为什么在第一块地上种烟草，在第二块地上种小麦，而在第三块地上则种甜菜。如果 1941 年在德国提出这个问题，那么，由于农业的秩序已经完全改变了，这个问题当时就是一个与 1925 年或 1913 年时不一样的问题，或者也是一个与在今日的俄国中不同的问题，又是一个与在今日的英国中或在合众国中不同的问题。而在那里，在合众国，在 1939 年公布了新的农业立法之后，这个问题也是一个与1937年时不同的问题；1937年还没有实行新式的对各个农场主种植面积的分配。收入形成问题也并不处于什么别的状况。我们这样问过：这个工长的收入怎么会总计400马克？而他为什么又能由此行使一定的购买力？在有其特殊的工资和货币政策的1939年的德国，对这个问题的回答必须完全不同于1929年或1870年时的德国，或者完全不同于对一位英国的、一位美国的或一位法国的工长的相应的问题。工资是否由国家确定，是否存在着工会，是否存在着雇主联合会，工会或者雇主联合会行使哪个权力，总是对回答这个问题起着决定性的作用。但是，在人类历史的长时期中，劳动者的收入形成是由奴隶或农奴关系决定的。那就又存在着别种的事实情况。生产的时间结构也取决于当下的历史环境。1939年储蓄的1000马克所发生的作用就与1890年或1840年储蓄的完全不同，那时货币和银行业的秩序很不同于当前的秩序。如果我们观察较长的时期或其他文化圈——那通过为自己买一个奴隶而储蓄的罗马人，那埋藏黄金的19世纪的埃及农民，或者那为自己购置金首饰以进行储蓄的印度人——就会显露出更大的对立。最后，就是对应用的技术的选择和对位置的选择也受历史制约。在今日的大部分国家中，国家—中央当局使军事政策观点发挥作用。这些观点在选择工业位置上是决定性的。40年前，在那些由自己出发作出位置选择决策的各个企业家们的计划中，这些考虑不起或几乎不起什么作用。就连位置选择的形式也随着历史的整体而改变了。

人们可能会随心所欲地歪曲或翻转这第一个主要问题——具体的事实情况却总是逼得人把它作为历史问题提出来。与此相适应地，必须也像历史学家们过去探讨别的历史问题那样，通过观察各次的总的历史状况来探讨它。因此，不是脱离历史的环境，而是作为整个历史的存在和形成的部分过程。

Ⅱ. 作为一般的理论问题的问题

1. 经济实际迫使科学把第一个主要问题总是作为历史问题提出来，但是同时也强迫它进入一个完全不同的方向。

每个人在经济上的存在都依赖于很多很多、常常是多得无法估计的其他人的行动，反之每个人也通过其行动影响着特别大的数量的人在经济上的生存。对此我们已经详尽地谈过了。认识经济实际就是认识这个经济上的整体和它的总联系。今天，一个德国人在经济上的存在仅仅是所有德国人的经济活动和他们与其他国家的关系的总联系中的一部分。

但是，对今天的实际的直接观察不可能从其联系中认识这个总体。不论人们从哪个方面碰上那第一个主要问题，简单地观察历史上具体的事实情况总是没有用的。

刚才我们问过，为什么一位工长每月挣 400 马克，为什么他能够用这笔钱购买一定量的物品，并且看到了，对这个问题的回答在 1939 年的德国必定不同于在 1925 年的德国，而且又多种多样地不同于在其他的社会和经济秩序下；因此，必须在各自的总的历史环境中把这个问题作为历史的问题来理解。但是，一旦试图仅仅通过观察具体的、历史的经济（例如 1939 年或 1925 年的德国经济）来回答这个问题，我们就会失败。甚至于如果不研究货币工资如何形成，那我们就不能根据观察来说明，为什么1939年或1925年买到的成打的商品的价格有一个一定的水平，从而，为什么一定的物品之流流向那位工长。我们虽然可以通过观察确认，他必须为面包、肉和所有其他商品支付一定的价格，但是我们必须知道：为什么。而如果我们比如说只是想追溯唯一的一个具体的煤炭价格的形成并根据直接的观察回答问题，那时我们就会陷入迷宫。显示出来的是，这个价格与原材料的价格、工资和运费以及多得无法估计的其他的价格有关联。由此产生了成打的新问题，而我们则立即处于这样的一个经济关系网当中，以至于失去了任何概括的了解。——或者：一笔10 000德国马克的抵押去年给我带来了500德国马克的利息，而我则可以用这500德国马克购买一定量的物品，这又如何解释？那年复一年不断流向作为利息受领者的我的物品之类由何处而来？它的大小由什么决定？如果我们依靠直接观察，那么它就会把我们引向我的债务人——一位农夫，并可能从那里引向他的顾客们和供货者们。在那里我们迷失在事实的迷乱之中并且不得不放弃回答。——或者：采用这种新的纺纱机如何影响工人们的状况？人们虽然可以通过观察确认，在工厂A、B、C等等中采用它导致了解雇一定数量的纺织工人并使棉纱生产有一定的提高；但是，一旦我们提出根本性的问题：为什么被解雇的工人们又得到了雇用，它是否与采用新纺纱机有关，或者是不是由于另外的一种能力（例如一次好收成）的作用，那么直接的观察就又会失灵。就连这种新机器对所有消费者的物品供应、对机器工业以及对棉花生产者们的影响本身也无法这样得到认识。在任何实际的经济中都同时有那么许多能力在起作用，以至于不能简单地认出一个能力的作用。它的踪迹遗失很快。最后，或者从另一个方面看：在日常经验中我们看到的是具体事实的并列。例如1931年在德国：失业上升，银行放假，很多的价格下降，进口急剧减少，出口较轻微地减少，各种利率上升，通知解除外国人的数目众多的信贷以及许多其他的事情。这些事实如何彼此相关联？它们是偶然地一起出现的吗？似乎不是。可是，那它们的联系又是怎样的呢？简单地观察事实，例如劳动市场或货币市场的事实，并不能回答这个决定性的问题；而只有通过解答这个问题，才会看清当时的经济过程。

结论是：不能以与认识其他历史上的事实情况相同的方式认识实际的经济过程，就像例如1939年或1870年它在英国或德国或任何别的时候以及任何别的地方已经或者正在运行的那样。历史学家了解式的观察可以理解政治家的活动、战争、外交谈判和国内政治改革的过程。他一起经历了这些事件本身，或者听到了目击者们所发表的意见，或者读了原始资料并能够由此获得那些过程和关联的形象。然而用这种方式却不能认识经济实际，即使涉及的是国民经济学家自己一起经历的实际。这样，通常的历史学方法面对着国民经济学的这个主要问题就必定会失灵。正如国民经济学的、并且特别是所谓的历史学派的历史所清楚地表明了的，这种方法事实上也已经失灵了。

2.面对这种实际情况只有一条出路：我们必须尝试把复杂的事实真相分解成不同的组成部分，也就是分析。这样我们或许能给我们建立起思想上的模型，并且尝试在这样一些模型的范围内，通过变动一种能力来发现那些我们所寻找但是直接的观察没有显

示给我们的关联。我们可以借助于一个交换经济的思想上的模型来研究比方说在采用一种新机器时所出现的全部变动，并且是在其他一切不变的假设之下。或者我们可以在一个这样的模型中追踪搜索，利息到底是从哪里来的，以及需求的变动如何发生作用。这样或许就能发觉“资料”，它们普遍地决定着生产控制、分配、生产的时间结构、技术的应用和经济过程在空间上的分布。我们不知道能否真的实行这一切。以后我们必须对此作出判断。

这里只能确认一个东西：因为历史的观察没有直接抓住经济实际及其联系，为了认识它们就必须充分动员思维的力量，这只有通过一般地提出问题才能做到。通过人们以一般的形式提出第一个主要问题，它就被引向理论的分析，而这样或许就会成功地得出对必然的条件关联的普遍适用的陈述，也就是理论原理，它们为认识具体的关联做了准备。因此，理论分析不过就是充分地使用思维。但是，就是前科学的人也知道，思维使人能够发现事物的关联。这种人为了这个目的而不断地、但是没有系统地使用思维。正如洛采所表明的，人通过科学的—理论的思维而获得了“把已知的共存变为属于同一整体”的能力。他由此而具有达到普遍适用的判断的能力，这些判断是真的并胜过日常的空话。因此，必须尝试把第一个主要问题作为一般的理论问题提出来。

而且这从一开始就是必要的。理论问题的提出不是处于科学的终点，而我们必须探求的理论原理也不会表达“经验的精髓”。现在就应该坚决地警告：提防这种广泛传播的误解。真正理论的提问和思维的真实源泉是完全不同的：我们处于必须就其关联来认清实际的压力之下。但是，如果我们不是一般地提出问题并这样将其导向理论的研究，我们就没有指望达到目的。不是教条主义，也不是喜爱玄思，而仅仅是取得科学的经验的追求，才导向一般地—理论地提出问题。如果在这个领域中还确实可以有“科学的经验”，而不仅仅是完全另一种样子的不充分的“日常经验”，那就只有在证明一般地—理论地探讨问题是可行的时候才会是这样。但是我们因此就立刻碰上了重大的二律背反。⑥

Ⅲ. 重大的二律背反

向经济实际突进是必须对国民经济学提出的主要要求。但是现在，尽管有一切根据和必要性，究竟能否满足这个要求还是成了问题。国民经济学家有理由把日常经济上的事情视为当时历史的一个别的状况的一部分；如果他不想脱离实际，他就必须这样做。但是，他也有理由把日常经济上的事情看作一个一般的理论问题——如果他不想放走处于其关联中的实际，他也必须这样做。但是，他如何才能把二者结合起来？如果他只做一个或只做另一个，那他就会脱离实际。

例如，如果他通过发问，为什么今天英国的土地和劳动者以一定方式分配于各种用途之中，从而纯粹历史地提出了生产控制问题，并且试图根据直接的观察解答这个问题，那么他就会找到极多的个别事实，但是却没有发现关联。他没能从思想上深入实际。他看到的是个别事物的混乱——个别的厂家、个别的土地、个别的决定。因此他没看到真正的实际，真正的实际是相互交融的。或者他一般地—理论地提出生产控制问题，但是这样他就把问题从历史环境中割裂出来。这时他想到的不再是今日的英国或德国或某些耕地,而是思想上的模型。他可能发现了抽象的关联,但是实际又以另外的方式脱离了他。因为他不再看得到历史的一具体的形式和个别的事实的多样性。在这里,国民经济学的科学面对着它的重大的"二律背反";不克服它,就认识不了经济过程。

最近几十年的重要的和迅速的政治变革已经令人印象深刻地指出了经济生活的历史的个别的性质。各个国家改变其制度、市场秩序、劳动秩序、币制等等的速度已经特别地加快了。日常经济生活的变化也因此接踵而来。但是,在这样一个迅速变化着的世界上,似乎一切一般的问题提法和一切理论工作都变得没有意义了。鉴于经济上的事情的无法估计的变化,今日的一位理论家认为:"经济理论末日已经到了。"如果真是这样,那么这就意味着:放弃对经济过程的科学认识。因为不理论地——一般地提出问题,就会像不历史地—个别地提出问题并进行探讨一样,很少有对这个问题的科学的经验。

根据一种非常简洁的说法,物理—化学的自然具有一种"不变的总风格"。化学反应的相同式样或者物体的相同式样的运动或者植物的相同式样的生长,使从理论上提出有关普遍适用的物理的和化学的以及生物的规律的问题成为可能。在经济的世界中并不存在像自然界所具有的那种"不变的总风格"。经济的世界缺乏自然过程的那种显而易见的同样性。它显示出巨大的多种多样性和历史的多形式性。在 1300 年或 1800 年或 1946 年前后的德国、200 年前的意大利、1500 年前后的南美或者还有 5000 年前的埃及，虽然物理和化学的反应以同样的方式进行；但是每次都不以同样的形式搞经济。那儿过去和现在都存在着一个自然秩序，但是却有着不断变化的、不可估计地多种多样的经济秩序。经济似乎具有一个“变动的总风格”。它似乎缺少任何同样性。但是，应该怎样在这种情况下以理论的形式提出确实为认清实际所必要的这个主要问题？⑦

在国民经济学中极为经常地响起这种呼声：向着事实，为了事务，反对词句的统治！对。但是要求还不够，主要的事是实行它。否则要求就仍然是一个词。但是，如果要实现它，人们就会立即碰上重大的二律背反，不克服它就必定把握不了经济实际。因此，对事务所做的所有工作都必须朝向这个问题的解决。并不更稀罕地响起这一呼声：历史学家和理论家必须在国民经济学中合作。据说没有什么比二者之间的争吵更有害的了。又是正确的。在这种要求中可能表达了存在着重大的二律背反的感觉，也可能包含着克服它的愿望。但是就连这个也远远不够。相反地，有必要清楚地、在其整个范围内认清任务的重大，而更必要的是从根本上解决它。理论的和历史的研究之间表面的妥协或者对它们的合作的纯方法论的反思是没有用处的。这个二律背反包含了对立，必须从其全部尖锐性上懂得这种对立：问题的历史性质要求观察、直觉、综合、理解、设想自己处于个别的生活之中；而一般的—理论的性质则要求理性的思维、分析、用思想上的模型来工作。这里是生活——那里是理性。如何才会使生动的观察和理论的思维二者实际上共同起作用？怎样才能在其全部历史的一个别的多样性和它不断的变化当中把握问题并且仍然通过上升而把它引向理论研究

的一般性?

*　　*　　*

所有这一切说明了国民经济学的第一个、而不是唯一的主要问题的特性。这个问题日复一日地阻碍着人们,但是却不能用日常的经验来解决。然而,如果科学试图挣脱混乱的日常经验,那么一种独特的命运就会突然落到它的头上。每一个人都有权要求科学解决这个问题。尽管这个问题的解决是如此迫切,科学却在理解问题时就已经陷入了最大的困难之中。在这种情况下,二律背反最近几十年已经比过去还要强烈地起了作用。总的历史发展不仅带来了制度的更快变化,并且因此而使问题的历史的一变化的性质更强烈地显现出来,而且它也导致了社会经济的结构变得越来越复杂,以至于理论分析的不可缺少性越来越强地引起了注意。

国民经济学家就像一位漫游者,他动身去旅行,并指望在旅行中大大地开阔他的眼界;但是,在头几步之后他就陷进了一个似乎是不可制服的灌木丛。

第 二 篇

国民经济学批判。第二个主要问题

第一章　导论

国民经济学已经成功地通过把历史的观察和理论思维统一起来而在其总的联系当中认清了经济过程，并由此克服了重大的二律背反而达到了科学的经验了吗？只有在广泛地、批判地总的阐述国民经济学的历史的范围内，才可能完整地回答这个问题。这里不打算作这种总的阐述。对于我们来说，重要的只能是那些主要之点。

就此而言，应该从古典的国民经济学出发。众所周知，它的伟大的和永久的功绩在于发现了经济上的事情的总关联，并且以全面的方式发展了经济理论思维的方法。由此迈出了认识经济实际的根本的一步。但是它还没有清楚地看到二律背反，而古典时期的弱点正在于此。

但是，宣称古典主义者们不理解历史、他们没有认识到经济活动的历史性质，是完全错误的。这样一种批评只是表明批评者不懂得古典经济学家们。大部分重农主义者、斯密、休谟、马尔萨斯、J. S. 穆勒和其他许多人都是著名的历史专家。斯密关于“国民财富”的十分重要的著作简直是一本历史书，读者得到的是一个从英国到中国和南美的人类文化学的和世界历史的概貌。因此，那个早就众所周知的公式尽管被不断地重复着，但并没有由此而变得正确。这个公式认为，虽然古典主义者们在理论上懂得了许多，但是没有懂得历史，他们不知道各种政治和经济秩序的差别，并且因此而陷入了解答问题的“绝对主义”。

必须看得更深，以理解古典国民经济学与历史的关系。在这方面也清楚地表现出，古典时期是启蒙运动的孩子。17 和 18 世纪的启蒙运动绝不是不熟悉历史的。但是它以不同于 19 世纪的问题提法而着手于历史。它虽然很清楚地看到了个别的人和个别的民族的各种特点；但是它提问题却不是最终专心于个别的人和个别的民族，而是试图在它们当中寻找连贯的、合乎神意的、理性的、自然的秩序和自然规律。例如，孟德斯鸠极有影响地代表了18 世纪的精神并且此外还强烈地影响了亚当·斯密。众所周知，他具有关于从古典时期到近代的各个国家和民族的广博的知识。但是对他来说，考察个别的事实、国家和民族不是目的本身。他想通过研究个别而进到对于国家和人民生活以及各种起作用的历史力量的一般认识，并由此为建立一个适当的、合乎理性的国家而奠定基础。他想在各种实证的、实际的秩序当中并通过从精神上渗入它们来找到**适当的**国家秩序。这样，他通过全面认识历史上的事实情况和力量，力求认识普遍的有效性和有用性。“沉湎于几个世纪的财富，深情地专心致志于一次性的现象——这种 19 世纪的精神态度对他来说无异于儿戏或者纯粹的为艺术而艺术”（弗兰茨·施纳贝尔）。古典国民经济学家们对历史的态度也是类似的。他们中的许多人以巨大的理解进入了历史的境界。但是他们的目的不是就其一次性来描写一定时期一个民族的经济——例如在 18 世纪中期受到如此强烈的注意的中国经济。相反地，古典主义者们

想在这个中国经济和其他每一个经济的特点当中找到完全理性的和适当的经济结构或者普遍适用的经济规律，并且完全认清进行经济活动的人的行为。这样，古典国民经济学在实证秩序的历史多样性中寻找那一个自然的秩序，并且在竞争秩序中找到了它。19 世纪和 20 世纪初的历史主义必定无法理解这种对历史的态度，它的目光完全集中于描述个别的历史形式。一般说来，它的批评无视了这种态度的伟大和接近现实。它也没有认识到，古典主义者们很好地了解了具体的经济世界。

尽管如此，古典国民经济学不仅仅是由于它的理论体系本身显露出错误而失败。它主要是由于它的理论解答不符合历史生活的多样性而失败。即使人们充分肯定它想在研究多种多样的经济制度中发现一个理性的或自然的秩序的追求，也不能否认，它没有在它的这一追求中说明历史上已经存在的经济。它的分析力量基本上花费在一种被视为自然的情况上：在所有市场上的完全竞争的秩序。例如对垄断的分析就完全让位于这种情况。但是普遍的完全竞争的情况过去和现在都从来没有单独实现过。即使是在古典主义者们的时代，在 18 世纪的最后三分之一和 19 世纪前半期也没有实现过。历史学派圈子中的批评家们反复说过，古典主义者们仅仅知道了他们的时代，他们的理论或许适用于他们的时代。这样一种批评不合乎历史上的事实情况。就是在古典主义者们的时代，在欧洲高度文明的国家中也有许多封闭的同业公会、垄断权利和其他的约束以及中央控制经济的经济构成物，以至于那时已经不能通过研究完全竞争而完整地把握具体的历史实际。我们知道，为什么古典主义者们没有如此强烈地感受到理论和历史现实

之间的距离——这恰恰是因为他们主要是力图找到自然的、合乎理性的和能够发挥功能的经济。但是，只要涉及认识现实，这种差距就是客观上不能忍受的。

就像经济科学必须认清20世纪初的德国日常经济生活，或1914—1918年的战争经济，或者甚至一个大的、中世纪早期的徭役庄园的日常经济生活那样，它也同样必须认识1941年美国的经济过程与它强大的垄断和进行着集中领导的管理实体的显著影响之间的各种关系。但是，一个理论，它只是把在交换经济的一种特殊的市场形式即普遍的完全竞争中"自然价格"的形成置于中心地位，必定要在所有这样的历史上的事实情况和经济形式面前失灵。由于古典主义者们在理论分析中没有使制度的多样性发挥作用，以及由于他们这样也没有认识到重大的二律背反的影响，他们就创立了那些不能完全合乎在其历史变化之中的经济实际的理论。⑧

因此，一个新开端在19世纪就成为必要。它大部分（不总是）发生于这种感觉，即古典国民经济学不符合历史实际并且是教条的。但是，尝试重新开创国民经济学的各条道路导向了完全不同的方向。这一事实恰恰在那个我们这儿用以看待国民经济学的发展的观点之下变得清楚了。对我们来说，这方面的问题在于查明那些在研究本身中使用的处理方式的类型。在这里，不考虑个别的人物使用了不同的处理方法并因此可以归入不同的类型。

1. 思索——对19世纪和20世纪初的许多国民经济学家来说意味着思索概念的内容。什么是经济？什么是"经济原则"？或者更根本地：什么是社会？正如已经说过的，关于概念的问题摆到了首位，而且这种移动的目的在于由此认清经济和经济过程的“本质”。

斯潘在对交换和价格的研究中说：“国民经济学涉及的不仅仅是查明事实本身的外部面貌：A 和 B 彼此交换（虽然在查明的方式中总是已经包含着一点解释，一点理论）；而且也涉及领会观察查明的东西，涉及交换的本质。因为正如将会证明的那样，正是从交换的概念出发才能推导出价格的概念，由此又推导出分配的概念，因此我从研究交换概念开始。”

通过概念分析推进到经济的本质，在定义中领会这个本质，创立人们称之为“理论”的概念的体系并由此通过演绎而达到个别的结果——这样的尝试在上个世纪的国民经济学中极为流行。要由此获得一个印象，只需翻开一本通常的教科书。可以把所有这样做的国民经济学家全都称为“概念的国民经济学家”。这种做法不仅出现于将对某些基本概念的分析移到开始处的那种形式之中，而且在个别问题上也常常从概念分析出发。这样，在研究例如商业问题时首先提出的问题是：“什么是商业？”想要由此领会商业的本质，先提出一种商业理论。这时人们才面对事实，而如果一个商号不合乎定义，就不把它算作商业。不过，应该把这样的一些研究者排除在纯粹的概念的国民经济学家的群体之外：他们虽然从定义开始，但是不是随后从定义出发进行演绎，而是专心致志于事物的定义和实事问题本身。只有在定义把教条或部分的教条放到概念或者本质的认识上的地方，才能谈到本来意义上的概念的国民经济学的做法。

就是这种做法也提出了重要的精神史问题。总的说来，它意

味着中世纪的“概念唯实论”的某些运动在19世纪和20世纪初的复兴，然而是在一种世俗化了的、非神学的并且从而大大改变了的形式之中。人们可能会问，这是如何发生的。但是，这里唯一含义深刻的原则问题是：概念的国民经济学的做法完成了什么？

逻辑学家们（像J. S. 穆勒）偶尔宣称：每个定义都包含着一个公理。因而，定义表达了一个定律，它既不是可证明的，也不需要证明，因为它是自明的。这可能适用于数学的定义，但是不适用于经验科学正确地得出的定义。因为正如我们在第一篇中已经指出的，它们的定义应该表达实事研究的成果，因而应该以实事求是的分析为根据。

但是，如果在一门经验科学（如国民经济学）中，定义被推到了起点上，那么它们事实上就是公理。确切点儿说：假公理。因为它们提出的要求是：它们是明显的并且不需要证明，而实际上它们却不是明显的，同时又是未经证明的。这样主观的定义被用作演绎的前提，而结论的正确性则掩盖了这一点：这整个推论的方法都由于任意设定的前提而没有什么用处。例如，人们确定“经济”这个概念。一个说：这是“以持续地协调需要和满足的精神来塑造人们的共同生活”。另一个说是“根据对手段的权衡而把手段用于目的”。如此等等——行列长得望不到头。人们想由这样一些定义出发来确定国民经济学的对象并推导出对事实问题的解答。人们没有觉察到，根据定义所作的演绎只能获得事先已经放入定义中的知识。每个人都在其日常经验中使自己产生了关于“经济”的想法。他把这个想法表达为一个定义，而他这时得出的一切成果都不是新的、科学的洞察，而是解释他过去（前科学地）对于对象所具有的概念。

斯潘把“社会”这个概念称为一切社会科学的中心概念，并且伪公理地、根本不看实际地、没有根据地宣布，只有一种“个人主义的”或者一种“整体主义的”社会概念才是可能的。然后他作出了他的有利于所谓的整体主义概念的判决，并且随之建立了一个体系，这个体系提出了大量的要求，但是实际上却只不过是阐发事先已经放入任意的社会概念之中的各个原理。概念成了偶像。过去和现在都有许多国民经济学家以这个问题来开始对于货币的研究：根据其本质，货币是什么，是否可以把它定义为“商品”或“汇票”。关于它的长期持续地争论必定不会有什么成果。在人们已经获得了有关经济的总联系和货币在这个总联系中的功能的印象之前，人们会如何确定货币的本质呢？而如果人们通过从一个这样把货币作为商品或者作为汇票的定义出发所作的演绎去着手解决货币的事实问题，那就尽管有一切表面上科学的严格性，都缺乏任何证明。但是，实际上就是以这种方式回答有关货币价值的形成或者金本位制的运转的问题的。

由于“概念的国民经济学家们”从事于根据作为定义而出现的伪公理的命题所作的演绎，他们就滥用了理性。这是他们的主要错误。（原则上康德已经说了为批判这种做法所必要的一切。但是，对于概念的国民经济学家们来说，《纯粹理性批判》是白写了。）从这个主要错误中产生了脱离实际和形成宗派，这二者总是与概念的国民经济学家们的出现相联系着的。

脱离实际：有一个关于中世纪的修道士们的有名的故事：他们有一次在冬天讨论牛奶是否会结冰的问题，却没有产生把一碗牛奶放到外面的寒冷之处的想法，而是试图澄清寒冷和牛奶的概念和本质，以便由此得到对问题的回答。自然没有什么成果。当今日为数众多的概念的国民经济学家们争论比如说国民经济学与数量有关还是无关，并在这种争论中从经济的概念出发时，他们就正是这样做的。如果他们下决心观察一下经济上的事实，那么这个问题就正像关于牛奶结冰的问题一样，很快就会得到解决。但是，在概念的国民经济学家们那里，概念的反思挤掉了对具体的事实情况的观察。——而且同样无视了认识的另一面——理论工作的意义。对于概念的国民经济学家们来说，"理论"是一幢在科学地查明事实之前就建立起来了的概念的大厦。他们没有认清一切经验科学的工作都首先必须使用日常的概念来工作，它只能通过提出实事问题、通过探究实事（而不是通过提出定义）来克服这种日常经验。在研究的开始，国民经济学家还无权给出科学的定义。同时他们也没有看到，没有理论分析就不可能这样探究经济实际。概念的国民经济学家们的"理论"与对实事问题的真正理论研究彼此没有任何关系。

但是，如果既缺乏对具体的经济的观察，又缺乏理论工具，那就缺乏一切而不能认清实际。根本就没有认识到二律背反。这种做法是非历史的和非理论的。可能经常存在着更深入地探究实际和超越查明个别的事实的愿望。但是，由于概念的国民经济学家们不是专心致志于事实，而是专心致志于概念，他们发现的就不是现实的构造，而是自己制造的与实际不再有什么关系的模式。他们不是在事实的表面上的混乱当中寻找和发现秩序和联系，而是除了事实之外还造成了概念的混乱。这样，这些国民经济学家们就卷入了烦琐无用的关于范畴和概念的争端之中(请只是想一下关于整体主义和个人主义的废话),而本身有着过于大量的问题的具体的经济生活却无人看到而消逝了。因为他们在事物的背后寻找事物的本质,事物本身就脱离了他们,而最后剩下的只是空话。

形成宗派:其他的一切都依赖于它们的、被推到首位的那些定义的任意性,使概念的国民经济学家们不可能达到一致的结果。他们的做法必然导致形成许多彼此敌对的阵营。因为这里处于开始处的不是确定事实情况和事实问题,也不是思想上对事实情况的分析,而是任意设定的定义和对词句的解释,对于这样一些置于首位的定义或关于本质的知识或者“理论”的信仰就产生于好感,而不是产生于理智。对关于“社会”或“国家”或“国民经济”或“经济”或“资本主义”的本质的某一见解的信奉不是从实际情况出发的,而是取决于个人的。宗派形成了,它以先知为首并有着少数的或为数众多的门徒。一个宗派把这个词、另一个宗派把那个词置于显著地位,而且每个宗派都给出了它的特别的解释。

所以,恰恰是宗派的形成和消逝也标明了最近几十年国民经济学的历史。新的先知一而再、再而三地出现,他们通过尖锐地发问,究竟到底什么是“经济”或“人民”或者“科学”的本质,而抱着表面上彻底的态度。他们感到自己是创新者,而没有觉察到,他们作为死板的模仿者而继续背着一个古老的错误。如果他们的命题合乎时代的潮流,那么他们就会取得一时的成就。但是,就像他们排挤了老的宗派领袖们一样,新的宗派领袖很快就会又同样排挤掉他们。No mina sunt odiosa(起名是讨厌的)。以信仰斗争的怨愤进行着宗派之间的斗争。词句和定义变成了标语口号,科学的气氛被污染了，非国民经济学家则有理由对人物和“体系”的令人不快的骚动摇头。对此已经经常表示了不满。但是，为了肃清形成宗派的弊端，我们必须知道，它是从哪里来的。我们现在认识到，它产生于概念的国民经济学的基本错误。而只有在根除了这种错误之后，它才会消失。⑨

2.“可以从两种根本不同的着眼点观察现象世界。构成我们的科学兴趣的对象的，或者是对处于其在空间和时间中的位置上并处于其具体的相互关系中的那些具体现象的认识，或者是对在这些具体关系的变化中反复出现的那些现象形式的认识。研究的前一个方向专心于认识具体，更确切地说是认识个别，后一个方向则专心于认识各种现象的一般；因此，与这两个谋求认识的主要方向相适应，迎向我们的是两大类科学的认识，我们将简称其中的前一类为个别的，后一类为 一般的。”卡尔·门格尔以这些句子开始了他对“社会科学的方法”（1883 年）的著名研究，这些句子表达了整个这部著作的主要之点。根据他的看法，必须有两种完全不同的研究方式，从而也有两种科学来适应这两种认识目的：历史的国民经济学的任务是“认识在其个别的联系中的各种具体现象”，理论的国民经济学的任务则是“它们的相继次序的规律”、“交换、价格、地租、供给、需求的一般本质”。

这里不想讨论国民经济学研究在门格尔以前的实际发展已经在多大程度上准备了国民经济学（而且不仅仅是国民经济学）的这种分裂，这种分裂怎样在国民经济学中起作用，它与李凯尔特—文德尔班的科学学说又是怎样的关系。在这里，重要的只有一点：不管是否受了门格尔的影响，实际上在国民经济学中都发生了理论

的与历史的研究的分裂。门格尔原则上描述了很多国民经济学家是如何从事他们的研究的。一种“二元论”已经获得了广大圈子中的国民经济学家们的承认。“各种理论科学的目的和认识对象是一般，是各种现象的一般；各种历史科学的目的和认识对象是经验世界的个别的或者特殊的面貌和特征。特别是涉及国民经济，两种认识目的都同样是有根据的。”“区别这两种科学的，是它们的内容与经验实际的原则上不同的关系。理论科学随着它为完善自己而迈出的每一步而越来越远地离开经验实际，而历史的科学则在其进展中力图越来越接近那到处都已经个别地存在着的实际。”(A.阿蒙)换言之：理论家把历史的—个别的东西让给历史的国民经济学家，而历史的国民经济学家则把一般的东西让给理论家。每个人都力图用他的方法达到他自己的认识目的。

只有通过充分认识这种二元论已经和正在造成的严重危害，才能克服这种二元论。众所周知，较新的科学理论并不追随门格尔、李凯尔特和文德尔班；它不赞成据说是有着不同的认识目的的各种科学的分裂。因为只有一个真实的世界，而认识这一个有着其重大问题的世界是一切科学的目的。分裂是字面上的，它在书本中起作用，但它不是实际的、对世界本身有意义的分裂。——但是，我们不谈对“二元论”的这种科学理论的—哲学的批判。我们完全局限于经济问题。

这里适用这条原理：只要真的造成了理论的和历史的国民经济学的分裂，问题就不会得到解决。没有达到科学的经验，科学也没达到它的目的。一个例子：我们经历了1929—1933年的世界经济危机，并在危机中经历了许多种货币单位的崩溃。因此产生了重要的科学问题：怎么会发生价格的惨重剧降、失业和生产的缩减？根据二元论的做法，历史的国民经济学家描述德国、英国和其他国家的事实，叙述德国的货币在这些年中的命运，查明失业并叙述农业、制铁工业、煤炭工业等等的境遇。因此，它描述具体的东西。理论的国民经济学家阐明货币理论、工资理论和有关生产控制的理论。因此，它致力于一般的东西。——最后达到了什么？非常少。并没有解答那些提出来的问题，即有关这个时期德国、英国和其他国家中价格急剧下跌、失业和生产下降的原因的问题。因此，缺少主要的东西。没有认清具体的经济过程，因为不是在其关联中认识它。门格尔说到，历史的国民经济学家应该确定"彼此的各种具体关系"。他不能做到这一点。他究竟应该怎样用他的历史的方法去发现价格下降、失业和生产缩减的各种关联以及所有这些具体现象的各种具体原因？他看到的是事实的并列，这些事实的同属性仍然不可能用他的研究手段去认清。而一个理论，它力图研究货币、劳动市场和生产的各种现象的一般的东西，但是却不对准认识真实的世界，这样的理论又有什么用处？L'art Pour L'art（为艺术而艺术）。存在着一种没有成果的并列，而在这样一个生命攸关的问题面前，两种科学——历史的和理论的国民经济学都失败了。

第二个例子：从上个世纪末以来，德国的卡特尔和卡特尔政策在经济过程的进程中变得重要起来了。科学尽力描述卡特尔，描写它们的创立、它们的命运、局外人和顾客们的作用。因此，它描述了具体的经济现象。此外我们还拥有一种垄断理论，它试图研究各种一般的关联。二者（历史和理论）并列地进行着，只有少数国民经济学家力图把二者联结起来。但是，恰恰是因为缺乏合作，对具体的卡特尔问题的科学探讨就多半是不能令人满意的。因为在二者的结合中才产生了对具体的、起因于卡特尔的影响和卡特尔形成所依赖的各种要素的科学认识，因而总的来说才产生了对这个事实领域的各种真实的联系的科学认识。

除了这两个例子之外，还可以举出所有那些我们在第一篇中列举过并由以出发进行推论的情况和问题：如果历史的观察和理论的思维不互相结合，就没有对日常经济生活的认识。不把二者结合起来，就不能解答看起来是最简单的具体问题——甚至不能解答为什么这块地上种麦子这个问题。

必须特别强调地说到这一切，因为最近几十年中历史的和理论的研究之间的鸿沟变得越来越宽。同时存在着两种类型的国民经济学家，他们说着如此不同的语言，以致他们不再能互相理解，而且两种人光靠自己都不能认识实际的经济过程。

主要是许多较新的理论家们扩大了这种分裂，因为他们在形式上使理论装置精美的情况下失去了与经济的和其他的历史事实的联系。现代的经济理论产生于这种追求：克服当时的国民经济学的脱离实际。维塞尔说过，就二者都屏弃“抽象推论”的理论而要向事实推进这点来说，历史学派和现代的理论国民经济学是极为近似的。当他这样说时，他是完全正确的。应该重新分析同样基本的事实状况并这样理解事实上的经济。这里存在着创立现代理论的决定性的冲动。这种冲动虽然在一些理论家那里还继续活生生地保留了下来，并且就是在最近几十年中也把现代的研究导向了新的成就；但是，在其他许多理论家中它就不再起作用了。他们事实上是以“每一步都越来越远地离开经验实际”的方法从事于理论。凯恩斯曾经谈到一位现代理论的创立者——马歇尔：“他想踏入世界的大车间；他想倾听它的喧闹，区别不同的声音；他想讲实践家的语言——却用一个极为精明的天使的眼睛观察一切。他这样努力争取做到密切联系实际的营业生活和工人阶级的生活。”但是可惜，当凯恩斯补充说：“他以一种不是他所有的学生都理解的强烈程度感觉到了这一切”时，他说得是正确的。

许多理论家不再感觉到具体问题的刺激和历史事实的压力了。经济理论的逐渐增加的数学化起作用的方向是同样的，虽然它应该不是这样起作用。尽管它的探讨具有形式上—逻辑上的正确性，它们与实际的经济很少有或者没有关系。并不罕见地与它联系在一起的是真正的经济—理论思维的衰败。而古典主义者们比许多现代的理论家更好地掌握了这种思维。纯粹思维脱离具体的对象的倾向，今天可以强烈地觉察到；忽视历史上的事实情况并把它们让予历史学家们时的那种轻率，令人大为吃惊。为什么国民经济学的理论在说明现实的具体问题上没有做到它应该做到的事情，为什么收益与理论文献的膨胀不相称，理由之一正在于此。有必要重新思索，否则就会发生一种趋向经验主义的反动，这种经验主义就像例如在美国可以清楚地观察到的那样，简单地要求描述相当大量的事实。但是，思索所用的思想方法，不应该是这样一种不能在其关联中把握实际的经验主义的方法，而应该是那种认识到并克服了二律背反的国民经济学的方法。⑩

3. 理论的和历史的国民经济学的二元论造成了对实际经验失去把握的危险，这早就被感觉到了，但是却没有得到清楚的论证。

施穆勒已经批判了门格尔关于两种认识目标的命题，并认为认识方向的区分虽然毫无疑问地有一定的理由，“但是不能把这种对立理解为一个不可逾越的鸿沟”。施穆勒和其他许多同情他的国民经济学家们过去和现在都想要有一个国民经济学。在这一限度内我们必须完全同意他们的意见。

但是问题在于，他们想怎样做到这一点，他们是否显示出了从其关联中事实上把握实际的经济的能力。问题又不在于一个人物，而在于一种研究方向，在于一定的一种科学思维，这种思维远远超出科学之外而扎下了牢固的根。

施穆勒在他与门格尔的讨论中说过：“叙述的科学为一般的理论做了准备工作；因为各种现象是根据一切主要的特征、变化、原因和后果来描述的，这些准备工作就会更为完备。”因此，有必要“首先并主要是增加、激化、改善观察，靠着一切种类的较广泛、较好的叙述性的经验材料的帮助来改善对各种现象的分类、概念的形成，在其整个范围内更清楚地认识各种典型的现象序列和它们的联系、各种原因。如果在一门科学中有时主要是叙述性地行事，那么这绝不是对理论的忽视，而是它的必要的基础”。所有国家的经验主义的国民经济学家们过去和现在都总是按照这种主张行事，无论他们是更多地用词句来描写过去或现在的事实，还是他们作为统计学家试图用数字来描述各种事实。关于过去和现在的个别手工业部门、工业部门、个别的工业工厂、农业或者关于某些国家的社会关系的大量著作是受这个想法支撑的：通过对事实的收集和分类、通过描述各个经济局势最后达到一个称作理论的总图像。经验主义希望这样去达到对于具体的经济的认识。它想要是

“现实主义的”。

然而科学史——而且不仅是国民经济学的历史——证明，经验主义认识不了实际。只需想一下 1870 年到 1930 年间的德国历史学派的命运。这个学派产生于想有力地探究经济实际的合理追求，而它实际上却造就了这样几代国民经济学家：抱怨他们脱离现实是有根据的，无论如何比起对于古典时期来说有远远大得多的根据。这不是偶然的。绝不是没有完全实施经验主义的纲领导致了它的失败，而是经验主义**必定**不能认识实际。为什么？

第一，就像总地认识实际的世界一样，只有**提出问题的人**才能认识经济实际。只有首先提出了一定的问题，收集资料和观察事实才能够有意义。研究例如俾斯麦时代的德国历史的历史学家，必须询问地、不断提出问题地向前推进。材料的堆积意义很小，没有看清行动着的人们的动机和历史实际的各种关联。植物学家**询问地**研究实际的植物：它的结构如何？怎样供给营养？怎样繁殖？他由此理解了实际的植物。当他单纯地描绘植物时，他提供的是事实的单纯并列。国民经济学家也是这样。经验材料不是经验。比方说如果研究一个山谷的经济，那么他接近实际并不是通过他搜集有关土地和人们或有关地质的、技术的、地理的、法律的、政治的和经济的事实的材料。他必须问着前进：为什么正是在这儿产生了棉纺厂和棉织厂？为什么各种工资比较低？为什么在农业中充满着小的和最小的厂家？为什么木材业收益低？这些问题产生于日常经验。在对答案的探求中，他有理由指望得到一个这个山谷经济的图景。而在这件事上，在研究的进程中则不断产生新的问题。

但是，正如经验主义流派的无数著作所表明的，经验主义不走

这条路。它想让实际像它所存在的那样全面地给自己留下印象，并想观察、描绘、描述实际；它想堆积有关气候、土壤、人民、法律和经济的材料。对它来说，问题并不处于开端上。

第二，正如已经证明了的，就是为了能够回答提出的那些问题，也需要理论的工具。经验主义也无视了这一点。它指派给理论一种完全不同的职能。科学应该从搜集事实出发，并且在认识了它们的关联之后逐渐推进到理论。施穆勒谈到一切科学的“跟上时代而变成尽可能演绎”的欲望，并且反对过高地评价各种社会科学中的个别或特殊。因此，他认为经济的一个一般的图像是可能的和必要的，这种图像产生了理论。他在他的《研究》第一百卷的前言中写的话是很具特征的：“经济和管理史的著作占统治地位，没有一册属于理论的国民经济学。反对我的人会说，这是因为我不重视它；我回答说，这是因为我把它摆得太高。”

因此，认为施穆勒及其追随者们不是“理论”的反对者，而是它的朋友的人是正确的。只是必须明白，经验主义的这种“理论”有点完全不同于那种为达到科学的认识所必要的理论。——正如已经证明了的，为了发现经济的各种关联，有必要一开始就以一般的形式提出经济过程的各种问题，并开始从理论上探讨它们。例如，如果要说明美国内战期间及其以后美元贬值的过程或者1914年到1923年间德国马克贬值的过程，认清汇率的恶化、各种商品价格和工资的上升、生产、对外贸易关系和货币数量的变动之间的关联，那么就有必要为此获得和使用理论原理。但是，经验主义却相信能够通过描述各个事实而找到各个事实的各种联系，并且在逐个描述了为数众多的货币贬值之后最终推进到“理论”。可以这样解释这种尝试的失败：关于这些年中美国和德国的商品价格、货币流通、对外贸易、国家负债、农业和工业的生产过程的一切确证都没有容许认清各种事实的联系。因此，施穆勒关于科学应该在得出理论之前就根据原因和后果来描述各种现象的要求，是完全行不通的。缺乏为此所不可缺少的工具。它是这样得到解释的：经验主义的国民经济学搜集了大量事实，但是却没有从其关联当中认清经济实际。

第三，按照施穆勒的话，理论“从日常和历史事件的成千种不同的过程的经验而上升为一般和典型”。但是，这种“理论”是一种海市蜃楼。它应该描述具体，却又具有一般的性质。这种“理论的”图像应该包括不同时代德国、英国、美国的各种最重要的自然的、政治的、经济的、技术的事实，然而又是一般的。人们徒劳地思考着，这样一个非历史的并且因此是不正确的实际的图像应该具有什么含义。这是一个从来没有绘出过、也永远不能够绘出的图像。创立这样一种理论的要求同时表明，没有认清重大的二律背反，并且没有理解真正的理论思维的含义。在经验主义的国民经济学的时代，尽管有对理论的所有友好言词，也必定会误解真正的理论研究的目的，败坏进行理论分析的能力。

从所有这一切中得知，为什么任何一种经验主义、甚至统计式的经验主义，都必定没有而且也将不会深入到具体的实际之中并从其联系之中认清它。每一个经济上的事实实际上都只是总的经济联系的一个部分过程；而对这种总联系的盲目无知，则标志着它所有的比较老的和今日的代表们的特征。就这一点而言，它的推进总是意味着倒退到古典国民经济学的后面。它不能超出对没经分析的事实的搜集；它的观察和思考是一点一点的，并且由于无视了一切经济活动都处于其中的意义关联而是“不现实的”。但是，因为它不能有把握地回答提出的各种问题，它就一再依赖于日常经验的解释的尝试。由此产生了许多经验主义的国民经济学家们面对着利益相关者的看法和意识形态的那种没有把握和不坚定。⑪

尽管概述过的这四个国民经济学的思想流派是如此不同，而它们的科学级别也是如此不同，它们却都没有认清或者没有完全认清重大的二律背反。但是，另外的一种做法却从重大的二律背反出发；正因为如此，它有理由要求得到特别的注意。

第二章 经济阶段与经济风格

Ⅰ. 做法

基本的思想非常简单并且因此而给人以深刻的印象。人们试图查明一切历史形成的"相位"、"状态"、"阶段"，并且想为每个个别的相位或阶段提出一种理论，这种理论应该只是恰好说明这个相位或阶段的日常经济生活并且只对这一个阶段或相位具有适用性。例如，卡尔·毕歇尔就是这样为他的"家庭经济"、"城市经济"和"国民经济"三个阶段的每一个都要求一个经济理论。按照他的看法，中欧和西欧的各民族都经历了这三个阶段。他这样说道："提出这样的经济阶段属于方法论上的各种不可缺少的辅助工具；的确，它是经济理论能够使经济史的各种研究成果为自己服务的唯一道路。"

单个地说，创立经济阶段的整个总体的动机是很不相同的。在19世纪，它们产生于当时一切科学的指导观念：发展的观念。李斯特、克尼斯、罗雪尔、希尔德布兰德、舍恩贝格、施穆勒、毕歇尔、桑巴特只是那一大群把一切经济实际都看作一个发展过程的人中的少数几个名字。克尼斯谈到贯穿于历史方法的政治经济学的所有部分的一个相对性规律。据说在发展的进程中一切都在变化：人、各种法律的和经济的制度、国民经济学观点的可用性和经济政策要求的理由。因此，发展的事实总是表现为基本的事实，而对发展的研究总是表现为国民经济学的基本任务。它被以合乎时代精神的方式来理解。这意味着：人们相信，必须寻找发展过程的典型的基本形式或规律性。罗雪尔说过："各民族大体上按照其发展的各种规律可能同样是与各个个人的各种发展规律同类的。"而当时确信，除了构造阶段以外，不能更好地掌握发展的这个有规则的或有规律的序列。这样一些发展模式早就引起了批评。但是，这种批评本身却附着在发展观念上。1852 年克尼斯已经写道："正像我们首先就是在弗里德里希·李斯特和他的继承者们那里还形象地看到的那样，关于各民族的经济发展状态的完全一般的老框框有理由地失掉了信誉；人们一定会很快就认清它们的抽象的基础、预期理由的错误做法、各种一般公式的徒劳无益。"克尼斯警告地这样继续说道："但是，我们急切地想要警告提防对要在这里解决的任务的重要性估计过低。无疑地，只有通过研究历史的发展，得出国民经济的发展规律，我们才能够达到充分地理解现在的经济情况、我们运动的方向。"——当毕歇尔说，阶段论是以"关于经济历史发展的有规律的过程的一种统一的观点"为基础时，他说得完全正确。

在 20 世纪，这个研究方向的工作跨入了一个新的第二阶段。这时，与科学中的普遍运动相适应，发展的观念有点儿退到次要位置了。"注意力不是放在阶段的顺序、它们的关联、一个产生于另一个的发展。首先追求的是描述经济生活本身的各种区别"（斯庇陶夫）。也许可以把研究的新阶段称为构造"经济风格"的阶段。

人们试图确定例如古代的或中世纪时期的或最新时代的那种或那些经济风格。更多地看到的不是依次相继，而是同时并存。因此，对于比较旧的经济阶段研究，发生了目标设置上的一定变动。此外，人们不想像阶段的构造者们那样从对于整个欧洲历史进程的一种总的看法，而是想从研究各个时期和民族，从而可以说是从下面达到各种经济风格。应该构造出这样许多经济风格，以至于历史实际得到了充分利用。在一些着眼点之下，阶段和风格的这些区别可能是令人感兴趣的：它们对于在这里处于中心的那个问题却并不是决定性的。经济阶段和经济风格二者都是经济的历史形成的概要。或者如斯庇陶夫所说："风格和阶段是在不同的目标设置下构成的。但是客观上，各种创造出来的阶段的成果却在最大的程度上服务于构造风格的目的。达到两种目标设置的手段本质上是同一个：历史的经济生活的概要"。于是构造风格和阶段的各种成果也就那样的极为相似。例如斯庇陶夫所提出的风格顺序"家庭经济"、"城市经济"、"地区经济"和"国民经济"，与一些较老的阶段构思就没有什么值得一提的区别。

无论是"阶段"还是"风格"，所有的概要都应该服务于克服重大的二律背反。它们的创造者们或多或少明确地想要这样做。它们应该构成理论分析的基础，而且是一个现实主义的基础。因为这些类型的每一个都应该是历史实际的反映。类型应当描绘出图画，这些绘画使个别退居次要位置，以便由此使具体的、历史上的经济的各种根本特征更为清楚可见。人们把个别的东西让给了经济史学。桑巴特的各种"经济体制"应该"不是在其抽象的思想形式上，而是在其具体的历史确切性上"把握经济。例如，"资本主义”的经济体制应该复述具体的经济生活。毕歇尔虽然意识到了，“城市经济”和“家庭经济”的要素还是进入了今天的“国民经济”的时代；但是他却这样说过：一种方式的经济活动，即国民经济的方式占统治地位。据说它在同时代人的眼中是正常的东西，而恰恰是这个正常的东西描述了“国民经济”的经济阶段。而这时就展示出一个广阔的、诱人的前景。应该为每个阶段、每种风格创立一种理论：一种时代特有的、合乎时代潮流的、有着在时间上有限的有效性的历史的理论。较老的人们已经要求了它。克尼斯宣称，每个经济阶段都相应地有理论的一个阶段。据说由此就克服了古典时期的“绝对主义”；据说对于有着其制度的它的时代，古典主义可能说得对，但是它更大程度的要求是没有根据的。从根本上说来，今天的人们想要的也不是别的东西。无论各种阶段或各种风格在细节上都看起来如何，无论是使用“早期家庭经济”、“手工业”、“资本主义”的顺序，还是使用“家庭经济”、“城市经济”、“地区经济”、“国民经济”的顺序，总是产生出为每一个经济阶段或每一个风格构造一个理论的任务。因为每个阶段和每个风格都应当是实际的写照，沙林、斯庇陶夫和其他许多较新的人以它为基础创立的理论就被称为“直观的理论”。人们有时试图在它们前面放上一个关于“不受时代限制”的经济的理论，或者一个“形式的”理论，这种理论应该说明那些不经受历史变化的现象。但是，大部分经济现象是可变化的，而人们想通过直观的理论来熟悉它们。也无论这些想法的流露在细节上可能如何：似乎指出了一条克服二律背反的道路，消除了历史与理论的对立，保障了对经济实际的理解。

这种看法远远地传播到阶段或者风格的真正构造者们的圈子

之外。它也绝不是一种限于“历史学派”的代表者和一系列的经济史学家们的意见。认为可以通过划出概要而把理论的探讨引向历史的多样性，这是一种看法；尽管有一切细节上的变化，这种看法还是被许多人简直当作是不言而喻的而接受了下来。这种主意表达了二律背反的这种解决。就是那些历史地思索的国民经济学理论家们，通常也把研究当前的经济阶段或经济风格看作他们的任务。甚至那种完全没有被历史形成的多样性触动过的理论家们，可能也会这样回答他们到底研究什么这个问题：他们以当今或最近10年或资本主义的经济形式为基础。据说，如果时代变化了，那么恰恰是理论就必须改变。据说每一次的当前状况恰恰总是特别地重要。他们会补充说，在一个社会主义的经济中，理论必须相应地改变——正像例如在法西斯主义的经济宪法的法律变革之后，意大利的理论家们竭力争取适应新的经济风格而创立一种新的、法西斯主义的、适应政治形势的经济理论。这种现代的理论家们与各种阶段和风格的设计者们的区别仅仅在于：现代理论家们的兴趣更强烈地集中于当代及其经济风格，而过去的经济则相对地退居次要位置。但是，到处都以这个想法为基础：每个时代都需要有它的理论和它的国民经济学，国民经济学的任务在于适应经济的形成。⑫

因此，我们面临着一个重大的问题。可能用这种方式去解决二律背反并理解经济实际吗？描述这条道路是很容易想到的；但是它通向目的吗？问题不在于阶段和风格学说的这个或那个说法是好还是坏，比较好还是比较坏。也就是说，我们不问是桑巴特的还是舍恩贝格的、毕歇尔的或斯庇陶夫的“经济体制”或“阶段”或

“风格”是有用的。我们问得要激进得多。到底是否有可能以这种方式，也就是通过构造概要和创立合乎时代潮流的理论而达到科学的经验？如果能够——那就好。那我们就必须参加有关构造这样的概要的各种个别问题的讨论。如果不能——那就有必要完全转回来，寻找一条新的道路。

Ⅱ．该做法批判——第二个主要问题

应该在批判之前先作一个术语性的评注，但是它不仅仅在术语上是重要的。人们惯于把这些经济阶段或经济风格称为“理想类型”。错了。因为人们想用这样的类型来从其具体形态上重现真正的实际，对它们就只有一个恰当的名称：“现实类型”。现实类型“城市经济”或现实类型“资本主义”应当描述一定时代一个国家经济的真实状况。正像名字所表明的，理想的类型或理想类型不是真实的实际的映像。以后我们将详细思考，如何获得它们，它们是什么并且服务于什么。原则上它们与各种现实类型完全不同。我们的研究将表明，在国民经济学的认识过程中，是否能够和如何能够需要现实类型和理想类型二者作工具。但是应该怎样才能搞清楚这些，如果持续地把两种类型混为一谈，给逻辑上完全不同类的构成物起同样的名字？今天人们既把现实类型、也把各种真正的理想类型都称为理想类型。——必须把绿的叫做绿的，红的称为红的；把绿的和红的一起称为绿的是不行的。正是应该这样区分开那两种类型。

在我们这本书的进展中才会完全清楚地显露出理想类型和现

实类型的对立。但是,这个提示在这里已经是必不可少的,因为不能使用一套很快就证明为腐朽的概念装置去工作。然而,就其内容来说,后面的批判争论也仍然适用于那些还不能下决心抛弃那种旧的、坏的术语的人。⑬

*　　*　　*

事物本身决定了应该针对这种做法而详细地提出的各种问题。这种做法想通过造成经济阶段和经济风格来描摹历史的实际,并且想由此为理论的分析奠定基础。因此就产生了两个问题:这些类型能否描述过去和现在的经济实际(A 和 B)?而第二:这些类型提供了一个可以在其上进行理论研究的基础吗(C)?

准确地说,第一个历史问题又是分裂的。我们刚刚说过,主要是两个动机促使这样一些类型的构造者们去进行他们的工作:他们想用这些类型来描述发展的顺序,或者他们想在击退了发展观念的情况下塑造同时存在的类型,这些类型过去和现在实现于经济之中。能够用阶段的一个序列来描述具体的经济形成吗(A)?此外,与此无关地,可能每次总是用这样一个类型来再现一个时代和一个国家中的具体实际吗(B)?后一个问题对于我们明显地较为重要。

A. 发展阶段

对一个经济阶段序列能否描述历史的形成这个问题已经作出了裁决。必须对它作否定的答复。

1. 上个世纪的所有这些阶段构思者都从历史图像的某个一定范围出发。19 世纪起先只把最近的大约 3000 年视为“历史”,后来则随着在美索不达米亚和埃及的各次发现和破译而把这幅图像又拓宽了几千年。虽然人们当时也研究所谓的未开化民族和人的所谓原始状态，以及它们的经济和经济形式；但是，人们在基督出生之前的几千年寻找真正的历史的开端。与此相反，20 世纪的最初几十年简直是革命性地扩展了历史的图像。在史前史研究、民族学和历史研究的合作下，视野在时间上扩展了几十万年，在空间上则扩大到了整个地球。从这个真正世界历史的观点看来，最近几千年的欧洲历史好像是短暂的、尽管也是无与伦比的一瞬，它的各种影响还是不可忽视的。正是欧洲这最近的几千年，对 19 世纪的历史学家显得好像是全体，或者是唯一根本的东西；我们现在却把它看作是一个巨大的总体的一部分。与此同时也更清楚得多地显露出文化的没落、显露出退化和重叠；对于它们，构思的各个阶段的不可逆序列完全失灵。而且，即使不能精确地查明各个没有文字记载的文化的经济秩序结构，那也可以清楚地认识到，它们处于很不同的自然、社会和政治环境中，必定是很不一样的。于是毕歇尔和其他的国民经济学家们想把他们的历史发展序列仅仅应用于希腊—欧洲文化圈。但是，划界的狭窄对于他和他的同时代人们来说似乎并不那么重要，因为人们相信，由此已经说明了真实的历史的发展进程。但是，一旦新的、扩展了的历史图像取代了旧的，就会感到局限于少数几千年的我们的经济文化是一个明显的缺陷。⑭

2. 然而，所有这样的经济阶段即使对 3000 多年的欧洲经济史来说也是无用的，而它们主要是为这段经济史构思出来的。连它们要求的那种有限的效力它们也无权得到。这是一个更广泛的、重要的、有力的批评性的异议。正是它们想说明的那些历史事实的序列不能被装进发展的框框中去。

例如，现在我们知道，在基督之前的第三和第二世纪时，古代经济在经济制度的形成、远距离贸易的范围和效率能力上都达到了顶点。首先是在地中海东边的各个地区，在亚历山大的部将们建立的诸王国中，发展起了一个极有效率的、劳动分工的经济。从那时起，这些逐渐并入罗马的世界帝国中去的国家在经济上陷入了一个长期的衰落过程。个别皇帝的坚决的振兴尝试没能持久地阻止这一衰落过程。“后期罗马帝国的经济生活的基本特征是逐渐的贫困化”（罗斯托夫采夫）。如果我们把比方说希尔德布兰德的著名发展模式（自然经济—货币经济—信用经济）应用于我们文化的这个长时代的话，那我们就必须把它倒过来，以便它不与实际的过程完全矛盾。在基督以前的第三世纪中，在托勒密王朝的埃及存在过一种银行业，也就是所谓的“信用经济”，它在以后几个世纪的过程中萎缩了。就是基督之前第二和第一世纪的罗马银行业也在帝国时代消失了。但是，事情并不停留在从“信用经济”到“货币经济”的退化上。在我们的纪元的最初几个世纪中，就连货币经济也在历史的进一步进程中崩溃了。在基督之后的第三世纪中，铸币流通被挤回到经济的狭小领域中，而所谓的“自然经济”又成了经济活动的正常形式。希尔德布兰德认为，在逐渐的过渡中，总是从较低的形式中发展出较高的形式，而老的东西则逐渐被新的所战胜。在这500年的过程中显出的是相反的事实：较原始的形式取代了较高的形式。就是毕歇尔的发展模式也失灵了，并且必须被倒过来，以便不陷入过于根本的与事实的矛盾之中。基督之

前第三世纪的希腊化各国已经达到了“国民经济”阶段。在紧接着的几个世纪中开始了退化的过程。贸易衰落了，劳动分工的活动半径缩小了，而城市则萎缩了。在基督之后第三世纪的进程中，广阔到任何可能程度的广阔领域的大部分地区中的农民退回到了“家庭经济”中，几乎每座庄园都在相当大的程度上以自己的生产满足它的需要。经济上的退化，而不是“发展”，是这500年的基本特征。不是短暂的插曲，不是迅即被克服的退步，而是一个长期的过程——就像从1400年到今天这样长的时间。一个具有世界历史重要性的衰落过程，直到我们的时代它还在继续起作用；仅仅是它就表明了发展说和阶段说的错误。⑮

第二个几世纪之久的、痛苦的、直到今天还有影响的退化的情况离我们还要近些，它同样证明了发展阶段说的荒谬性：事实驳斥了那种传播的看法，即地域广阔的“国民经济”或“资本主义”，是从为地方需要进行手工劳动的中世纪的“城市经济”直线发展出来的。在盛期和晚期中世纪存在着包括了欧洲并且延伸到亚洲和非洲的地域广阔的劳动分工。经济生活的组织者和支柱是远距离贸易商们，他们常常同时作为中间商而让从属的工人们为他们工作。例如，在上德意志的城市，如累根斯堡、奥格斯堡，并且首先是在乌尔姆进行的大规模的粗斜纹布生产，需要从叙利亚和塞浦路斯经过威尼斯来的棉花，这些棉花销到西班牙、法国、北欧和东欧的国家。远距离贸易商—中间商—城市贵族从经济上、通常也从政治上领导着中世纪的重要城市，他在经济上影响的区域不是他的城市的较近的近郊，而是欧洲的广阔地区。中世纪大城市的高度文化不是在一个地方性的城市经济的狭小基础上生长起来的。而且就是在成千上万的许多小城市中，也不存在城市经济。它们太小；以致不能在它们之中发展起一切必要的行业。有一些隶属诸侯管辖的城市，它们通过供应农产品而从远地购进许多必要的手工业产品，并且由此也卷入了“中世纪的世界经济”，就像人们夸张地说过的那样。像毕歇尔、施穆勒、贝罗或桑巴特所描绘的那种盛期和晚期中世纪经济的情景，已经证明是错误的。“大约在15世纪中叶，欧洲已经在相当大的程度上从经济上统一起来了。欧洲的大部分国家处于经济上紧密的交换和流通关系之中，而在那可以视为‘欧洲经济’的构造内，存在着交换特别活跃、相互的结合特别紧密的部分地区——地方性的经济单位和市场区域，它们在生产和需要上互相补充。”“佛兰德成了欧洲的世界市场；地中海、北海、波罗的海和中欧的体系在那儿结合并交错排列。作为为了出口而生产纺织品、金属制品和武器的主要地方，英格兰、下莱茵、北法国、南德国、萨克森地区以及上意大利和中意大利成了明显的手工业地区”（克莱门斯·鲍尔）。

这个时代结束于16世纪晚期。欧洲的经济区域分裂成小块；过去的大规模的劳动分工缩减了，依赖于这种分工的许多生产部门随之缩小。首先是现代国家的形成强迫造成了这个痛苦的、长期持续的瓦解过程。现代国家有其新的权力目的，它在世界市场上发现了斗争的舞台，这些斗争是用禁止进口、禁止性关税和其他重商主义贸易政策的武器进行的。在欧洲西部，在英国、法国、西班牙，16世纪已经成功地建立了广阔的专制主义国家，那里至少还留下了比较大的经济区域，殖民征服更扩大了这些区域。在德国或者意大利就不是这样。在德国，旧的帝国分解为数目众多的区域性国家。由于分裂为一些最小的经济区域，这个萎缩过程在德国特别强烈和持久。当时肯定没有从“城市经济”上升到“区域经济”，而是破坏了欧洲的经济统一。分工的欧洲经济的主要支柱——城市，尤其感觉到了它的这一崩溃。商业和手工业生产过去的巨大中心，如布鲁日、吕贝克、纽伦堡、威尼斯，失去了重要性。富格尔和韦尔瑟时代奥格斯堡的宏伟成就更多地是个尾声，而不是开端。市民阶层的经济、精神和政治视野变窄了。许多人称呼的16世纪的“早期资本主义”，实际上是一个经济时代的晚期。这个退化过程又不是一个短暂的插曲，而是一个长期持续的世界历史事件；不理解它，甚至就不能理解19世纪德国的政治和经济发展以及当前德国的生活。“但是，有鉴于此，也正是为了描述德国的历史，就更有必要再达到无成见地评价较早的各个世纪，摆脱那种假的发展历史。这种发展史认为，因为德国经济的活动和精神在1700年前后显得很小，以前的一切就必定更小。正是在这个方向上，著名的阶段论起了特别有害的作用”（罗里希）。⑯

恰恰是所有的发展和进步模式都是不行的，不管它们源出于谁。施穆勒说，在发展的过程中经济合作体在居住的面积和人数上都逐渐地变得越来越大；当他这样说时，他就忽视了那些长久的、重要的退化时期。而当桑巴特想确认从中世纪早期的家庭经济经过手工业式经济的时代到现代资本主义的一种逐渐的发展时，就是他也错了。基本的观念就是不合适的。这样的发展教条和阶段说所起的作用，就像一架歪曲了地方的景象的眼镜；我们必须丢掉这架眼镜，以便看出景色是怎样的。

B. 经济秩序——而不是经济风格

兰克曾经要求，不应当根据“由它产生出来的东西，而应当在其存在本身中，在其自己本身中”对每个历史时代作出判断。我们确实应当这样。谁在历史当中只寻找发展的线条，谁就会冒这样的危险：把较早的时期只看作较晚的时期的先导，把14世纪看作15世纪的先导，18世纪看作19世纪的先导，而不是看作在其存在本身中的个别的时代、个别的人和历史事件。然而，经济阶段说不仅想描述发展，还想统一起来描绘一个时代的经济存在：例如把古代经济描绘为家族经济，把盛期和晚期的中世纪经济描绘成城市经济。这就产生了这样是否可能的问题。而因为在斯庇陶夫含义上的“经济风格”学说使发展因素退后了，就只容许对它提出这个问题。能够用像“自给经济”或“家庭经济”或“地区经济”或“资本主义”这样的现实类型来在其具体的历史确切性上描摹某个时代的经济形式吗？现在必须回答的这第二个问题，比第一个还要彻底，因为它问的是，到底能否用通常的类型理解和描述历史生活。

就是在这里，想在方法的反思中寻找答案也是没有意义的。必须依据作品来判断做法，以便解答问题；而且也只有研究历史上的经济本身才能作出裁决。

1. 历史的事实

我们从古代和中世纪世界中的一些事例开始。并且作为例子，我们首先选出奥古斯都时代的罗马世界帝国；从这里再挑出那两个当时在经济上领先的区域——埃及和意大利。在埃及还适用那古老的原则：土地属于国家，农民们则是国家的佃户。农民在国家官吏的监视和命令下在强制性的协会中劳动。只有得到了政府允许他们才可以自己出卖食品；否则他们就必须把大部分产品交给国家的仓库，再由这些仓库出售这些产品。最早的那些罗马皇帝曾经试图在埃及也造成一个独立的私有地主等级。他们因此延续了托勒密的政策。但是，农村的人民群众继续生活在隶属于国家的各种旧的关系之中。许多土生土长的手工业者、商人、车夫和水手也同样如此。他们也经常被联合在由国家的官吏们领导的强制性社团之中。除了受束缚的农民经济这个部门之外，另一个以亚历山大为中心的、主要是希腊的部门占据了一定的空间。在那里工作着较大的私营手工企业、具有广泛的联系的贸易商号和船运企业。但是，这个交换经济的部门与老的、包括居民大众的国家垄断一集中领导的部门相比在数量上很小。

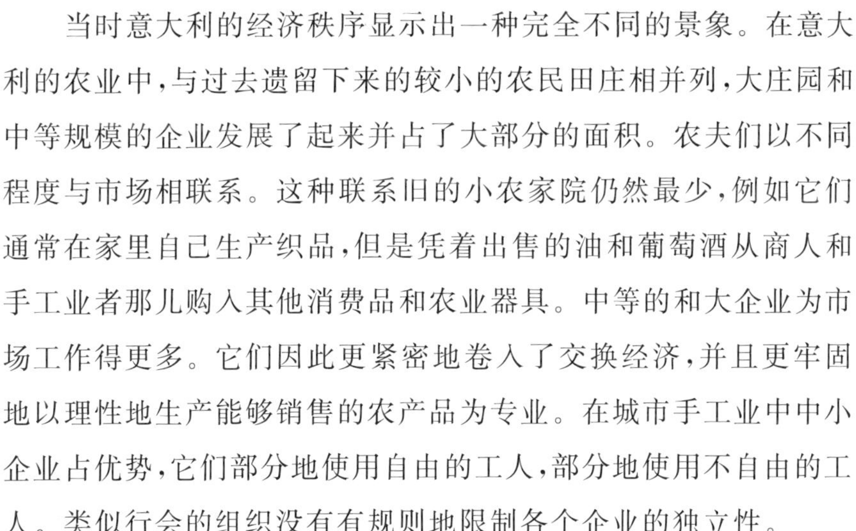

当时意大利的经济秩序显示出一种完全不同的景象。在意大利的农业中，与过去遗留下来的较小的农民田庄相并列，大庄园和中等规模的企业发展了起来并占了大部分的面积。农夫们以不同程度与市场相联系。这种联系旧的小农家院仍然最少，例如它们通常在家里自己生产织品，但是凭着出售的油和葡萄酒从商人和手工业者那儿购入其他消费品和农业器具。中等的和大企业为市场工作得更多。它们因此更紧密地卷入了交换经济，并且更牢固地以理性地生产能够销售的农产品为专业。在城市手工业中中小企业占优势，它们部分地使用自由的工人，部分地使用不自由的工人。类似行会的组织没有有规则地限制各个企业的独立性。

在公元后第一世纪的过程中，独立的农民几乎完全从意大利消失了。表示前一个时代特征的那种由奴隶耕种的中等规模的和大的庄园也退居次要位置。从这时起意大利的土地就不是由它们、而是由庄园上的小佃农们耕种;这些小佃农们是部分从属于皇帝、部分从属于私人所有者的一个小阶层。有着新的社会和经济问题的另一种土地耕作形式就这样给意大利的农业、并由此给意大利的整个经济打下了它的烙印。形成了世袭隶农经济。在意大利产生了另一种“经济秩序”。寻找既描绘奥古斯都时代、又描绘哈德良时代的意大利经济、也描绘比如埃及经济的一个“风格”,这是非历史的。

又过了200年之后,在第四世纪初的戴克里先和君士坦丁时代,罗马帝国的经济秩序具有下列主要特征:一种半国家的经济经营取代了私人的经济经营。虽然存在着私有财产,但是对它的支配却在很大程度上受到限制。世袭隶农或佃农下降为半自由人。从此他被世袭性地束缚于主人、地点和职业。城市中的许多手工业者和商人也被世袭地束缚于职业上,联合到强制性的团体中,并且有义务只索取国家规定的价格。因为农民多半自己生产他所需要的手工业品,手工业者和商人们对农民的销售不多。手工业商品的主要购买者是军队并且因而是国家。较大的作坊通常由国家自己经营,并且使用着按照埃及的样式世袭地束缚于各个作坊的工人。

古代经济史学的基本困难在于:要想在一定程度上认识当时的经济秩序结构,原始资料多半只对最后几个世纪、对一些国家才够用。甚至对于公元前5世纪的古典雅典、对于谈得很多的同时代的斯巴达“宇宙”,以及对于荷马时代的希腊经济秩序,我们也只能部分地有一个概念。但是，可以清楚地看到，当时实现了各种不同经济秩序的极其巨大的多样性，不可能用个别的阶段或风格来把握这种历史的多样性。⑰

从盛期中世纪开始时起，部分地还要更早，就可以不仅从个别方面（例如是否存在着市场流通），而且从它们的构造和它们的结构上认识各种经济秩序。

在中世纪的1000年里，并不缺少经济秩序的完全是革命性的改造，而且在不同的地区常常同时实行着不同的秩序。——也许可以大体上区分中世纪经济的两个时期：领主们领导着经济生活的时期和大约从12世纪开始的时期，在这个时期中，城市已经在相当大的程度上从宗教的和世俗领主的管束下解放出来，居住在大城市中的远地贸易商们成了经济的最重要的组织者。首先是十字军远征和德意志东部的殖民化与这种深刻的改造有关。不能把例如第一个时期称为自然经济的，把第二个称为货币经济的，或者把第一个称为家庭经济的而把第二个称为城市经济的。所有这些名称都不确切。此外，它们也没有击中要害，因为不能由它们看出中世纪经济的秩序结构。直到11世纪还是常规的徭役庄园意味着一种不同于以后的收租领地的经济秩序；在收租领地制下，领主们逐渐失去了对经济活动的领导。向收租领地过渡意味着较旧的秩序的解体、大大缩小领主的自给经济、经济经营移到农民的田庄，由此改变了劳动关系并且也使各个农民与交换经济的联系更为密切。但是，在北欧以及在中欧的各个部分还保存着自由的农民；因此这儿又存在着农业的另外一种秩序。尽管如此，我们应该设想，就是在中世纪的第一个500年中也存在着不是微不足道的

交换经济关系；但是，除了个别商品之外，这种交换经济关系只包括部分欧洲经济地区。

在第二个时期中，远地贸易商们越来越被当作整个欧洲经济秩序的中心。这个时期意味着欧洲融合为一个巨大的经济地区，这个地区中的各个部分通过像食品和衣料这样的重要货物的供应和销售彼此联结在一起。刚才我们已经谈过这些。但是，如果太快地、毫无保留地由此推论出这个时期的一种“风格统一”，那又是一个错误。在南方、也就是地中海地区和阿尔卑斯山以北地区之间总是存在着秩序结构上的巨大差别。例如，行会在南方比在北方早得多地得到了发展。但是，就是在南方地区内部和北方地区内部，经济秩序也有着显著的不同。至少要举一个例子：吕贝克在15世纪力图以它的经济政策来维护过去夺得的地位，禁止了外地的手工业者移入，组成了各种同业公会，总的说来推行了保守的经济政策。同时纽伦堡遵循着职业自由、移居自由、竞争并总的说来是扩张的一种政策。两个城市的经济秩序完全不同。然而吕贝克和纽伦堡两个城市毕竟都是由商人—城市贵族统治着。但是，正如在弗赖堡那样，手工业者们在那里夺取了城市的统治权，经济政策当然就又是另一种情形。手工业行会的垄断地位强有力得多，而远地贸易的衰落则极其有力地切断了来自别的城市的供应。光是同时代的这三个城市的比较就显示出并列的三种不同的经济秩序。这样就不应该说，这样一些区别没有触及经济实际的本质。它们高度涉及了经济实际的本质。各种秩序的差别不断表现在商人、手工业者、农民和小零售商们的日常经济生活中，但是也表现于整个一个城市或地区在经济上的上升或衰败中。⑱

2. 经济秩序

对古代和中世纪经济的这些简短的评论暂时也许够了。如果我们把它们添补到近代经济实际的图景上，那就可以在回答提出的问题时作出一些论断，这些论断对于理解所有时代的一切经济实际都是极重要的。

1. 无论涉及的是古代埃及的、奥古斯都时代罗马的、中世纪盛期法兰西的、今日德国的或任何别的地方的经济，每一个农民、地主、商人、手工业者或工人和其他一切人的每一个经济计划和每一个经济行动都总是发生于某个“经济秩序”的范围内，并且只有在当时的这个秩序的范围内才有意义。经济过程总是并且到处都在一定的形式之内、从而在历史上给定的经济秩序之内运行。那些历史上给定的、实证的秩序可能是坏的；但是没有秩序就根本不能进行经济活动。

如果我们从高处观察地球，并且观看那令人惊异地拥挤的人群、各种工作的不同、各种活动的相互交错和各种货物之流，那么我们提出的第一个问题就是：这一切发生于哪一种秩序的范围内？提出这样一个问题是正确的。如果我们还不知道那种秩序，那么我们就不能对于下面发生的一切作出什么有意义的陈述。有些人在观察一个蚂蚁群时可能已经提出了有关秩序的问题，但是在有其秩序的一群蚂蚁和人类经济的秩序之间存在着巨大的区别。这些区别之一是：蚂蚁群有一种不变的秩序，但是人类的经济却没有。如果某人于1700年左右鸟瞰德国并且问道，人们在其中活动的经济秩序是什么样的，那么他就会得到与今天的观察者不同的一个答案。而如果今天谁先察看并问到中国，然后再察看并问到德国，他也会得到不同的答复。

是一个中心控制着在那儿运行着的日常经济生活，还是为数众多的个别的人们作出自己的决定？这个秩序是由小的、自给自足的、独立的、各自隶属于一个集中的领导的经济构成物（例如家庭经济）组成的吗？那么这个整体就是多个小的、集中领导的经济构成物的并存；例如1900年前后中国的某些部分就是这样。或者是较大的集中管理体广泛地调节着日常的经济生活，就像早期中世纪的徭役在庄园那样？而如果许多个别经济虽然独立地提出计划，但是却互相依赖，并且在经济上相互联系，就像1900年前后在德国那样，那就要问，它们之间的交换经济关系的秩序是什么样子的？通行着哪些比赛规则？——鸟瞰的一瞥使人不仅认清了物品之流，而且也表明，人们如何日复一日相互交错地进行着一定的活动。每日的这种劳动力投入发生于哪一种秩序之中？例如，1940年可以看到，在俄国和在合众国，人们在农村和在工厂里工作。两国的劳动关系具有什么样的秩序？研究将会指出，这里和那里存在着非常不同的秩序；在俄国，就是在劳动关系上，集中领导的经济的特征也占统治地位，而在美国，自由的契约关系则居支配地位。

在所有国家的农业、工业、商业和交通中，过去和现在都总是有一些局部秩序；各种劳动关系到处都以某一种方式具有秩序，而且同样总是存在着货币制度的某种一定的秩序。所有这些局部秩序总是互相交错着，并且只是全部秩序的环节，这种全部秩序也就是当时的经济秩序——从而是比如今日法国的经济秩序或11世

纪拜占庭的经济秩序。

过去，经济秩序产生和消失于极大的、似乎是无法弄清的多种多样性之中。如果描写比方说1700年前后在欧洲各个国家、在印度和中国、在南美洲各国和在非洲各个地区实现的各种经济秩序，那就会展现出既有趣又富于变化的一系列图像。在20世纪，各个国家(而且不仅是各个工业国家)经济秩序变化得很快，而且同样并存着样式很不同的秩序；例如，可以比较像1935年那样的英国、俄国和日本的经济秩序。一国的经济秩序存在于当时实现了的各种形式的总和之中，经济过程每日就运行于这些形式之中。

2.过去和现在的经济秩序是怎样形成的？

大部分经济秩序生长于历史形成的过程中，而只有少数是根据全面的秩序计划建立的。在古代、在中世纪早期和晚期、在近代的最初几个世纪以及在欧洲以外的各个文化圈中的各种经济秩序通常是“生长成的”秩序。在它们的形成上，那种为全部秩序而贯彻某些一定的经济秩序原则的意愿通常不是决定性的。它们是在当时的自然环境的范围之内、在外交和国内政策的以及经济的事件的过程中，没有全面的秩序计划而发展起来的。虽然古代和近代的许多国家、中世纪的许多城市都通过它们的经济政策来影响其经济秩序的建立，可是这些经济秩序仍然是“生长成的”秩序，因为这样一些干预通常不是出于一个整顿整个经济或局部领域(如农业、手工业、工业、货币制度)的秩序的全局性的计划。相反地，它们从某些眼前的国内政策的或外交的争论中得到其推动。它们根据各自的具体情况而产生。例如，如果中世纪的城市通过价格政策的措施或不给予准许或禁止同业公会而改变了以前的经济秩序，那么这常常发生于各个权力斗争的过程中，或者也是为了消除某些弊端，但是并不是按照实施一种事先周密考虑过的秩序（例如为城市的全部手工业）的意图而发生的。

只有在少数历史场合，经济秩序的创立才以某些一般的、理性地想出的“秩序原则”为基础。那时就应该实现那些形成整个经济的或各个部分领域的一个有运行能力的秩序的秩序原则。这里也包括在18世纪到19世纪之交和19世纪前半期发生的经济秩序的重新大安排。私有制、契约自由和竞争是想要用以创立一种经济的秩序的那些秩序原则。从对日常经济生活的全部联系的认识出发，根据竞争是有最高效率的调节原则这一发现，古典国民经济学阐明了这些秩序原则，而那些重大的改革则打算实行这些原则。人们相信并且希望，通过一种“自然自由的简单制度”（亚当·斯密）就能够建立一种秩序良好的竞争经济。在这里，由于“经济宪法”的创立而产生了经济秩序。我们必须把“经济宪法”理解为对于一个共同体的经济生活的秩序的总决定。当然也有局部宪法，例如关于货币制度、关于农业或者关于劳动关系的宪法。

但是，就是在经济宪法想要实施经济的或经济的局部领域的秩序时，在各种经济宪法的基础上发展起来的经济秩序实际上也往往不符合或不完全符合经济宪法的各种基本思想。这种情况就表示了比方说19世纪末和20世纪初的特征。虽然根据大部分现代的经济宪法的原则，应该实行私有制、契约自由和竞争；但是，在经济宪法的这个法律基础上出现的各种实际的经济秩序却日益远离了经济宪法的那些原则。例如在工业中，契约自由在越来越大的程度上被用于通过卡特尔协定来消除存在着的竞争。因此，在像煤和铁这样的重要的经济领域中，竞争的秩序原则在相当大的程度上被实际的发展除掉了。契约自由一再被用于改变各种市场形式并制造权力构成物。与预期的相反，“自然自由的简单制度”并没有实现竞争秩序。或者第二个例子：人们观察同一时代英国货币制度的秩序，1844 年的皮尔银行法是一个经济宪法的法律文件，想要在货币创造的领域中贯彻某些一定的、理论上精确地深思熟虑过的秩序原则：信用货币的创造集中于一个垄断性的中央银行，以及把信用货币的发行基本上限制于收购黄金的情况下。在这个经济宪法的法律基础上形成了英国货币制度的一种秩序，这种秩序虽然没有这种经济宪法的法律基础就不能产生，但是这种秩序却显得与皮尔银行法的作者们所想的不一样。因为这些人基本上只想到了银行券货币，而没想到转账货币。而这样就形成了一种秩序，其特征是：发行银行和私营信贷银行方面通过信贷途径以转账货币的形式来创造货币，通过钳子一样相互配合的贴现和公开市场政策来调节信用货币的数量，并且由此通过英格兰银行来控制英国的货币市场——以一种在作为基础的货币宪法中没有预先规定的方式。

因此，总的说来，可以根据它们的产生区分两类经济秩序：“生长成的”和“设立的”。尽管前一类在过去完全占统治地位，然而上述的第二类在较近的时代里却处于更为显著的地位。因为现代的工业化世界不再容许放任它的秩序生长。然而各种经济秩序通常却显得不与当时的经济宪法的各种秩序原则相适应。在各种经济秩序的产生中所出现的区别，也以类似的方式存在于某些其他的生活领域。例如，在形成各种具体的法律秩序时就是这样。法学史和法律社会学已经详细地说明，法律准则不是生长成的，就是由规章创立的。或者想一下城市建筑。大部分城市是没有总的计划而形成的，它们围绕着一个核心而成长并且在不止一代的历程中根据为数众多的建筑师的许多个别的计划而发展。以类似的方式而产生了生长成的经济秩序。除此之外，过去和现在都有这样一些城市，它们是根据一个广泛的城市建设计划而建立起来的，正像例如欧洲18世纪建立起来的一些城市那样。但是，就是它们的进一步的实际发展也常常没有按照城市建设计划和它的秩序观念，而是大大地远离了它，就像“设立的”经济秩序的实际状态也常常没有实现各经济宪法的秩序观念一样。⑲

3. 绝不能把那些当下的经济秩序与当时适用的各种法律秩序等同起来。对于它们来说，问题在于各种经济的秩序事实，在于在其框架内运行着日常经济过程的那些形式，而不在于法律准则。

例如，从某地在法律上存在着私有制这一发现中，还不能推论出有关经济的秩序结构的什么确定无疑的东西。例如从私有制的存在去推断那儿主要是“交换经济式地”从事经济活动，是完全错误的。众所周知，在罗马人那里和欧洲中世纪早期都通行私有制。但是，在罗马和中世纪早期时代，存在着许多小的和大的农业庄园，它们最主要地是“集中领导的”经济单位，而只维持着很少的“交换经济的”关系。就是今天也还能在欧洲东南部（而且是在具有私有制的国家里）见到那样的家庭经济，它们与别的个别经济只有很少的经济交往。这些集体是小小的集中领导的经济体。东方的许多国家已经完全接受了中欧和西欧国家的各基本民法，可是它们的经济秩序却仍然是并且继续是完全不同的。或者想一想像

1933年以后在德国农业中实行的那样的经济秩序。在那时，通过上级的、中央的公法机构对个别企业经济计划的影响，通过按照中央的计划控制供给，在继续存在私有财产权的同时强烈地显露出集中管理的经济的要素。

相反地，缺少私有制并不毫无疑义地意味着集中控制经济。尽管在古代东方的若干王国里一切土地都属于大王，那也并不因此而需要由国王来控制生产。虽然在某些世纪、某些国家是这样；在别的国家和别的世纪里，租地农民们却显然有维持交换经济关系的自由，而所有权的缺乏只表现在租税上。这一事实如此之甚地加重了理解经济史的困难：确认某些法律制度的存在只允许对经济的秩序结构作出少许不可靠的推论。

如果科学在两千年后仅仅熟知我们最重要的法律准则，那么它就不会知道我们的经济秩序的真正样子。从1900年到今天，德国具有同样的所有权，即民法典的所有权。但是到本世纪中期，德国经历过了多少种经济秩序！在两次大战期间，集中领导经济过程的各种形式占据了显著地位并且排挤了交换经济的形式。一战后，在加紧形成卡特尔和康采恩的时期中，经济秩序又改变了它的结构：在工业的广阔领域中实现了别的交换经济的秩序形式。1933年之后，集中管理的经济的新形式占据了显著地位。但是生效的却总是同样的所有权。（当然，所有权对于经济秩序的形态并不是无关紧要的；但是靠所有权没有产生一定的经济秩序。）法律的规则保持不变；但是它的作用却随着经济秩序而改变了。

从另一个方面来观察同一个问题：如果上个世纪末的帝国法院没有肯定卡特尔协定的法律效力，那么德国的卡特尔就不会像事实上已经发生了的那样发展。但是，卡特尔运动确实展开了，而且在某些工业中形成了某些卡特尔的形式，而在其他工业部门中卡特尔的形成仍然是微不足道的。这样就形成了工业经济的一种“混合的”秩序——这应当用完全不同的原因来解释。或者想一下同一时期工人的各工会和企业主的各雇主联合会：它们产生的一个先决条件是正在适用的联合法。但是，从正在适用的法律秩序中不能认识到，实际上产生了这样一些权力集团，它们是怎样和什么时候产生的，以及它们实行什么政策。

因此，经济秩序和法律秩序不是一致的。确定这一点，并不意味着否认或缩小那些法律秩序的形态对各经济秩序所一再施加的影响。刚才列举的那些例子已经对此作了某种程度的介绍。同样很难否认，经济秩序的发展也经常反过来影响法律秩序的形态。只要法律秩序在经济上关系重大，它的形成通常就是为了对某些现存的经济事实进行塑造。正像不是国家的家庭法创造了家庭，而是首先形成了家庭，然后立法者们才想赋予它一定的形式那样，经济上通常也是如此。立法者们和司法试图用规则和判决改造已经存在的经济秩序。更有甚者，法律规则常常是直接由一个经济秩序之中的经济过程的实施者们制定的。在最近几十年的德国，各“一般营业条件”就是这样由各个工业企业、或由工业、商业、银行和运输行业的联合会制定的。这样的“经济自己创造的法律”（格罗斯曼—道艾尔特）排斥了很大的一部分德国的国家民法秩序。

经济秩序和法律秩序之间的这些关系在历史的过程中变动。现在就对此作出一般性的陈述是不可能的。它们首先需要在个别历史场合范围内的研究。

4. 天真的、前科学的经验不能看清楚一个具体的经济秩序。它缺乏足够的思想方法，它的眼界太狭小。不仅是由于前科学的人只习惯于对当前的经济秩序感兴趣。甚至当下现存的经济秩序他也不能认识或者不能正确地认识。个别的德国工业家或手工业者或农民可能熟悉他自己所处的那一部分德国今日的经济秩序。手工业者知道他的原料和销售市场，他熟悉对他的企业的劳动力供应，他熟知某些对他重要的法律规则，而且他也能想起他的手工业同业公会的一些规章。但是他不知道而且不能知道德国的整个经济秩序。个别的从事经济活动的人生活在他的环境之中。对这种环境的形式他有一个印象。但是他的这个环境在现代经济秩序的巨大建筑中仅仅是一个很小的房间。

因此，只有科学才能够回答有关经济的秩序结构的问题。这个问题不仅每个国民经济学家，而且每个经济史学家也必须回答，因为不解答这个问题，就不能有意义地认清经济实际。但是它总是一个很难的问题。

这首先是因为，要把当时存在的经济秩序搞清楚，就需要为较老的时代很仔细地充分利用各种原始资料，并且极其合乎逻辑地提出问题。例如，谁想研究 15 世纪南德意志的经济秩序，那么关于当时适用的法律规则、关于某些手工业者的经济状况、关于某些价格或关于一些厂家的售货额大小的那些报道，开头就没有告诉他许多东西。如果他想知道，转手商行系统如何在城市和农村中活动，在这里如何以巨大的拉文斯堡贸易公司的方式存在着一个个别人有着强有力的权力地位的特别的交换经济的秩序，集中领导的经济类型的不同的秩序形式又如何与交换经济的各式各样的秩序形式相互融合，他就必须很确切地运用原始资料。但是，如果他对那个经济秩序已经得到了一个概念，那么那些有关商品的价格、有关销售额或有关家庭手工业者的收入的陈述也就开始具有意义，因为这时就整理了那些似乎混乱地并列着的各个报道和事实发现。

但是，这还并没有说明妨碍对各经济秩序的认识的决定性的困难。较古时代的原始资料不够是一个严重的、但不是最大的障碍。甚至我们生活于其中的今天的经济秩序，以及我们自己过去经历过的那些经济秩序，也不容易看得清。例如，我们问起威廉二世时代德国的经济秩序。回答通常是：当时“资本主义”在德国占统治地位。但是，这样还没有告诉什么有关经济的秩序结构的东西。人们会进一步回答说：自由放任占统治地位。就是这样也没有说出什么东西。存在着某一种秩序，尽管是一种国家没有一直塑造到各个细节的秩序。但是，无论如何是一种秩序，自由放任一词没有描述这种秩序。那么是“自由的市场经济”？就是这个回答也不充分。虽然存在着契约自由，但是在契约自由的范围内却形成了种类极不相同的秩序形式，从完全竞争一直到两方面的垄断。这些秩序形式是什么样的？“自由的市场经济”一词没有告诉什么有关它们的东西。而且此外当时在家务和在农业当中还有许多构成物，它们根本就不属于市场经济的类型。由此可见，“自由的市场经济”是一个粗略地简化的、因而不恰当的名称，它对于当时德国经济秩序的形式要素及其相互给合的方式没有作出陈述。

与此相反，科学必须精确地说明各个部分秩序，并且指明，各个部分秩序如何互相连接成一个总的秩序。由于分工联合了全部经济过程，一个专门领域中的部分秩序绝不能独自生存。一个例子：众所周知，1914年以前的德国货币制度是通过金本位制来安排的；别的大部分文明国家也具有金本位制，对它适用的是一些特别的比赛规则。如果人们描述金本位制，那么他们通常满足于从货币技术上说明它如何起作用，从而把货币秩序分隔开来单独观察。事实上，用卢茨的话说，"一个一定的货币体系是从属于一个一定的经济秩序的。"当时的货币秩序只能存在于一个一定的经济秩序中，并且只能在这个秩序中起作用。它的先决条件首先是：在德国，日常经济生活的过程不是由中央机构决定的；因而交换经济的形式要素占着统治地位；在这个交换经济中，具有弹性价格的竞争占优势；通过国家的贸易政策国民经济体牢固地嵌入了世界经济。一旦在1924年之后的德国和其他国家中经济秩序的性质发生了变化，一旦推行了自主的行情政策，一旦价格体系变得更僵硬而贸易政策比过去更甚地给货物的交换制造困难，金本位制就不能再作为经济秩序的环节长期存在，重新采用它的尝试因此而失败。光是这个例子就已经表明，必须怎样在全部秩序的范围内理解一个局部领域的秩序。这个当然只有科学才能做到。相应的东西完全适用于劳动市场或商品市场的秩序。

由此而简略地规定了科学所具有的任务：它必须从其内部结构上认清各具体的经济秩序。国民经济学的另一个主要问题就在于此。因为当下的日常经济过程各按现存的经济秩序的形态而不同地运行着，认识各经济秩序甚至是认识经济实际的第一步。[20]

3. 经济风格？

由前边所述的也就得出了对我们从其开始的那个问题的回答。用“经济风格”和类似的类型描摹具体的经济并由此“从其本质差别上描述生存过的实际”（斯庇陶夫）能够成功吗？

应该对这个问题作否定的答复。

第一，阶段和风格的构思者们通观欧洲经济或各个民族和多个世纪的历史，选出一些引起他们注意的各种各样的东西，并因此而得到了他们的类型。在这样做时，他们由以出发的不是那个唯一打开通向一个时代的经济实际的入口的问题：有关经济的秩序结构的问题。相反地，他们太不明确地探询经济实际的“本质”或“标准”。

各个风格是多多少少偶然地、不是根据关于经济秩序的问题构思出来的，它们在不同程度上、但是通常根本就没有搞清楚经济的秩序结构。例如，人们接受了“城市经济”这个经济阶段或经济风格。在中世纪事实上并不存在这种城市经济，对此已经谈过。完全撇开这一点不谈，即使中世纪的盛期和晚期的经济是由这样并列的小的、自我封闭的经济区域组合成的，“城市经济”这个经济风格也是一个无用的构思，因为它对于当时那个时代的经济秩序几乎没有说明什么东西。也许这些城市经济是集中领导的经济体？或者个别的城市经济是由并存的个别经济组成的，它们通过经济交往而互相联系？交换经济的各种关系是什么样子的？它们的支柱是什么？垄断占统治地位吗？在多大范围内、以什么形式？而所有这些形式要素又怎样互相结合成一个整体？“城市经济”这个经济风格对所有这些问题都没有作出回答。像“手工业”、“村庄经济”或“地区经济”这样的类型也同样如此。就是“国民经济”这一经济风格对于经济秩序也没有说明什么东西。即使人们补充说，国民经济可以是“自由的市场经济”或“计划经济”，那对经济秩序的这样一些称呼也过于不确切。例如，人们比较1936年意大利的和北美的“国民经济”。多么的不同啊！这种不同表现在两个经济秩序的差别中；但是用像“计划经济”或“自由的市场经济”这样的称呼来描述它完全是不充分的。“家庭经济”还算最好地使经济的秩序特性引起了注意，因为这个结构暗示着经济体的一种集中领导，然而却没有准确地把握它，没有搞清楚实现的是集中领导的经济的哪一种形式。

第二，靠构造阶段和风格而进行了过度的简化，想要“一元论地”从其经济方式方面标明各个时期，而实际上，各形式的多样性通常在各个时期中占统治地位。人们相信，靠这种简化会发现各种现象背后的历史实际的本质。事实上正是使本质的东西消失了，而且用马克斯·韦伯的话说，这种概念物“被用作一张普洛克路斯忒斯之床，人们想把历史强压进这张床中去”。

当试图以家族经济来简单地标明古代的经济时，那么，完全撇开历史学上别的错误不谈，这里存在着想把极其多种多样的古代经济形式压进唯一的一个模式中去的错误。像家族经济这样的一个词表示的是一种单一形式的模式，而在实际上，正如我们在第84页及其以下的简短概述所指出的，存在的是多种多样并不断变动的生活。还有另一个例子：各经济秩序在法国革命期间变更极其迅速。1789年到1793年之间的头几年清除了旧秩序，首先是中世纪和重商主义时代的领主制和各种特权，并且实行了另外一种市场经济的特征在其中占统治地位的秩序。从1793年开始，在战争紧急状态的压力下，随着雅各宾俱乐部的胜利，经济政策骤然改变，转向了国家规定价格、没收存货、强迫交售、定量配给并且部分地转向由官方领导所有乡村居民共同的收割劳动。随着1794年雅各宾党人的倒台，开始了从集中管理的经济向交换经济的倒退。从整个历史上看，各经济秩序的这种迅速变动具有最重大的意义。因为没有它，当时的工资和价格、对外贸易、失业、资本稀缺从而整个法国的日常经济生活的各种变动就无法理解。这些大事又显著地影响了革命的政治进程并且有助于例如清除雅各宾党人的统治。前面提到的那些阶段和风格的构造者们没有注意这样一种变化而且不能注意它。对他们来说，法国革命是例如“国民经济”正在开始的时代，或者他们把它算作“早期资本主义”。历史的本质性的东西就以这种方式消失在词句后面。㉑

第三，许多阶段和风格的构筑诱致了将各种经济现象过分地与全部历史环境隔开。刚才列举的法国革命的例子已经给出一个这方面的印象。不仅必须单独地观察当时的经济秩序，而且也必须把它看成是一个民族（这里是法兰西民族）整个生活的一部分。因为它是这样一部分。但是，前面列举的那些阶段或风格却在思想上把经济实际与其他的生活领域隔开。再举一个例子：只有与晚期罗马极权主义的专制政体相联系，才能理解戴克里先时代的经济实际。但是，谁使用从家庭经济到国民经济的那些风格，谁就不能搞清楚这种联系。

当我们想到我们今日的经济时，我们就毫不犹豫地把它看作民族的总的生存的一部分，这种生存与民族的自然的、精神的和政治的存在相联系。我们必须习惯于也是这样来把握过去。阶段和其他的现实类型想描摹并使历史的理解、熟悉经济实际从而具体的生活。但是当人们做到这一点时，人们却分裂了活生生的、历史的整体。㉒

4.“资本主义”

最近100年的欧美经济根本区别于过去的一切经济。产生了明确地、也是概念上地表达这个事实的需要。这通过“资本主义”这一概念而发生，这一概念以不寻常的程度被公众的见解所接受并得到了广泛的流传。为数众多的学者们曾经致力于规定这个概念的特征和范围。因此，对于我们来说，产生了问题：真的能够用“资本主义”一词及其通常的用法再现这个新的经济实际吗？

有一个重大的历史事实，这就是工业化的事实。它大约于一个半世纪以前开始于英格兰并且今天还在全速进行。它还根本没有完成它的环绕世界的进程。今天我们处在这一进程中间：19世纪初它已经漫延到欧洲大陆西部和中部的国家（例如德国、法国、比利时、瑞士）和合众国的东海岸。从19世纪末起，它在日本也站住了脚。1928年之后，俄罗斯新的统治者们强迫它进入了大规模的工业化。目前速度已经加快了：中国、印度、巴西、土耳其、其他许多巴尔干国家和西班牙想使自己工业化或被工业化。英国人在1850年、欧洲和合众国在我们这个世纪开始时还都自以为是长此下去的世界的工业车间。今天我们看到，整个世界都开始变为工业车间，在这个世界上毕竟只有自然的先决条件才是既定的。这个在世界历史上绝无仅有的工业革命不仅从一国迅速传播到另一国，而且到处发展着自己，就是在像英国和德国这样的老工业国中也是如此。而且在它进一步的进程中又一再形成了新的经济形式。在这个巨大的过程中，人们的全部生活都在经历着难以估量的震动；科学要想理解这个过程过去和现在如何进行，那它就必须从历史上全面观察这个过程。这就是说：从它与各个民族和人类的整个历史生活的全部联系上观察。它从欧洲的一种特殊的精神—政治—经济状况中产生，手工业和农业的各种旧的经济形式的破坏，各民族的社会改造，各种大众化现象，对国家的形成、对战争的进行以及对各民族的宗教—精神生活的各种影响——一切都要求全面地考察这个巨大的历史进程。于是也就能够理解，为什么工业化在英国进行的与在日本或俄国不一样，为什么它部分地长入了旧的生活形式并慢慢地改造了它们，但是部分地也完全破坏了各种旧的生活形式。第二，科学必须搞清楚，一个国家或地球的一部分的工业化在哪一种经济秩序中开始，以及它怎样自发地改造了经济秩序。工业化以其作为开端的那些经济秩序形象极为不同：在英国、德国和其他的欧洲国家中，交换经济的秩序形式占统治地位。在其他国家，像俄国和土耳其，正是国家使用管理措施集中领导地进行干预并由此出发使工业的变革得以进行——凯末尔·帕夏说过："文明是一个巨大的浪潮，谁没有准备好随着它游泳，谁就会被淹死或冲走。"在这些国家中从下面也许不会那样迅速地进行工业化。为此缺乏主动的力量，而传统的压力也太大。这样它就在国家—中央的领导之下投入运行并因此获得了一种与在西方完全不同的性质，对这些民族的全部生活也发生了与那里

完全不同的影响。全面的历史的观察与从秩序方面思考必须合作，以便也说明今日人们称之为“资本主义危机”的那个历史现象：也就是各种经济形式的巨大变形，我们正生活在这种变形之中，绝不能仅仅从经济上来理解它。

一切阻碍全面的历史观察和从经济秩序方面思考的东西，都在给认识现代经济的生成和存在制造困难。但是，二者都通过“资本主义”这个概念并且特别是通过使用这个概念而发生。

“资本主义”概念应当完成很多东西——甚至比其他的“横截面”还要多。不仅想用它描述各种现象的“本质”——这一本质处于历史的个别现象的彼岸，国民经济学家应该主要为它而努力。人们也想用其他的横截面(像城市经济或家庭经济)来这样做。更确切地说，人们过去和现在都同时把资本主义看作是现代经济的生成着的本体。各种个别的现象，例如旧的手工业部门的破坏、卡特尔的形成、世界贸易的扩展、各国的社会结构的变形都被看作是一个真实的有生命的东西——也就是资本主义的行动，而它的危机则被视为这个有生命的东西的没落。马克思及其学生在传播这种思考形式上以特殊的程度起了作用。在许多马克思的学生和其他的作者们那里，资本主义甚至成了人格化了的本体或个人。报告说：资本主义在欧洲和在别的什么地方完成了什么；它将在地球上继续它的破坏行动；盛期资本主义以一种奇特的上升和衰落的交错生存过；与它不断增加的年龄相适应，它变得更平静、更成熟、更有理智；但是，它毕竟还在毁灭商品的存货或剥削工人。有时这可能只是语言表达的特点，在大多数情况下不止于此：已经流行了的是把资本主义理解为塑造着的主体，或者理解为真实的、活着的

生物。此外，人民群众也喜欢用这样的范畴思考并且还赋予它们一种特别的重感情性。

在这方面首先应该注意，这样就在逻辑上犯了一个严重的错误，即拟人化的错误。一个一般概念被物化、对象化或人格化了。代替了对实际的真正研究的是逃避到"资本主义"这个人格化的一般概念之中。有人提出问题：为什么会销毁小麦、咖啡和其他食品？在加拿大、巴西和其他国家已经这样做了。他解释说，正是"资本主义"这样做的；并且他认为，这样就回答了问题。这是很舒服的；但是实际上根本就没有说明什么。到底为什么这个特别的生物"资本主义"在这些地方销毁存货，在别的地方就不这样？——考察者应当研究各种实现了的市场形式；而他将会发现，怎样和为什么在某些垄断性的市场形式中出现了销毁物品存货，为什么在其他的市场形式中没有。因此他应当探究实际而不信赖一种概念模式。

人们认为，靠这样描述"资本主义"的行动就成了时髦的，而在实际上却重新陷入神秘的思维。这里我们再次碰到的又是极端的概念实在论的老错误。此外，使用"资本主义"概念从两个方面造成了损失：

它给历史的理解制造了困难或者使它成为不可能。这是一个后果。因为显然，虽然从全部历史出发解释了"资本主义"这一有生命的东西的产生，但是却把它进一步的生存、活动和死亡与全部的历史事件分离开来。在这些考察者眼中，资本主义在它出生以后就有着它自己的存在；没有看到经济生活（从而也是工业化）总是并且在每个时刻都是历史的全部过程的一部分，经济生活与这一过程不断相互作用，它与各民族所有其他的生存表现持续地有着接触，它又是如何有这种接触的。资本主义的形象及其从早期到晚期资本主义的发展变成了从机器里出来的神(deus ex machina)，使用它只是表面上解答了经济学的具体问题。忽略了显而易见的、本质的、历史的联系——确实容易确认：法国革命、随之发生的国家的外交政策变革和内政改革，也改变了欧洲的经济结构；1914—1918 年的战争、随后的各个和约和革命以及 1939 年至 1945 年的战争决定性地支配了即便是最近这个时代的经济生活。但是，谁把资本主义视为现代经济的人格化的主体并且把经济上发生的事情归结为这个有生命之物的行为，谁就没看到这样的整个历史的联系，并且会产生这种看法：“一般说来，政治事件并不决定经济发展的进程，而尤其是资本主义的发展几乎完全独立于前几个世纪的那些巨大的政治革命”(桑巴特)。

关于“资本主义危机”的整个讨论也同样受着缺乏全面的历史观点之苦。只有从当前的全部历史运动、国家形成的宏大过程(它开始于近代并在最近几十年中采取了一种特别的形态并影响着一切生活领域)中，从民族主义和其他各种取得统治地位的观念的迅速传播中，才能通过与各种经济过程相联系而理解各种经济秩序和日常经济生活的改变。因此必须全面历史地提出问题：全部历史的、精神的、宗教的、政治的、社会的和经济的生成怎样导致如此彻底地改变经济实际？谁问到“资本主义”的本质并由此出发去寻找答案，谁就已经是非历史地、不确切地、太狭隘地提问题。如果他除此以外还相信这个本质的一种必然的发展过程，他就是在更为非历史地思维。

第二，同样因为资本主义的概念对于经济的秩序结构没有陈述什么确定的东西，它也不适于刻画经济实际的特点。每个人都在这个概念中放进合乎他个人想象的秩序：一切生产的无政府状态，或竞争经济，或自由放任，或垄断性的势力统治经济生活，或由一个被无名的力量统治的经济国家控制经济。更糟糕的是：从工业革命开始以来，也就是从大约150年前以来，人类比较迅速地连续经历了各种各样的转变和各种具体经济秩序的特殊的并列。这是一种即使在全部历史上也具有最大的重要性的多样性。彻底地研究它，过去应当是而且今日也是科学的任务。但是“资本主义”一词吞没了这种多样性。例如，如果人们把关于1920年以来欧美经济秩序的各种深刻变形的问题当作关于“资本主义”危机的问题提出来，人们该如何理解这些深刻的变形呢？这涉及了一个概念，它没有表达现代经济的秩序结构。通过寻找经济实际的本质，这些观察者们失去了对实际的直观。㉓

* * *

构造横截面或阶段或风格的做法的一个灾难性的弱点恰好就在它似乎具有其优点的那个地方。这个阵营中的人们过去和现在都自以为理解了历史实际。但是，人们不光创作了非历史的发展序列，而且特别是制造出了一些概念物，这些概念物不可原谅地把经济上发生的事情与全部的历史进程隔离开来，妨碍了历史的理解，并且此外还给认识各种经济秩序制造了困难。㉔

C. 受时代约束的理论？

另一个问题继续存在。我们曾经完全撇开了这一点：各种风格和阶段没有反映经济实际。我们甚至暂时假定，它们不犯有这种使它们失去价值的错误。那么，能不能在它们的基础上得出“历史的理论”、“直观的理论”、“受时代约束的理论”或一般而论的理论？例如，能够为资本主义得出一种仅仅适用于它并随着它的消失而失效的受时代约束的理论吗？也就是说，是否可能为各个历史时期提出受时代约束的理论？这个问题常常得到不加考虑的、有几分天真的、肯定的回答。就是对这个问题也应该给以否定的回答：

1. 首先应该指出一个独特的事实，它没有受到必要的注意并且早就应该激起深思。100 多年以来，杰出的国民经济学家们就几乎不断地迫切要求，应当为各个历史时期或阶段或风格创立受时代约束的理论。但是，直到今天，这样的理论还一个也没有成功地构思出来。

人们曾认为，古典经济学家们为他们的时代想出了这样一种理论，而古典的理论特别适于说明 18 世纪末和 19 世纪初的英国的经济过程。因此，据说古典的理论是一种受时代约束的理论，任务就是为别的国家和文化也研制出受时代约束的理论。但是，这样就没有恰当地说明古典理论的逻辑特性和适用范围。这些我们已经谈过了。由此不仅误解了古典经济学与历史的关系，而且也错误地判断了古典经济学家们的时代的实际经济秩序，这个经济秩序恰恰绝不是一种纯粹的竞争秩序。

就是现代的理论也不像某些现代的理论家们自己认为的那样，描述或说明了“资本主义”的日常经济生活。它既更少又更多。更少是由于，它根本就不描述具体的经济实际，从而也不描述所谓的资本主义的实际。它由一些思想上的工具所组成，它们首先需要运用，以便真的能够说明具体的联系。而更多则是由于，正确的理论原理是思想上的工具，它们适于用来在实现了一定的条件的情况下说明每个历史时期、而绝不仅仅是资本主义时代中的或当代的具体联系。就是现代的理论也不能被解释为受时代约束的理论。㉕

整个几代的研究者想望着各对一个时期具有适用性的那些理论，从而想望着受时代约束的理论。这种想望的迫切性与它的完全没有实现之间形成了鲜明的对照。

2. 但是，为什么不能满足对受时代约束的理论的纲领性要求？

我们讲一下说得很多的"城市经济"这个经济风格。可能为它创立一个受时代约束的、"直观的"理论吗？不能。因为它没有陈述什么有关城市经济的秩序结构的东西，所以不能。毫无疑问，在不同的经济秩序中一个城市的日常经济生活运行得也不同。在城市经济中，所有行会都具有垄断地位吗？还是完全禁止行会？还是城市的管理部门控制着行会？还是城市的管理部门直接干预对居民的物品供应？如果有这种情况，怎样干预，在哪些物品上干预？在回答所有这些问题以前，不可能着手于有关城市经济领域的经济过程的各种联系问题。因此，还没有为城市经济想出"理论"，这不是偶然的。它没有发生，是因为它不可能。

相应的东西适用于"资本主义"。因为"资本主义"没有说明现代经济的秩序结构，它不适于用作理论分析的基础。此外，在所谓的资本主义国家中，各种经济秩序过去和现在都是如此多种多样和不断变化，以至于不存在创立一个理论以说明"资本主义"下的日常经济生活的前提条件。但是，如果出现了具有这种要求的理论，那它就作了过分的简化并远离了经济实际。例如，如果人们问道，在“资本主义”下投资过程如何进行，那么问题就已经提错了。投资依据经济的秩序结构而各不相同，它取决于实现了哪些交换经济的或者集中管理的经济的形式或者哪些货币体系——一些“资本主义”概念不让认清的秩序形式。如果研究从像“资本主义”概念所提供的这样一个如此不清楚和不确切地说明的条件状况出发，那么机敏的理论推导就只有少许用处。理论赖以建立的基础是靠不住的；机敏和漫不经心在这里以奇特的方式混合在一起。

“城市经济”、“资本主义”与其他的横截面和阶段以及风格都没有显出单义的、明了的条件状况。但是，因为每个理论都包含着对在一定的条件状况下的必然联系的陈述，所以，如果没有给出清楚的条件状况作基础，就不可能获得它。它们不适于作理论研究的分析工具。因此，创立受时代约束的理论的要求是一个不能实现的要求，它在将来也将像在过去那样得不到实现。

因此，总的说来，这种本应克服重大的二律背反的做法完全不行。它既没有成功地反映历史形式的多样性（A 和 B），也没有成功地在构思出的横截面的基础上形成理论（C）。因此，它既没有使历史学、也没有使理论成为可能。这样，总的说来它在认识经济实际上没有成功。也不能靠小的修正来挽救这种做法。靠不谈“经济阶段”而谈“经济风格”绝不能挽救它。重要的不是所有这些细节上的区别。这种做法在其基本方向上就是错误的。

*　　*　　*

由此我们站到了我们批判的概要的终点。确实并不缺少把握经济实际的愿望。虽然在经济问题的领域中，概念的国民经济学家和意识形态专家总是强烈地引人注目的，而且也不存在他们在某个时候将会消失的前景。但是，他们的空话清楚地衬托出想真正把握经济实际的那些为数众多的、严肃的、坚决的尝试。

然而显示出的是，所有这些尝试都没有得到成功。不是绕开了重大的二律背反，就是虽然坚决地向着克服它推进，但是却没有成功。国民经济学经常被指责脱离实际。虽然这种指责通常是由利益者们提出来的，他们反对一门令人不快的科学，因而这种指责在这个范围内不值得注意；但是，当这种指责由科学方面表达出来之时，它就不缺乏根据。国民经济学缺少一种完备的和可靠的做法，以科学地把握经济实际。它缺少一种完美的方法以达到科学的经验。它不能以必要的可靠性突破对日常生活的表面观察并看到真正的实际是什么样的。许多国民经济学家和非国民经济学家都凭直觉感到了这种状况。我希望已经搞清楚了它为什么如此。

一切努力都必须对准克服这种状况。但是，因为遗留下来的各种学说观点都在重大的二律背反面前失灵，我们必须完全重新着手于对象本身。简单地继续一种现存的思想方向，例如一种“历史的”或一种“理论的”方向，不在考虑之列。首先我们完全撇开一切因袭下来的国民经济学的学说内容。在这一点上态度必须激进。我们首先不以某一种样子的国民经济学的学说为前提。相反地，我们只观察日常的实际的经济并提出问题。重要的是完全自发地认清经济实际。这并不意味着轻视过去的各种伟大成就。正好相反。正是因为我们现在从那些权威们转向各个实事，我们才在研究的进程中与过去的各种真正伟大的科学成就建立了一种正确的关系。

前面所作的批判已经为面向事实状况做了决定性的准备。因为我们在批判中已经完全把握了各个问题：从那第二个主要问题——有关日常经济生活总是在其中进行的各种经济秩序的结构的问题——走向了首先提出的那个主要问题——有关日常经济生活的各种联系的问题。如果为一个共同体并为一个时期解答了这两个问题，那么也就认清了当时的经济实际。证明了日常经济不能解决两个主要问题。因此，只有通过科学地解答那两个紧密联系着的主要问题才能认清今日和过去每一次的经济实际是什么样子的。㉖

第 三 篇

科学地认识经济实际

横截面的设计者们与各种具体的细节保持距离，以便这样来找到实际的“本质”或“标准”。以这种方式他们并没有达到目的。我们尝试从相反的方向来找到解答那两个主要问题的通道。我们不是疏远经济实际的各种细节，而是要坚决地着手于经济实际并且恰恰是着手于它的细节。最初它可能显得荒谬。我们想通过研究个别的东西而达到一般地提出问题和理论的分析吗？那么我们将会看到，此路通向何处。因为就是在这件事情上，也只有成就在作出裁决。

我们想与国民经济学家们的习惯彻底决裂，这种习惯把精确地认识当前经济的个别事实托付给实践家们或企业经营者们，把对过去的这种认识托付给历史学家们。我们正是要非常精确地研究个别的事实状况。不是在这一意义上：我们想简单地陷入事实的海洋。不言而喻，单纯日常的观察是不够的。一个在几十年中去赶每周集市的农妇，对她所处于其中的各种联系知道得很少。科学从一开始就通过提问题上的激进主义、通过思考地渗入事实状况而与这种对经济的前科学的态度相区别。在这种情况下，由于已经说过的原因，我们首先研究经济的各种秩序形式，然后才研究日常经济过程的各种联系，这样我们就对那两个问题作出了与到目前为止不同的编排。

第一章　事实

Ⅰ. 当前的事实

要从最近的开始，从我今天生活于其中的当代开始。我看到什么？——那么比如：一个蔬菜商店和别的零售商店，一个制鞋作坊以及别的手工业厂家，一些工厂，农民的田庄，铁路，我生活于其中的家计，其他的家计，以及还有许多类似的东西。我走进一些这样的经济构成物中并研究它们。[27]

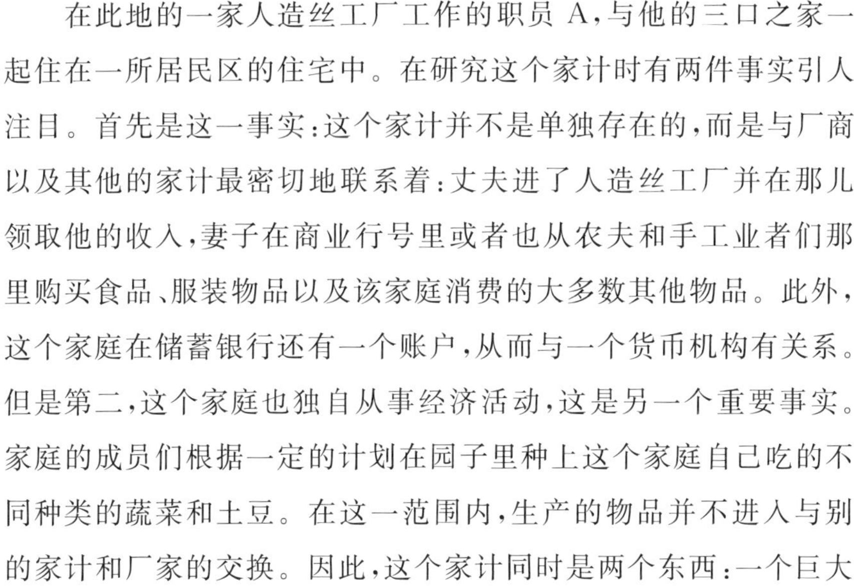

在此地的一家人造丝工厂工作的职员 A，与他的三口之家一起住在一所居民区的住宅中。在研究这个家计时有两件事实引人注目。首先是这一事实：这个家计并不是单独存在的，而是与厂商以及其他的家计最密切地联系着：丈夫进了人造丝工厂并在那儿领取他的收入，妻子在商业行号里或者也从农夫和手工业者们那里购买食品、服装物品以及该家庭消费的大多数其他物品。此外，这个家庭在储蓄银行还有一个账户，从而与一个货币机构有关系。但是第二，这个家庭也独自从事经济活动，这是另一个重要事实。家庭的成员们根据一定的计划在园子里种上这个家庭自己吃的不同种类的蔬菜和土豆。在这一范围内，生产的物品并不进入与别的家计和厂家的交换。因此，这个家计同时是两个东西：一个巨大的交换经济的成员和一个小的自给经济的承担者。两个部分当然有联系。例如，这个家庭在它的园子里种什么这个问题，也是由它在交换蔬菜和其他物品的流通中心须支付的各种价格决定的。但是在这里，它并不像确认这个家计的双重性质那样极为重要。

正是从这一点开始运用了那一种抽象法，对它的理解具有决定性的重要性。强调的是个别现象（家庭 A 的这一个家计）的各个方面并由此而得到了“理想类型”。“着重强调的”或“孤立的”抽象与“概括的”抽象形成尖锐的对比：“概括的”抽象想从许多事实状况中抓住共同的东西，经济阶段和经济风格的构思者们就以这种方法来工作；而“着重强调的”或“孤立的”抽象则是对个别的事实状况所实施的。（我们还将经常碰到这两种抽象法的极为重要的区别。）约翰·亨利希·冯·屠能从唯一的一个庄园提炼出了他的理想类型孤立国。在这一个具体的家计 A 中出现了两个组成的要素。我们每次着重地突出一个并且这样发现了两种不同的“经济体制”：“交换经济”和“集中领导的经济”。[28]

第二个比较难对付一些的情况：1929 年在德国中部城市 R 的棉纺织厂 T 中只能找到交换经济类的形式要素，找不到中央经济控制的任何痕迹。但是厂家与市场联系所用的各种形式却是多种多样的。为了出售它的纱线，它与别的德国纺纱厂缔结了卡特尔协定；因此它在这些市场领域内从属于特别种类的垄断体。与此相反，在它供给的许多织品市场上存在着竞争。当时各种工资是由雇主联合会和纺织工人工会之间的谈判规定的，从而是在不完全种类的垄断体之间的谈判中规定的。从城市的电厂获得电，该电厂具有完全的垄断。5 年之后——1934 年，景象完全变了。纺纱材料法和国家的其他措施把这个厂家像德国所有其他的纺织厂家那样置于直接的中央控制之下。首先是停止了自由地购入原料。棉花和其他原料由中央机构分配。这样，原料的分配就不再托付给无名的市场，而是通过一些一定的中央机构。投资禁令这时限制了新机器的建造；就是在这里露出集中领导的经济的特征。但是，就是在厂家仍然是交换经济的成员的范围内，形势也变了。雇主联合会和工会消失了。国家对工资形成的干预比过去达到得远为广泛。禁止了卡特尔协定，大部分产品的价格或者是直接由国家固定，或者还是由详尽的核算准则规定。我们通过着重的强调把这一个纺织厂家提供的各种具体的事实状况还原为纯粹的形式，并且这样在那两个主要类型“交换经济”和“集中领导的经济”之外发现，在交换经济中清楚地形成了供给和需求的一定形式：竞争、垄断，或者也有国家的规定价格。重要的就是这些纯粹的形式。

第三，黑森的农民 A 的田庄像大部分的农民田庄一样，既是家计，又是厂家。在这个田庄中，1938 年在许多地方都碰到了集中领导的经济的要素。田庄以内，蔬菜和水果供应农民的家庭。在这一范围内存在着小式的集中领导的经济的现象。同时大的集中领导的经济体伸进了这个田庄并且塑造着它的结构：这个农民必须遵守对甜菜和啤酒花的种植限制。在这两个生产领域内，该田庄只是两个大的、处于公法的、中央的领导之下的经济体的一个成员，这两个经济体包括了整个德国。同时它又在许多方面是交换经济的成员，而且就是在这里，联系也发生于各种最不同的、在时间上不断变化的形式之中。1938年黑麦、猪、奶和其他产品都按国家规定的价格向一定的机构出售，而在5年之前价格还是在市场上形成的。虽然1938年农民在卖葡萄酒时可以考虑到某些最低价格，但是在拍卖时才会得出事实上支付的那个价格。存在着国家为农业工人工资规定的工资率、国家控制的人造肥料的垄断价格。对于该农民田庄日常经济生活的过程来说，这些形式的每一个都是重要的：没有种植限制这个农民就会种了更多的甜菜和更多的啤酒花；对猪的价格调节促使了他把更多的猪喂肥；国家降低氮肥的价格则促使了他更多地施肥。

通过强调当前的个别的农民田庄中的或个别家计中的或个别的工业厂家中的那些特殊的秩序要素，人们通向了一个重要的成果：虽然当前的几乎每一个家计和几乎每一个厂家都显示出一种特别的性质——是的，人们钻研得越深，越是研究了为数众多的个别经济，多种多样性就变得越是明确可见；但是，多样性只是产生于：各种秩序形式的组合每一次都不相同。然而，发现的各种纯粹的秩序形式的数目是可以全看清的。这是一个确认，它将表明它对于国民经济学的全部性质来说后果极为丰富。正如可以用两打字母构成组成不同、长度不同的极为多种多样的单词一样，也可以用经济活动的数目有限的、基本的、纯粹的形式构成无法估量地多种多样的具体的经济秩序。科学的任务就是：用着重强调抽象的做法来从事尽可能完备的研究。“完备的”意味着：必须找到所有那些纯粹的、理想类型的经济形式，各种具体的经济秩序现在和过去都是由它们组成的。

Ⅱ. 过去的事实

由此也就简略地说明了那种做法的特征，国民经济学家必须用这种做法来探讨过去的或其他的国家和文化的经济。在这里同样不容许与现实拉开距离。必须避免任何匆忙的概括。应该研究个别的事实状况和个别的具体的经济构成物。不是那种给出了有关几十年和几百年的概貌的历史记载，而是那种理解地描述个别现象的历史记载向国民经济学（而且也正是向理论分析）提供得最多。

国民经济学家们这样完全转换其对历史的态度是极其必要的。这种转换将会碰到阻力，这是确定无疑的。不管它们是如何远离实际，各种旧的模式、阶段和风格还将被长期随身带着。首先将必须实现的是（虽然它是那么容易理解）国民经济学家们的一种历史的思考，它对准的是深入各个事实状况。因此，必需的是，在研究例如1900年前后或1700年前后的德国经济时，不是一般化地创立概括的类型，以简略地说明时代的特征：如盛期资本主义或早期资本主义；而是应该根据各个经济构成物的秩序形式来分析它们。然后再进行综合。

让我们抓住中世纪。各种旧的类型说在它的了不起的丰富的历史形式上散播了烟雾。让我们拨开这些烟雾。我们在那里发现了不同种类的领主统治，自由的农民们的田庄，城市里的远地贸易商们的商号，手工业者们、家庭手工业者们、零售商们的厂店，它们与家计最紧密地联系着。——应当详尽地研究少数的一些经济构成物。

1. 首先我挑出北意大利的鲍比奥修道院——特莱比亚山谷中的一个领主。L. M. 哈特曼绘出了有关它在 9 世纪从事经济活动的一幅极其生动的图景。鲍比奥是一个富有的修道院。它在伦巴第极不同的地区都拥有领地，其中有一些距离该修道院有 200 多公里远，在波河和提契诺河上的自己的船只部分地建立了与这些领地的联系。尽管如此，鲍比奥绝不是它的时代最富有的修道院；可以从其结构上把它看作表示了当时北意大利的宗教的和世俗的领主们的特征。——这个巨大的经济构成物的核心是有着它的 36 座附属建筑物的修道院本身。处于这儿的不仅有总的管理机构，而且在那儿还有用于自己经营最近周围地区的各个地产和各个手工业分部的庄园建筑物。这个领主的大部分土地是自己经营的，它是"萨尔兰"。然而地产是这样分散，以致该修道院不能直接经营所有的萨尔兰；此外还有许多特别的附属田庄在工作，它们严格地隶属于总的管理机构，处于一个特别的上级的领导之下。实行了一定的劳动分工，以致各个附属田庄以特殊的物品为专业：例如加尔达湖畔的各个庄园专门生产油。全部土地财产的一个较小部分出租，而且是租给自由的、半自由的或不自由的农民。总共约有 650 户佃户。就是在总管理机构的经济核算中也清楚地表现出自己经营的萨尔兰与出租的土地的分离。但是两个部分却又最紧密地联系着。在劳动宪法方面就已经是如此。有奴隶供萨尔兰支配，但是他们不够用。所以最重要的是佃户们的劳役，在这方面出现了劳动契约的极不相同的形式：自由的佃户们承担了义务，除了缴纳收获的一定部分之外，还缴纳一小笔货币额，而且此外在萨尔

兰上劳动一定数目的徭役劳动日。有时它只是一年一个或两个星期,但是有时也是一星期一天或两天。然而不自由的佃户一般却有义务进行没有定量的劳役,而在他那里,收获的缴纳则退居次要位置。偶尔强迫劳役是非自由人的唯一负担,在这种情况下他是一个不自由的农村雇工,只是以自己的家计与奴隶相区别。

手工业生产集中在领主土地的核心,也就是集中在修道院的附属建筑物里。在这里,在特殊的作坊里工作着面包师和屠夫、鞋匠和织布匠、马具匠和军械锻工、羊皮纸生产者、木工、箍桶匠等等。此外,在佃户的田庄里大概也生产手工业产品,部分供自己使用,部分也供应给修道院使用。各种文献清楚地表明,控制这样大的一个生产机构并把消费品分配给许多参与者以及文化和排场的目的都提出了困难的管理任务。

与当时的大多数别的领主一样,鲍比奥在经济上很少与外界隔绝。光是一年共有约220金索利第的农民们的货币租金已经暗示着货币经济的关系。购买需要的不同物品,如某些织物和香料。此外,鲍比奥还从路德维希二世皇帝那儿得到了容许在它的地产上举办集市的特权。这个领主因而是市场的行政机关,这在当时也不是罕见的情况。该特权甚至明确规定,商人们在去程和归途中都应当免税。

从国民经济学上看,在鲍比奥存在着什么?不同的秩序形式独特地“融合”为一个具体的整体。处在这个宇宙的核心的是一个“集中领导的经济”,与它相连接的是上百个小的不自主的经济世界——佃户们的各个个别经济,它们本身又表示着小的、主要是“集中领导的”经济体。它们仿佛是进了集中领导的经济的一个巨大躯体之中。在这个巨大的修道院经济的范围内，不独立的奴隶们或半自由人们的“自由的消费选择”几乎没有存在过。就奴隶们或半自由人们从事萨尔兰之上的劳动而言，劳动投入也不是自由的。就是这一事实在说明集中领导的经济的特征时也证明是本质性的。在每个方面人们都服从集中领导的命令。但是，在自由的人们与领主的管理机构缔结契约的范围内，存在着集中领导的经济的一种有些不同的形态。同样应该谈到它。原则上不强迫自由的劳动者们在鲍比奥劳动。但是，这种自由缘于传统并且受到通常持续 29 年的劳动契约的长期性的重大限制。

因此，“集中领导的经济”的各种要素在鲍比奥“占优势”。它占着统治地位。但是不是仅有它们才存在。由于鲍比奥也为市场而生产，以便能够从市场上购买，并且由于管理机构必须总是握有一笔一定的货币现金，以便满足流通的需要，“交换经济”的要素就“补充地”与“集中领导的经济”的各种要素相融合。这个经济构成物的整体是理想类型的秩序形式的一个复合体；我们可以个别地强调这些秩序形式，以便如此而纯粹地获得这些形式。[29]

如果我们对 14 世纪的农业进行类似的分析，那我们就会发现，类似的形式要素以别的组成造成了别的经济构成物。众所周知，农业大企业这时候在相当大的程度上解体了。农民的田庄成了农业的主要支柱。大部分物品这时是由农民家庭在家里为自己的需要或者也为领主们生产的，而它们的生产受到了集中的控制，这种集中控制由下述处所分担：小家庭本身的领导者，此外是马尔克村社，它给村社社员们分配田地并作出有关阿里明达的规定，以及最后是领主。这样三种经济单位交错连接地集中控制。但是，

有些物品是为了与邻居和与邻近的城市交换而生产的；这种城市是交换经济关系的一个中心，而有些农民也作为家庭手工业者为这种城市的中间商工作。这样，两种经济体制的要素虽然也在这种经济秩序中交错连接，但是却是以别的、特殊的形式。

2.就是中世纪的手工业也不是像城市经济所认为的那样是一个样地组织的。完全相反。我们在这里所遇到的非凡的多种多样性几乎是无与伦比的。它发出了特别程度的刺激，因为在这里，能否发现统一的秩序形式这个问题特别尖锐地提了出来。

对于中世纪的个别手工业者来说，他的行业是“封闭的”还是“开放的”，这是第一位地决定性的。毫无疑问，各个行业经常处于“封闭的”状态，但是封闭的程度和封闭的形式不同。例如，有些城市肉摊、面包摊和鞋摊的数目是由行政机构规定的。此外广泛流行着封闭一个行业的另外一种方法：行会强制。因为那样一来，当行会有权拒绝允许参加或要求高额的入会费时，它、而不是行政机构，就能够禁止进入这个行业。有时手工业者们甚至成功地把该行业限制于一定的家庭：巴黎的织布业者们在13世纪就已经如此了。——但是与此相对照，各行会在达到严格的行会强制上也常常失败。它们常常不得不满足于只是松弛地限制被允许者的范围。并不罕见的是：城市管理机构规定，虽然任何不属于行会的人都不准从事一种职业，但是行会无权拒绝入会和要求入会费。例如在13世纪的帕多瓦或14世纪科伦的好些行业中就是如此。然而，那时新加入者就常常必须估计到行会同伴们的违法抵制。但是，比较松的行会强制毕竟与严厉的行会强制在经济上有点完全不一样。

此外，中世纪在许多地方都有“开放的”行业，那里进入自由，那里也不必获得一个行会的成员资格。如果参议会滥用行会的权力去任用自由的师傅，那么这当然只是有限地开放该行业。但是许多城市管理机构都走得更远。已经谈到过纽伦堡。1280 年布雷西亚明确规定，任何人都可以从事任何手工业而不需要加入行会。

认为每个“封闭的”行业都形成了垄断，或者在“开放的”行业的范围内竞争总是占统治地位，这是一个错误。然而，规定一个招收限额从而封闭该行业，对于那些得到了允许的手工业者们来说是一种宝贵的特权，它大大地便利了垄断式地统治市场的协议。但是，如果获得准许的面包师或卖肉者或鞋匠的数目大——有的城市他们的总数有 100 以至更多——那么尽管是封闭，造成垄断并不容易。此外城市管理机构的政策常常起着反对垄断协定的作用。而反过来，就是在实行一种营业自由政策的城市中，一个行业的手工业者们也能够联合起来并建立垄断性地统治他们的市场的社团。13 世纪的博洛尼亚在这方面引人注意。它像许多别的城市一样推行营业自由的政策，但是在某些（不是在一切）行业中，它容许联合。在那里，例如在裁缝们和木匠们以及马掌匠们那里，也就真的形成了这样的东西。而他们试图通过对竞争者们的压力来促使所有的人参加；在这方面使用的方法是我们从现代的各种垄断斗争中所熟知的。但是，那时偶尔也形成了许多社团，在博洛尼亚的鞋匠们那里就是这样。那里在 13 世纪作了有关 4 个不同的协会的报道，它们以简朴的形式表现了一种独特的寡头垄断。自然，在开放的行业中也并不罕见地存在着竞争，而且又是以好些形式：参议院方面常常禁止形成任何协会，在 13 世纪的进程中在兰

茨胡特、戈斯拉尔和苏黎世就是这样。或者一个城市的手工业者们也在彼此之间的以及与其他城市的手工业者们的竞争当中在大市场上出卖他们的产品，就像纽伦堡、科伦和奥格斯堡的金匠们那样，他们自己在法兰克福博览会上供应他们的商品。但这是特殊情况。重要得多的是中世纪最大的出口手工业——纺织行业。例如，南德意志各城市的亚麻或单面绒布织工们经常在彼此间的竞争当中劳动并把他们的产品零星地卖给商人们，商人们在大市场上销售这些产品。在这种情况下，个别资本雄厚的商人或中间商，或商人—中间商们的集团经常具有垄断需求。当手工业者们联合起来面对有需求的商人们的垄断性集团并签订集体的供货合同时，他们的地位就有利得多。例如，这发生于1424年吕贝克的琥珀车工行会和远地贸易商们的一个集团之间，该集团将琥珀商品销往西德和南德以及意大利。因此，这里是垄断与垄断对抗。

最后，如果我们考虑到各城市的当局常常使用规定的价格来工作并因此而着重干预垄断化了的市场，那么我们就会得到有关中世纪手工业经济形式的多样性的一个印象，但是同时也得到了出发点，从这些出发点出发，可以通过着重强调的抽象而得出一定的理想类型的经济体制及其形式。㉚

3. 可以用这种方法分析历史上的一切经济：不仅是欧洲各民族最近几千年的经济，而且也有古代埃及或巴比伦或中国在其历史上的各个不同时期的经济。以后有些场合还将谈到这些。（在15世纪的印加国家中也许会找到那种最纯粹地实行了的集中管理的经济。㉛）

问题到处都在于充分地突出个别之物（例如中国的家庭经济

的特点），并且在任何地方都不陷入通过寻找"标准的东西"而磨掉个别之物的棱角的错误。到处都显示出，正是这样透彻地观察个别之物（也许违反了预期）导致发现可以看清数目的某些种纯粹的基本形式。这些基本形式的构成和它们在各种具体的构成物中"融合"的方式是各种各样的。各个"占统治地位的"和"补充的"秩序形式也在变化，总的历史环境同样在变化。尽管如此，在人们过去和现在在其中从事经济活动的各种经济秩序的多样性中，可以找到某些不断重复的、基本的形式。

这些理想类型的形式或许可以用作克服重大的二律背反的基础。现在已经开始认识这些形式。做出了一个开端。但是还缺乏两种东西：首先是准确地、科学地说明各个个别的、纯粹的、理想类型的形式。到目前为止只是不精确地以日常的语言描述过它们。而第二是系统地把握这些类型：应当个别地突出并且系统地编排在各个历史上具体的个别经济中找到的所有的理想类型的形式。

第二章　各种经济体制

另一方面，通过设定公理或抽象地推论不能精确地同时又系统地突出各种基本的形式要素，否则就会在这个地方使历史的经验与理论的研究破裂。任意地构造模型是一种严重的、但是经常犯的错误。就是分析的这个新阶段也不能通过远离实际的经济来完成。相反，必须无偏离地继续走已经走上的道路。以至今为止的各种历史确证为依据，我们必须比过去更加深入地探究历史上的各个个别的经济构成物，以便解决现在提出的任务。

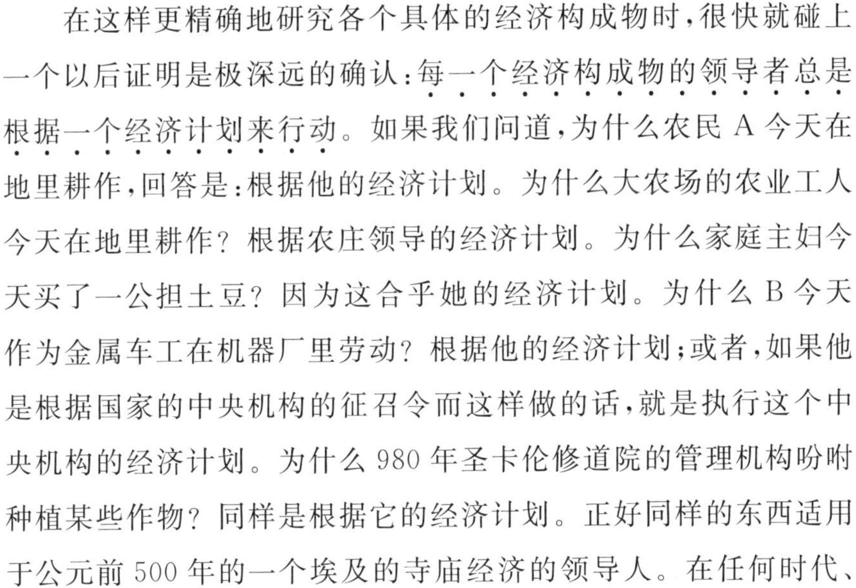

在这样更精确地研究各个具体的经济构成物时，很快就碰上一个以后证明是极深远的确认：**每一个经济构成物的领导者总是根据一个经济计划来行动**。如果我们问道，为什么农民 A 今天在地里耕作，回答是：根据他的经济计划。为什么大农场的农业工人今天在地里耕作？根据农庄领导的经济计划。为什么家庭主妇今天买了一公担土豆？因为这合乎她的经济计划。为什么 B 今天作为金属车工在机器厂里劳动？根据他的经济计划；或者，如果他是根据国家的中央机构的征召令而这样做的话，就是执行这个中央机构的经济计划。为什么 980 年圣卡伦修道院的管理机构吩咐种植某些作物？同样是根据它的经济计划。正好同样的东西适用于公元前 500 年的一个埃及的寺庙经济的领导人。在任何时代、任何地方，人类的经济活动都是在提出和执行经济计划中进行的。因此，一切经济的活动都以计划为基础。在不同的人们那里，各个计划的精确性和时间范围很不相同。以后将会谈到这些。但是，人们从不无计划地从事经济活动。

因此，首先必须研究的就是个别的计划及其完成；就是在系统地确定历史上的一切经济构造物都从中建造出来的各种纯粹的形式要素时也是如此。

以这种方式成功的首先是：准确地把握那两个纯粹的、根本的基本形式，任何时代的历史研究都碰到这两种基本形式：没有流通的"集中领导的经济"的理想类型的经济体制和"交换经济"的经济体制。标志着"集中领导的经济"的经济体制是：根据**一个**中心地方的计划来控制一个共同体整个的日常经济生活。然而，如果社会经济由两个或者许多个个别经济构成，其中的每一个都提出并执行经济计划，那么就存在着交换经济的经济体制。

除了这两种经济体制之外，在现在和过去的经济实际中都不可能找到别的经济体制的痕迹；也确实不能想象，可以找到别的经济体制。

Ⅰ. 集中领导的经济——它的两种形式

在较新的国民经济学中提出了这个问题：究竟能否纯粹地集中控制一个大的经济共同体。对此提出了极为严重的怀疑。首先否认了在这样一个不是从经济过程中形成价格的共同体中有可能进行精确的和有意义的经济计算，这样中央领导在提出其经济计划时就是在黑暗中摸索。因此，对一个大的集中领导的经济体的领导提出的要求是根本不可能满足的。这些异议在当前的经济政策讨论中起着重要的作用，它们涉及一个第一等的问题。事实上，长时间地以完全纯粹的形式控制一个巨大的、包括上万或上百万人的集中领导的经济将会碰上最大的困难，因为在这种经济中不可能进行精确的经济计算。尽管如此，这里仍然可以而且必须不注意巨大的集中领导的经济体的经济计算问题。因为在我们现在研究的历史实际中，这个问题常常由于两个原因而没有或者没有以充分的尖锐性出现：集中领导的经济的各种构成物过去和现在大都只是小的，比方说只包括一个有几十人或上百人的家族。那样领导本人就可以通观一切经济过程，家族的领导人可以直接从其价值上估价物品和服务，而且能够靠价值计算把各种价值精确地量化。在历史上是如此极其重要的“简单集中领导的经济”或“自给经济”（就像我们想称呼这种小的形式的那样）以相对简单的方式解决经济计算问题。第二，那种由于其规模而需要一个特别的管理机构的集中领导的经济，从而“集中管理的经济”又怎样呢？在这里，由于共同体的规模和需要评价的各种物品的数量，各种价值的量化是行不通的。在交换经济中，各种个别物品的稀缺性表现为各种价格和交换价值，而集中管理的经济却不具有足够的方法，以便精确地确定各个生产手段和产品的稀缺性。因此，领导不可能与实际存在的稀缺性相适应地去控制各种现存的劳动力和物质生产手段。但是，正是在历史实际中，集中管理的经济的要素通常是与交换经济的要素相融合的。例如，只有某些农产品是按照一个中央管理机

构的指令生产和分配的。那时交换经济的各种价格就形成了经济计算的某一种支柱。集中管理的经济的各种要素越不占统治地位，它越多地给交换经济的现象让路，这种支柱就越牢靠。不然，正如历史所教导的，经济计算并且因此特别是精确的经济控制就会碰上最大的困难。[32]从研究历史上的经济中得知，"集中领导的经济"的经济体制过去和现在都作为"简单集中领导的经济"(自给经济)或作为"集中管理的经济"，从而以两种形式实现。证明了绝不是仅仅在某些国家和时代实现了这种经济体制的要素，例如在巴拉圭的耶稣会共同体中，或者在印加国家，或在我们这个世纪40年代的俄国。相反地它们过去存在于一切地方和一切时代。有时它们占统治地位，有时它们仅仅补充性地出现，而且它们总是与交换经济的要素相融合。但是，我们着重地纯粹地强调它们，并且把它们作为真正的理想类型提炼出来。在这种情况下，两种形式就出现于下列三种变体中：

1."完全集中领导的经济"。它的特征是：在它当中根本不准许交换，各种生产力的投入、产品的分配和消费根据集中的领导而发生。经常可以在强烈的痕迹中发现这种变体：例如在过去和现在的各个家庭经济中，以及在其他文化圈的较大的集中管理的经济中和例如在过去几十年的住宅统制经济中。

在其纯粹的、理想类型的形态上，可以以下述图景来描述它：在从事经济活动上，由一个人领导着一个有大约30个人、40公顷土地的封闭的集体。这是一个纯粹的"自给经济"。这个领导者确定各种经济计划。他年复一年地决定，应该在地里种植哪些作物，多少公顷分配给玉米、小麦、大麦、土豆等等，这一家的17名能劳动的成员中的每个单独的人日复一日地应当在哪个地方劳动，住宅或各种工具是否应当和应当怎样更新或扩充。他决定应当使用的技术、对每块地如何和以何种强度施肥、应当如何耕每块地，以及应当制作哪些农具。他也下达有关应当在田野的哪些地方种植各种作物的指令。他同样支配着收成的使用：收下的大麦或黑麦的哪一部分应该用作种子，哪一部分应该喂牲口，哪一部分应该烤成大麦面包。他另外决定，什么时候应该再把大麦和黑麦的收获量播出去、喂牲口和烤面包，家庭的每个成员得到多少衣服、食品和享用品，他应当在哪儿住。

集中的领导实行得是如此彻底，以致禁止个人把分配到的消费品与别的消费品交换。例如，如果 A 某一天得到了一磅面包和四分之一磅肉，那也不允许他用面包与 B 交换肉。而 B 虽然获得的各种数量都相同，但是却有不同的需要。个人必须把分配到的各份都吃掉，否则，如果他不想这样做的话，他可以把它们再交给领导者支配。没有别的可能性。虽然，只有在一定的状况下才可能阻止恰好是消费品的交换：例如，当进餐像在较近时代的各个家计中或在较大的各个经济体中那样是共同进行的时候，当消费像在斯巴达人那儿一样是共同进行的，或者甚至在某些物品的情况下，就像住宅的情况那样，这些住宅没有中心处所的准许是不许交换的。

在这种变体的纯粹的形式中，中心的命令一直统治到最后的角落并且支配着一切经济活动。共同体的整个日常经济生活都直接从属于它。完全集中领导的经济表现了一种极限情况。一个计划负责者对所有的经济活动都是决定性的。正因为如此，它才引人注意。因为只有在它那里才充分表现出集中领导的经济体制。

在完全集中领导的经济中(以及在其他那两个变体中),中心处所给每一个人指派他的职业和他的劳动地点。劳动者在选择劳动地点和选择职业上不能使他自己的愿望发挥作用。处于国家奴隶制或者私人奴隶制形态之中的奴隶制度和处于其许多种形式之中的农奴制度总的说来表现着集中领导的经济的劳动关系的一种根本形式。从属于此的还有对迁徙自由和职业选择的限制以及束缚于一个一定的劳动地点。这些东西今天在许多国家中还在起作用,并且可以被看作集中控制劳动的第二种较为温和的形式。第三种形式存在于较年轻的一代对较老的一代在经济上的依赖之中,就像这种依赖例如今天还在中国存在的那样。在那里,家庭的所有成员在家庭经济中的职业和工作都取决于最老的人的命令。在集中领导的经济中没有劳动契约,而只有劳动关系。

2. 在“自由交换消费品的集中领导的经济”当中,同样是中心处所决定着各种生产力的投入、生产的时间结构、产品向共同体各成员的分配、应当使用的技术和生产的地点。但是,与第一种变体相反,消费者方面通过交换可以对分给的各种物品的分配进行校正:现在允许A与B交换,如果A希望吃较多的面包和较少的肉,B希望吃较多的肉和较少的面包的话。由一个中心处所方面分配消费品与接收者们交换的自由相结合,这在实际的经济中极为经常地出现。我们谈过集中领导的经济的要素在其中占统治地位的非常多的历史上的经济构成物,这些经济构成物容许消费者们中间的这种交换。许多读者都在他们服兵役时知道了这种交换。步兵连或炮兵连的士兵们得到了分配给他们的一定份额的面包、板油、香烟等等，他们彼此交换，以便使这些份额适合各自的需要。在1914—1918年和1939—1945年的战争期间，虽然黑麦面包、肉、糖、布和其他消费品是由国家中央机构在票证制度的帮助下分配的，但是对于接收者们来说，存在着彼此交换这些消费品的可能性。

作为纯粹的类型，自由交换消费品的集中领导的经济似乎与列举的第一个类型只有小小的区别。实际上区别是重大的。存在着一个原则上说是新的事实状况：由于消费品的各个个别的接收者的各种需要和经济计划也能够表达出来，就缓和了一个计划领导者的独自统治。不过情况只是在不大的程度上是这样。但是，纯粹的"一元论"被消除了，各个计划的某一种"多元主义"产生了作用。在交换中形成了"交换价值"。A用一定量的面包交换一定量的肉、糖、布或香烟。如果消费品的这种交换不仅仅是偶然的，而且是持续的，那就会在使用一种普遍适用的交换手段——货币的情况下形成市场和价格。尽管市场完全处于集中的领导及其决定的阴影下，各个个人的各个经济计划最严格地服从集中领导的经济计划，这种交换的可能性对于消费品的接收者仍然非常重要，因为他可能用他比较不需要的分配的物品换入他迫切需要的物品。

此外，在具有完全集中领导的经济的每个共同体中，这一困难都起作用：中心处所没有认识共同体各成员的各种需要的可靠手段。缺乏消费品获得者们的各种需要与经济领导之间的接触。由于从订购者方面交换消费品，在集中领导的经济的这第二种类型中，至少弥补了分配物品方面的各种最大的缺陷，这在实际上对消费者们极为重要。

3.在“有着自由的消费选择的集中领导的经济”中，共同体各个别成员的各个经济计划起着更为有力的作用。

让我们设想一个有10万人的封闭的国家，其中约有4.5万人能够劳动；而在这个国家中，一个中央机构领导着经济过程。因此它是一个集中管理的经济。中央管理机构指示，个人必须在哪些劳动场所工作，他必须劳动多长时间；它决定，应当利用哪些矿床、水力和土地，应当如何利用它们以及哪些应当仍然不利用，应当生产多少面包、肉、鞋、机床以及其他物品。它下达的指示涉及：应当如何把熟铁、金属半成品、金属薄板等等的各种存货分配于各个个别的用途，是否应当建设新的街道或一座新的鞋厂，从而是否以及如何进行投资，应当在这里使用哪种技术。在这一限度内，集中领导的经济体制的这种变体与“完全集中领导的经济”相同。因为在这一限度内，在二者当中各种决定都是根据中心处所的一个统一的计划作出的。

但是，存在着一个重大的区别：在这里，国家的每个成员有自由选择消费的权利。也就是说，他们不是直接或用票证从中心处所得到面包、肉、他们的住宅和其他消费品；而是他们收到工资和薪金——对消费品的一般指令。（正如人们看到的那样，货币在这里的职能与在刚才谈到的集中领导的经济的第二种变体中不同。）对于这个国家的成员们来说，他们购买什么是自由的。

自由的消费选择存在于什么地方？如果个别人在他收入的范围内购买他想买的东西，就存在着自由的消费选择。以此似乎明确地确定了与消费强制的界限。在消费强制下，个别的人得到的是中心处所自己想规定的东西。但是中央机构也可以通过其他手段(不是通过命令,不是通过分配一定的配给量)来影响消费的方向:例如,它可以通过改变消费物品的原料成分来使消费转向,就像以人造毛和人造丝来代替动物毛、棉花和丝那样。在这里,消费的控制通过原料的替代,没有对最终的消费者们的强迫就得以成功。而由于各种新的与各种旧的纺织品的类似,消费者没有毫无疑义地认识到原料的这种替代。中央机构也同样可以通过对于面包掺杂物的规定、通过有关巧克力成分的规定以及许多类似的措施而控制消费,不用对每个获得者直接作指示。中央机构也常常能够通过宣传(多吃鱼! 多吃猪肉!)来极有效地控制消费。用这样一些方法可以持续地影响一个民族的各种消费习惯,这些习惯是由它的过去、它的教养、它的人种和气候决定的。那样就已经存在着消费强制了吗? 没有。个别的人还可以自主地决定,他想买哪些供给的消费物品。人们可以把这种状况称作与"无限自由的消费选择"相对的"有限自由的消费选择"。但是,只有当施加了外部的压力时,只有当消费者根据一个中心处所的命令或公众意见的压力得到或者必须购买分配的某些物品时,因而只有当他不能贯彻自己的意志时,强制消费才开始。

在一个带着自由的消费选择的集中控制经济的国家里,国家的各个个别成员可以作为需求者使他们自己的经济计划与集中领导相对而发挥作用。需要多少鞋和哪些鞋、多少家具和哪些家具,都可以从对所有这些物品的需求规模中推知。

中央机构可以以双重方式对待所有参与者的各个个人经济计划的这样一些表示。首先,它可以尝试消除或缩小个人的计划对它的计划的影响。对此它并不缺乏权力手段。它作为一切消费品的唯一卖者而行事，尤其可以用它的价格政策与个人的经济计划对经济控制的影响作斗争。例如，如果在价格保持不变的情况下，一年中需求的鞋的数量增加，那么它可以通过提高鞋价来对付需求的这种扩大，由此重新有效地缩减需求的鞋量，保持生产的稳定，使集中的经济计划免受个人的各种需要的影响。它可以完全普遍地这样安排它的价格政策：购买的东西在很大程度上是中央机构希望生产和销售的东西。然而在这方面它碰到了在完全集中领导的经济中并不存在的限制：因为价格变化证明对于需求弹性很小的物品作用不大；而那样或许就不会成功地使需求量合乎中央领导计划。例如，如果在人口和组成家庭增加时对两房间住宅的需求增加了，那么中央管理机构提高房租只会引起需求的轻微减少，它最后还是不得不与消费的愿望相适应而扩大这些住宅的生产。第二，中央领导也可以采用根本不同的行为。它可以尝试把需求的规模当作居民的各种需要的指数来使用。它可以以提高鞋的产量来回答在一定的价格下每年需求鞋的数量的上升，由此来更好地满足居民的需要。这样就是集中的领导尽力考虑国家各成员的各个经济计划而提出它的经济计划。如果它原则上这样做，那么它的经济计划就依赖于需求者们的许多个经济计划。因此在这里达到了或者越过了集中领导的经济的界限。已经可以把第三种变体的这第二种情况指派给交换经济：一个统治着所有市场的垄断管理机构力图按照“尽可能好地供应”的原则（见第 325 页）向需求者们供货。

让我们作总结。一个其中只存在“简单集中领导的经济”（“自

给经济”)的国家将会是如下的样子：成千的彼此没有最低限度的经济往来的自给经济并列地工作着。每个家庭都完全自己供应自己并且是一个集中领导的集体，它受它的一个成员领导。有较大的和较小的集体；但是没有一个是如此之大，以至于必须有一个特别的管理机构来领导它。领导者自己在所有方面都控制着整个经济过程。他亲自通观着这个过程。如果它是完全集中领导的家庭经济，那就没有任何交换，并且没有各种物品的价格和交换价值。准确地考察起来，在这个国家中同时运行的绝不是一个经济过程，而是有着像存在着的封闭的家庭经济一样多的独立的而且是不依赖的经济过程。不是存在着一个经济宇宙，而是在那里并列地存在着许多样子相同的经济宇宙，它们就像存在的自给经济那样多。

自给经济和集中管理的经济是姐妹。但是它们是极不相同的姐妹。——为什么自给经济总是不够用，为什么它恰恰是在现代的发展中被排挤成了次要角色？可以容易地回答这个问题：因为在它的范围内不能充分地发展劳动分工。它太小。为了通过物品的交换改善它的供应，各个家庭、氏族或村庄集体在史前史时代就已经彼此交换，从而把劳动分工扩大到了自给经济的边界之外，因此，在一些地方冲破了这一边界并且补充性地发展了其他的秩序形式。但是，现代的工业化导致了劳动分工的强化和空间上的扩张，这种强化和扩张是迄今所不知道的，它必定把秩序形式王国中的这个侏儒(自给经济就是这种侏儒)极远地推向后面。在自给经济中不可能使用现代的纺纱机、高炉或铁路。因此，在历史的进程中必定产生新的秩序形式，在这些秩序形式中，人们能够安排具有广泛的劳动分工的经济关系。过去和现在在“交换经济”的旁边都存在着“集中管理的经济”。在历史上，远远不像交换经济那样可以经常发现作为经济秩序的占统治地位的要素的集中管理的经济。但是有着一系列已经谈过的有趣的个别情况。各种现代的战争经济使这种秩序形式特别强烈地显现了出来。让我们再一次从它的纯粹的形式上想象它。那个迄今经济自给地组织的国家这时完全改变了它的外貌。旋转舞台移动了，而各个人物则在一种根本变化了的形势下行动。现在整个国家都劳动分工地彼此相联系。所有能劳动的人们都日复一日地参与着一个连在一起的、包括国家的整个区域的经济过程，唯一的一个中央领导控制着这个过程。居民数量、土地和生产机构的巨大，使得单独的一个领导人物不可能自己连续地综观所有的经济过程并自己详细地发布指令并监督执行。因此存在着一个有着为数众多的公务员的管理机构，只有这个管理机构（在完全集中管理的经济中）从事制订各种经济计划，它向现有的各个生产场所发布有关它们应当生产什么的指示，它向各个生产场所分配原料和半成品，它下达有关新建或改变现有的设备的指令，它给劳动力们分派他们的劳动地点，它把消费品分配给每个人，它检查一切指示的执行。

我们需要集中领导的经济的两种形式连同它们的变体，以便理解具体的经济秩序，并且作为适合于经济过程的理论分析的、符合事实的而同时又可以精确地确定的条件状况。在集中领导的经济的两种形式中，都存在着经济权力在一个地方的聚集。在自给经济中不太看得见，但也是高度可感的；在集中管理的经济中是极其强有力的。不存在在其中权力集中得更厉害的经济体制；而在它的范围内，最厉害的又是在完全集中管理的经济中。在这里，经济权力在经济上无限度地表现出来。共同体的每个成员都完全依赖中央管理机构和它的官僚机构的经济领导，在任何地方都没有经济上自由和主动的领域。在这种形式哪怕只是接近实行了的地方，就像例如在埃及历史的某些世纪中那样，个人是一种生物，其唯一的任务在于不断地遵从中央机构和公务员们的命令。这种经济体制的各种其他变体显示出中央机构在某种程度上轻微地放松了它的大量的权力，刚才通过确定这些变体而进一步地说明了这种放松的程度。随着确定和从理论上分析各种经济体制，我们更熟悉的恰恰是一个重大的历史问题——经济权力问题。

Ⅱ. 交换经济

导　论

应该再说一遍：我们必须绝不把“交换经济”理解为19世纪的“资本主义”经济方式的整体。在19世纪，就是在所谓的“资本主义”的各个国家中，集中领导的经济的要素也强烈地起着作用。用“资本主义”、“共产主义”、“社会主义”和类似的概念不能完成国民经济学的各个认识任务。“交换经济”是一个纯粹的、根本的、理想类型的基本形式（正像“集中领导的经济”一样），它在人类历史的一切时代都可以找到，并且是根据对各个个别经济的精确观察、通过着重强调的抽象而获得的。

这样一个理想类型的交换经济由彼此处于流通或交换之中的厂家和家户组成。我们谈到"厂家"和"厂家的领导者们"，而不说企业和企业家们，是因为在词语上，企业和企业家使人想到的是"资本主义的"时代，因而，两个词具有一种一定的历史色彩。在理想类型中必须完全避免这样一种色彩。"厂家"被视为经济的、而绝不是技术的单位。在它们当中，通过购买和组合劳动的服务与实际的生产资料，进行着售卖的商品或服务的生产。理想类型的交换经济的"家户"看起来与例如今天德国或法国通常的"家计"不一样。我们已经说过，家庭的历史上已有的各种家计表现着小的、部分的是集中领导的经济构成物，在其中运行着今日的整个经济的生产过程的一个重要部分。但是，在纯粹的"交换经济"的"家户"中不生产物品，既不烹调也不洗东西，也不缝纫。家户所需要的一切物品和服务都是从厂家买来的、在消费上成熟了的，在家户里只是消费它们。（为了也从概念上表达这种区别，当我们想称呼历史上存在过的家庭经济时，我们说"家计"，而当我们指的是理想类型的交换经济的消费集体时，我们就说"家户"，在这种消费集体的范围内不生产任何东西。）从"交换经济"这种类型中已经一点不剩地根除了集中领导的经济的一切痕迹：在各厂家中生产，在各家户中消费——同时在这里，由各个家户供给劳动服务或储蓄款项，它们又产生收入。

个别的交换经济的厂家或家户的各个计划与集中领导的经济体制的各种计划不同。因为在集中领导的经济中，共同体的经济过程从开始到结束都是由一个地方的计划和命令控制的，在这种经济中，这种计划是"完备的"。正像刚才所指出的那样，领导者不考虑或者仅仅是有限地考虑其他的个别经济和它们的计划或行动。共同体的经济过程全部发生于他的权力范围内。一个交换经济的厂家或家户的领导者必须完全不同地行事。在他的个别经济中只运行着全部社会经济过程的一小部分。因此，他每天、每月和每年的计划都是"不完备的"。它是一种部分计划。共同地生活于一个交换经济的共同体中的这许多厂家领导者和家户领导者中的每一个个人，都必须在每一个计划中考虑其他人的各个行动和计划。所有的个别经济都处于彼此互相依赖的关系之中。过去和现在不管在什么地方，只要存在着交换经济的关系，这个事实就会在一切时代和任何地方的每一个个别经济的每一个计划中表现出来：在今日美洲的每一个家户和每一个工厂中，或者在中世纪的商人那里，或在罗马的皇帝时代的农民那里。个别经济的领导者在提出他的各自的计划时注意到，他必须适应交换经济的内部结构。"于是在交换经济中就产生了一个新的问题：使各个部分彼此一致的必要性；换言之，协调各个个别的计划的问题"（K. F. 梅耶）。在过去和现在的实际的经济中，就它是交换经济的而言，"各个个别计划的协调"、各个经济行动的并且从而整个经济过程的协调是如何进行的？按照说过的东西，研究交换经济的经济体制并且确定它的形式，必须从这个问题出发。

根据经验，应该从两个方面来回答这个问题：

首先：在一个交换经济中，必须始终存在着一个计算的尺度，个别经济的各个计划都向这个尺度看齐。虽然在较古的欧洲和欧洲以外的历史中，也常常没有计算尺度的作用而在通常是封闭的家计之间发生偶然的交换行为，但是这样一些情况并不很令人感

兴趣。一旦各种交换行为变得更为经常，而各个个别经济的领导者们要使自己适应交换往来，就不能再缺少一个计算的尺度。就是在交换经济的纯粹的形式中也是如此：让我们设想一个有50万人的国家，在这个国家里，粮食、面包、羊毛、布和所有其他产品都是在为数众多的厂家中生产的并以实物与其他物品交换，用消费品给劳动者们以报酬。如果在这里不存在计算的尺度或关系值，那么厂家和家户的领导就不能够提出有用的经济计划。例如，一个织布业者给一个工人一定量的面包、肉、啤酒等等作月工资，并出售布以换取一定量的鞋、面包和羊毛。只要他缺少一个计算的尺度，他就不能确定，这些行动给他带来的是利润还是亏损，他是否应该继续这样行动。因为他不能比较各种个别的物品和劳动服务。他根本不可能知道，他应该为市场生产什么，如何生产。所有的个别经济的以及整个经济的经济运行都缺少方向盘。

人在历史上，在一切时代和一切文化中都由此来帮助自己：他把一种标准物品当作计算的尺度，从而把标准物品的单位用作计算单位，并这样使各个别计划的协调成为可能。在较古的文化中，非经济的、例如宗教的想法经常在选择这种标准物品上也起作用。这个事实改变不了标准物品的什么经济职能。众所周知，在我们的文化圈中，过去把牛用作计算单位的很多。例如，荷马估价一个三脚架为12头牛，一个男奴隶为100头牛，一个女奴隶仅仅为4头牛，或者为20头牛，一个盒子为一头牛。在这种情况下，想到的显然不是一定的、具体的牛，而是中等质量的牛类。在大多数民族中，计算单位都逐渐与标准物品相分离并且成了一种想象中的单位，这种单位从这时起给了一切交换往来一个坚固的支柱。这样一些事实迫使我们在纯粹的交换经济体制中也规定一种标准物品作为一般的计算尺度或关系值，或者采用一种想象中的计算单位：它可以是牛、鱼、毛皮或者一种贵金属的单位。只有这时才可能控制个别经济。例如，在列举过的那种情况下，织布业者这时就可以计算出，他给予工人的各种物品的价值，与他用他的商品所换得的各种物品的价值相比是怎样的。例如，他可能会确定，它们等于一头牛或者100克金，而在出售布时产生了一笔利润或者一笔亏损。各个个别经济的计划因此得到了一个牢固的立足点，或者用另一种表述：一个“协调的基础”。因此，统一的计算单位是交换经济的一个必不可少的标志。[33]

第二，每一个与别的个别经济有交往的个别经济，都是“供给者”和“需求者”。（我们必须撇开掠夺。）无论是石器时代晚期吕根的火石器制造者们在欧洲北部和南部用他们的工具交换别的物品，还是今日的一个铁厂出售铁并为此得到付款，或者是一位家庭主妇今天购买苹果并付出货币——交换经济的一切关系都发生于供给和需求之中，它们通常在“市场”上彼此相遇。供给和需求不是19世纪的发明，它们与人们彼此处于其中的经济交往同样古老。就是在这个地方也必须再次避免那个错误：试图事先就拿出“供给”、“需求”和“市场”的科学定义。只是在科学地透彻研究了事实状况之后，才能够给出这样的定义。现在还缺乏牢固的基础。因此，我们现在必须首先以它们日常的性质来使用这些词汇。

但是，历史的经验表明，各个个别经济如何供给和需求、从而它们如何互相依赖的方式，过去和现在都是极不相同的。正是这

种我们在例如中世纪的手工业中、在古代的经济中以及在近代的经济中遇到的多样性（比方说读一下第二篇第二章或本篇的第一章）必须以充分的规模发挥作用，因为否则历史的实际就仍然是得不到理解的。在这里起作用的是两个方面的差别：

1. 个别经济的权力地位在各个个别市场上极不相同。它常常必须适应各个市场上的各种过程，就像1910年前后在一个较大的城市中购买面包或肉的家计领导者那样。但是，个别经济也常常能够决定性地规定各个市场过程，就像中世纪晚期奥格斯堡的中间商和批发商那样，那里的织布业者们依赖于作为大买主的这种批发商。各个个别经济按各种“市场形式”而不同地处在它们的市场上，由此又强烈地影响着整个交换经济的过程。这样就打开了对一个巨大的问题群体的视线。

2. 交换往来是以实物进行还是各个个别经济使用一种被称为货币的普遍承认的交换手段。也就是说，鞋匠是用鞋交换别的商品，还是他用他的鞋换得一种一般的交换手段。为什么人们经常使用一种一般的交换手段，对此已经写过了许多。可以容易地证明，一个使用货币的交换经济比一个没有货币的运行着的交换经济要更有效率。每一个加入了这样的一个使用货币的交换经济的个别经济都不得不保持一定的货币储存，这对它的经济计划和它从事经济活动又是重要的。在历史的进程中，这种货币采取了很不同的形态。关于这一方面，在历史的描述中也已经说过一些。因此，也就是根据这个方面可以用着重的强调从历史调查的结果中得出各种纯粹的形式：“货币经济的”各种“主要形式”和各种“货币体系”。这是第二个巨大的问题群体。

按照“市场形式”并按照“货币体系”和“货币经济的主要形式”，各个经济计划的协调、各个个别经济的经济活动和整个的经济过程以不同的方式进行着。这样就简洁地说明了现在必须解决的那两组问题的特征。

A. 各种市场形式

1. 供给和需求的两种主要形式

在历史上，从古至今，我们到处都碰到了两个不同种类的供给和需求：它们过去或现在都不是“开放的”，就是“封闭的”。

如果允许每个人或与市场相比的一个大圈子的人们作市场的供给者或需求者，以及如果允许每个人都供给或需求像他认为合适的那么多，供给和需求就是“开放的”。如果允许每个人无条件地或在容易履行的条件下从事作为手工业者、商人、工业家、农夫、工人和职员的职业，如果不存在招收限额，如果投资或开设禁令不起作用，那么就存在着“开放的”供给。众所周知，19 世纪的营业立法（例如 1869 年北德意志联邦的营业规章）想随着实行营业自由而在尽可能许多的市场上创造并且实际上创造了开放的供给和需求。但是，以前我们也在历史上一再发现了类似的状况。它们绝不是“资本主义”的一个发现。在希腊化时代东地中海的许多城市里，在奥古斯都的罗马帝国中，在中世纪的许多城市中，我们都碰到了为数众多的手工业部门，当时它们是“开放的”。

当不是每个人都可以作为供给者和需求者出现在市场上的时候，例如当只许可企业家们的一个一定的封闭的圈子供应一个市场或者在一个市场上购买的时候，或者当存在着开设或投资禁令时，或者当只允许一定的一个集团的工人们在某些职业部门劳动，或只允许一定的一个集团的家计购买某些商品时，那时供给和需求就是“封闭的”。在历史上，几乎到处都可以发现对某些市场上的供给或者需求的封闭。而当后重商主义时代的国民经济学通常完全忽视了封闭的供给和封闭的需求，或者只是简短地解决了它们时，那么它就因此而作了一种简化，这种简化首先必定在那种时候导致在解释具体的经济上的失败：那时就像今天的情况一样，各种封闭的形式又赢得了经常性。

正像历史的概述也表明的那样，供给或需求的封闭可以发生于极不相同的方式中。可以把从事一种手工业或商业限制于某些家庭，正像例如在拜占庭帝国所反复出现的那样。当时，是国家命令封闭几乎所有的手工业部门，而且它也强迫工人和世袭隶农们总是重新从事父亲的职业。在埃及和在东方的其他国家中，更早的时候国家就已经类似地行事。中世纪许多城市的经济政策简直就是以围绕着封闭还是开放手工业和商业的斗争作标志的。作为中世纪晚期的重要例子，我们把吕贝克的封闭的经济政策与相反的纽伦堡的开放或保持开放手工业的经济政策相对比。直到进入19世纪后很久还适用的那些规定，按照这种规定，只准许与一位师傅有亲属关系或者与一位师傅的遗孀结了婚的人进入一种手工业。在19世纪晚期，除了许多开放的市场形式外，还存在着封闭的市场形式：最重要的形式也许是将发行纸币的权利限制于少数银行或者一家银行。今天，在大多数国家中，发展起了封闭供给和需求的一套多种多样的并且迅速变动的技术：鉴定、批准禁令、设立禁令、投资禁令、种植禁令。在这种情况下，各个个别的产业部门经常被迅速地从开放的状态转送到封闭的状态，以及反过来再从封闭的状态被转送到开放的状态。不过，一般地适用于封闭的办法的是：要么限制准许的人的圈子，要么规定厂家的数量、大小和效率能力，要么是二者同时发生。

一个厂家和一个家计可以同时分有供给和需求的开放的和封闭的形式。这样，例如在 J 地的 W 农庄中，水果和葡萄酒的生产是“开放的”。由此这个农庄就可以生产得像领导者想要的那么多。但是烟草的生产就是“封闭的”，因为根据官方的指令，只允许一定的公顷数额种烟草。或者：只要在 J 地的家庭 R 与村庄的数量有限的别的老家庭并列而有权在每年出售村庄树林中的木头时作为买者出现，这个家计就是一个“封闭的”需求者集团的成员；但是，就它购买食品和手工业产品而言，它又属于需求者的“开放的”系列。

对一种商品或一种服务的供给或需求是开放的还是封闭的，这显著地影响着每个个别经济的经济计划和经济活动。

2. 供给和需求的开放形式

为了精确地确定供给和需求的各种形式，必须继续进行我们开始了的对各个具体的个别经济的分析。就是在这个地方也不许离开实际，而只能去探究实际。

个别经济的每个领导者都在他视为给定的那些事实的基础之上建立他每年、每月或每天的经济计划。对他来说，这些事实是“资料”(Daten)。个别经济的每个计划都建立在这样一些“计划资料"的基础之上。一个农庄或一个手工工场的领导者把设备和物质资料的存货的多少和种类当作资料,作为他当下计划的基础。此外(为了首先不确定地表示它),还有他作为买者、卖者和信贷接受者的交易关系的总体。在这里,在研究交换经济的各种形式时,只有后面的这些计划资料对我们是重要的。在F地的机器厂A购买辛迪加的铁,并在为数众多的市场上出售它的产品:对一些产品它把价格视为计划资料,对其他的产品,它把推测的需求的各种反应看作计划资料,对另外的一组产品,它既按照推测的需求者们的各种反应、又按照少数一些竞争者们的各种反应行事。

因此,机器厂以及别的每一个个别经济的领导者在他们计划的这个地方考虑的那些资料,样子是不同的。因为经济计划依赖各种计划资料,而各个个别经济在供给和需求上的经济活动依赖经济计划,只有从这些计划资料的差别出发,才能理解供给和需求的各种形式。我们在这里碰到了一个简直是起决定性地重要的点,也就是揭示具体的经济中的各种市场形式所必须由之出发的那个点。例如,我们挑出今天在机器厂A中实际上实现了的各种个别的情况,着重强调地分别单独研究它们,这样首先发现供给和需求的各种纯粹形式并由此发现各种市场形式。

1. 供给者把可以预期的顾客们的反应当作资料投入到他的经济计划中使用(需求者相反)。

那种农业大企业就是这样,向一个地区供应土豆的只有它,并且它根据收获了的土豆的存货,在它的经济计划中,特别是在它为土豆规定价格时,从对需求的一定的估计出发。类似的是那种制鞋机托拉斯,它在一个市场上作为唯一的出售或出租某些得到了专利保护权的制鞋机。15世纪南德意志的一个大中间商—商人面对他的家庭手工业者们也有相似的地位，这是通过他在他的经济计划中预计到家庭手工业者们的一种确定的行为，例如在进一步压低各种工资时的外流或转向农业工作。

我们在历史上极为经常地遇到这样的计划形成和这样的行动；只有在买者或卖者拥有一个自己的市场时，它们才是可能的。顾客依靠唯一的供给者，或者相反，供给者们依靠唯一的需求者。如果那个农业大企业不得不考虑到竞争者们的话，那它就不能仅仅看准顾客们的各种反应，而且必须以某种方式考虑可以预期到的竞争者们的各种反应。

这样，我们就面临着供给者或需求者的垄断的情况。垄断者根据各种计划资料，不是规定价格（它对他来说不是资料），就是决定应当供给的（或者应当需求的）数量并让价格去适应。

2. 各个个别经济的领导者们在他们的经济计划中把价格当作计划资料投入使用。例子：一个机床厂主考虑出售他的机器所能够得到的某些价格。或者：一个家计出租住宅的一个房间并且每天买进为数众多的消费品。在供给房间时，它考虑到根据现有的各种了解目前是习以为常的一个价格；在买进食品、家用器具、衣服时，它同样把一定的价格当作资料投入各个经济计划中使用。或者：纺纱厂在买进棉花时把当时的市场价格看作资料并据此进行安排。或者：零售商出售香烟，而他的零售价格与购入价格一样，都是由烟厂规定的。

参与市场的个别经济从哪儿接受它当作资料嵌入它的计划中的那些价格？就是说，个别的市场参加者在哪些情况下把价格当作资料来考虑？什么时候他不注意他的行动对各种价格的各种作用?

在实际中表现出四种情况。

a)许多小厂家生活在一个大厂家或一个集体垄断的"阴影中"。它们把这个"大者"要求的各种价格当作计划资料接受下来,而在它们方面却并不注意它们的行为(特别是它们的供给或它们的需求的规模)引起了哪些反应。这样一些情况在20世纪欧洲的经济中并不罕见,并且就是在过去(例如在中世纪)它们也经常得以实现:应该想想水泥工业的各个现代的卡特尔;较小的局外人们常常在许多年中追随它们,在它们的计划中把各种卡特尔价格当作资料来投入使用并且独立地调节它们的供给的大小。另一个例子:那些虽然没加入雇主联合会,但是却简单地采用了它们当时的工资表的厂商。或者一个城市的许多小运输厂商,它们也要求一个大的、在营业额上突出的铁路运输商行的各种价格并把它们当作资料看待。再举一个过去的例子:许多小的藏红花商人在15世纪晚期的法兰克福博览会上使自己适应巨大的拉文斯堡商业公司所要求的各种价格。

如果小的竞争者们总共只占供给或者需求的很小一部分的话,"大者"就不需要注意他们。但是,如果这一部分比较大(情况往往是这样),那它就必须在它的经济计划以及它的政策中考虑它们。那样它的垄断地位就是不完全的,而人们就可以谈到需求或者供给方面的"**部分垄断**"的情况。

b)一个厂家在销售时之所以考虑到一个一定的价格,是因为它的供货者也已经为第二手规定了各种出售价格。例如,零售商们对供应厂商承担了按一定的价格出售洗涤剂、药品和其他商品的义务。众所周知，在许多国家里，在出售有商标货品时就存在着这种情况。但是，这样一些第二手的价格约束绝不是近代的发明。它们有规则地出现于强大的供应者们向比较弱的加工者或商人们出售商品的地方。例如，在有着它的强有力的国家垄断系统的托勒密的埃及就是这样，这个系统从采矿和养猪一直延伸到香水生产。那里有着例如私人的油磨坊和谷物磨坊，它们不仅按垄断价格购买油和谷物，而且还必须按一定的、由供应原料的垄断管理机构规定的价格销售它们的产品。

处于前部的供应厂家靠着第二手的价格约束而越过一个阶段之外并把消费市场拖入它的市场领域中去，以至消费品市场的价格形成是前部供应者的价格政策的直接结果，因而属于“垄断”或者“寡头垄断”，而不体现各种市场关系的特殊的、纯粹的形式。

c)价格是官方规定的：一种极其经常的情况。作为许多可能的例子中的一个可以举出公元301年戴克里先的价格敕令，它规定了全部的价格（也为所有的服务），并且规定在超过这些价格的情况下对买者和卖者、雇主和工人的死刑。

以后还将谈到国家法律规定价格的这种情况。

d)供给者或需求者从匿名的市场上接受价格——就是说，不是从他与之竞争的某一个“大者”那儿，也不是从前部的供货者或者官方，而正是从市场上。1910年出售黑麦或猪的德国农民，或者当时的针织品工厂主或购买蔬菜、水果和其他消费品的各个家计就是这样。供给者这样做，只是在他的供给体现着市场上的全部供给的这样小的一部分，以致他并不注意他的行动所引起的各种反应时。一个1910年收获了大约200公担*土豆的农民，在收获后不久可以每公担收入3德国马克的价格；他把这个价格看作一个给定的事实，这个事实并不取决于他是不是全部地、部分地还是根本就不出售他的存货。他可能考虑到，明年1月或2月价格会上升许多个芬尼。但是，就是对这种上升，他也不把它与他的行动联系起来。价格对他来说正好是一个给定的量——虽然他通过他的供给事实上少许影响了土豆价格的高度。类似的是我们谈到过的那位房间出租者，或是在与成万的其他人的竞争中购买面包的对面包的需求者。在这里，我们面对着供给和需求的一种状况，它过去和现在在许多市场上得到了实现，我们称它为“竞争”。

不能容许的是把竞争描述成供给或需求的这样一种形式，在这种形式下，一个供给者或者需求者通过改变他的供给或他的需求而将不会在事实上引起有关价格的改变。在现实中没有这样一种供给或需求的形式，它也是不可想象的。在确定竞争时，决定性的不是从个别人的各个行动中产生的各种事实上的反应。在这方面，它与供给和需求的其他各种形式没有清晰的区别。决定性的仅仅是，个别人由于市场的巨大和他的供给或他的需求的微不足道而在他的经济计划中不考虑这样一种反应，因而把价格当作计划资料并相应地行动。“诚然，个别乐意交换的人通过他的供给和他的需求自己对这种价格状况施加了一定的影响；但是在大多数的情况下，光是这种影响本身是难以觉察的，因而从他自己的观点来看没有什么意思。他的经济计划被如此制订，就像作为目标的

---

* 1公担为100公斤。——译者注

各种商品的各个交换价值事先就是不可改变地决定了的一样”(魏克赛尔)。

基于同样的原因,这样做也是不恰当的:把供给上的竞争描述成那样一种状况,在其中对个别的卖者的各种产品的需求具有完全的弹性,从而(用通常的表述)需求曲线与横坐标轴平行。就是这种表述也忽略了经济上的事实状况。表明供给上的竞争特征的是:供给者考虑到一种有充分弹性的需求,与此相适应地在他的供给上把价格看成是一个不取决于他的这个供给的规模的量,并且据此选择他供给的数量。只有在经济计划中才存在着需求的充分弹性,而因为个别经济的领导者的各种决定和行动都按照它来确定,这个事实对经济过程就有着巨大的重要性。在这个厂家减少或增加供给时,价格实际上确实受到了影响,这对供给者的行动、因此也对供给的这种形式的规定不是决定性的。一种看法认为:人们不能精确地指出在他们当中存在着“竞争”的市场参加者们的数目,因而人们不能断定比方说,是否在有 50 个、100 个或 500 个供给者或者需求者时存在着竞争,因而还是没有确定什么是竞争。这种看法也同样忽略了那个重要的事实情况:在实际的经济中,重要的总是经济计划。如果由于市场规模与个别供给或者个别需求的大小之间的关系,每个个别人的行动对价格的各种影响是如此之小,以致他在他的计划和行动中不注意它们,那就存在着竞争:在有 50 个、100 个或者更多的供给者或需求者时,情况可能就是如此。

3. 在这个地方,我们必须中断对供给和需求的各种类型的研究。应该回顾地提出一个重要问题:有可能清楚而且明确地把垄

断和竞争区分开吗？这个问题之所以重要，是因为在回答它时必须完全精确地（比至今为止在我们的描述中所发生的更为精确地）说明，**到底什么**是**垄断**和**竞争**。但是这是必要的，因为对这个确实真的重要的问题只有极少数人明白。（至今为止已经得出的是：在竞争的情况下，价格对个别经济是一种资料，它参与决定计划的形成和个别的供给者或需求者的行动；而在垄断情况下，市场另一方面的各种可以预期的反应却移到了个别经济的资料圈的这个地方，价格不是一种计划**资料**，而是产生于垄断者的经济计划，因而对它来说是一个实践的**问题**。）

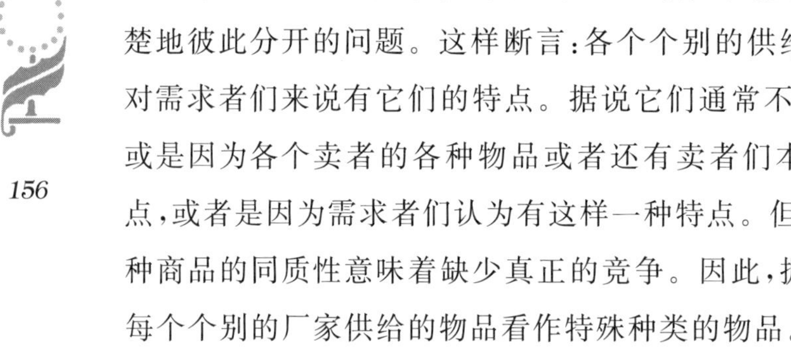

许多较新的研究者倾向于否定地回答是否能把垄断和竞争清楚地彼此分开的问题。这样断言：各个个别的供给者的产品通常对需求者们来说有它们的特点。据说它们通常不是“同质的”：这或是因为各个卖者的各种物品或者还有卖者们本身有它们的特点，或者是因为需求者们认为有这样一种特点。但是，据说缺乏各种商品的同质性意味着缺少真正的竞争。因此，据说科学必须把每个个别的厂家供给的物品看作特殊种类的物品。每个个别的生产者都对他的产品具有一种“垄断”。据说每个商人、每个农民和每个从事手工业的人都作为垄断者出售**他的**商品。所谓由“竞争”统治着的各个市场据说实际上通常化为一个“联系起来的市场之网”（张伯伦），在这些市场上，每个卖者都保持着一种类似垄断的地位。但是，据说如果较大数量的“垄断者们”在一个完全的市场上出售，那就存在着一种可以称之为“竞争”的状况，但是据说可以把它理解为垄断的“边界情况”。因此，据说由垄断那里可以搞清楚经济世界的多样性，而对垄断的分析则“吞掉了对竞争的分析”

（琼·罗宾逊）。

可以把这种看法看作是对竞争分析在较老的研究中的统治地位的反击。作为这样的东西它是可以理解的。但它是非常可疑的。因为它抹杀了对个别经济以及对整个经济过程的进程有最大的重要性的那些区别。把几乎满足了一个国家对丝线的全部需求的一个丝线厂与一个必须考虑到几百个势均力敌的竞争者的锁厂作一下比较。两个企业完全不同地处在市场上。科学必须精确地确定这种为日常经验所熟悉的区别。如果它对边界情况作出裁决，它就最清楚地看到了这种区别。这样一些边界情况首先出现于下述情况下：

a）在存在着替代物品的情况下。例如：一个啤酒厂作为国家一部分的唯一啤酒厂而出售啤酒，并通过与附近的其他啤酒厂的区域协定而保障了自己的这一地位。但是居民首先习惯于喝葡萄酒，葡萄酒是由为数众多的商人和种葡萄的农民在竞争中出售的。葡萄酒和啤酒是替代物品。这个啤酒厂具有垄断地位吗？

没有——如果它在规定它的价格表时完全依赖于各种葡萄酒价格，从而根据葡萄酒价格算出啤酒价格，把葡萄酒价格几乎是当作它的计划中的一个资料而接受下来，并在规定它的产量时不注意它对葡萄酒和啤酒的价格的影响的话。它认为，要想施加影响，它的产量在受偏爱的葡萄酒的全部产量的范围内是太小了。——有，如果存在着一个能够推行啤酒价格政策的足够的价格地带的话，从而如果不大可能马上用葡萄酒代替啤酒，而该啤酒厂不是简单地根据各种葡萄酒价格规定啤酒价格的话。它能够在其中推行垄断政策的地带越大，它的垄断地位就越强。

b)一个厂家常常只统治着一个一定的区域,而它在其他区域中则是在与别的供给者们的竞争中销售。例子:一个褐煤厂在其周围地区占有垄断地位。在这里,它的褐煤面对竞争者们的褐煤享有运费保护,这些竞争者们离得远,其供给由于较高的运费负担而具有较高的成本的价格。这种竞争开始于一个价格上限,直到这个价格上限都存在着适合于该褐煤厂的垄断政策的区域。在这个范围内,该厂把需求者们的各种预期的反应投入到经济计划中使用,并据此规定价格或者供给的数量。这个价格上限随着到该厂的距离增加和到竞争者们的距离减少而降低。最后,在有争议的区域开始的地方,该厂正好像别的竞争者们那样,把在那里销售可以得到的价格当作资料而投入到它的计划中使用,在那里就达到了边界。很明显,竞争和垄断相撞的那个边界随着竞争区域中价格的每一个推移并且也随着垄断工厂的每一个成本变动而移动。

c)许多厂家具有一批固定的顾客:例如一个中等城市中的纺织行业的零售商店。一个厂家具有一批固定的顾客这个事实不是为它造成了一定的垄断地位吗？还是在这样的厂家之间竞争确实还占着统治地位？在这里,边界在何处？

存在着一批确定的顾客这个事实还不造成垄断地位。因为各个厂家的各种努力所对准的是完全保住或者甚至扩大顾客。恰恰是对现有的顾客的顾及才强迫各个厂家去适应市场。那些不是有规则地、而是偶尔地供给的卖者们可以容易得多地采取垄断者的态度,因为在他们那里缺乏对持续的顾客关系的考虑。对继续销售并且从而对一批顾客的依赖通常增加了、而不是减少了竞争的压力——顺便提一下,亚当·斯密已经附带指出了这一点。在这样一些情况下，通常缺少一个值得一提的地带以实行一种独立的价格政策，以至于就是在这些厂家那里，市场通行的各种价格似乎也是经济计划中的资料。只有当顾客由于传统或由于特殊的位置而与厂家非常牢固地联系起来时，厂家才拥有一个有着自己的价格的自己的市场，这又在它的经济计划和它的行动中表现出来。例如，一个村庄常常只有一个可以在其中购买衣服的商店。顾客与这个商店的固定联系和它占有的垄断地位，使一种垄断式的政策成为可能。但是，如果通过改善交通联系，村庄的居民们能够容易地在大城市中购买服装，因此将服装的供给转入竞争，就必须立即放弃那种垄断式的政策。

d)在客观上同样的状况下，有两个不同的厂家领导人，其中的一个作为“竞争者”、另一个则作为“垄断者”而行动。

一个营业旅店的领导者在为房间定价时与在城市中形成的各种价格相连接；他作为“竞争者”而行动。他的继任者的看法是，这个旅店由于它的位置和它的声誉，不需要把该城市旅店房间市场的各种价格当作资料接受下来，而是他能够为他的旅店要求特殊的房间价格，并且他具有一个单独的顾客圈，可以指望它的特殊的态度。他要求垄断价格并且与他的前任不同地行事。如果与他的预期相反，顾客们开始猛烈地流失，那么各种事实就会强迫他在提出他的经济计划时重新转入他的前任的轨道，并放弃认为他本身拥有一个特别的市场的看法。因此，就是在这样一些垄断和竞争最紧密地相结合的情况下，也可以在合乎逻辑地运用权威的准则(各种经济计划的资料形式)的条件下精确地划出界限。在这里，就像这个例子也表明的那样，供给者或需求者不能根据主观判断、根据情绪和任性这样或那样地作为垄断者或竞争者来行动。如果一个通过与其他许多人竞争来销售的供给者突然并且没有根据地采用了垄断者的行为，那么各种事实，即顾客们的流失就会教训他：他的新的经济计划不适合各种实际情况，而他则被迫去改变这个计划。因此，当我们断定，经济人们的行动产生于他们的各种计划，以及因此应该研究各种计划，以便理解各种经济活动从而经济过程时，那么这并不意味着，这些计划自由地飘荡于各种给定的经济事实之上。不是这样，虽然各种计划资料非常经常地远离各种实际的资料；但是人们通常被迫在提出新的计划时缩小现有的差距。对此以后还会谈到。

e)把“竞争”和“垄断”之间的各种边界情况看成“寡头垄断”的情况，这是一个错误——一个常犯的错误。事实上，竞争和垄断经常直接相接。光从刚才讨论过的各种情况中就已经得出这一点。还有另外一个例子：

1932年在德国木材加工机器工业中大约有100家公司。大部分公司生产它们的特别的型号。（根据“商品相同性”的准则，必须把它们全都称为垄断者，但是这将造成对情况的一种完全错误的映像。）尽管有这种差别，单个厂商在出售大部分机器时可以实行自由的价格政策的地带还是如此之小，以致它实际上从市场上接受某些价格，从而在“竞争”中销售。只有在也通过专利而牢牢地保护起来的个别的机器上，个别的厂商才考虑到一个值得注意的、它可以在其中推行自己的价格政策的地带。两种状况相互联系，而同样的一种机器有时从一组转移到另一组：也就是说从垄断转移到竞争或者从竞争转移到垄断。但是不存在寡头垄断的状态。

*　　*　　*

从数学上—形式上看，垄断是竞争的一种边界情况，或者反过来，竞争也是垄断的一种边界情况。在经济实际中垄断是与竞争完全不同的东西。

但是，如果国民经济学关心各个单个销售者所供给的各种商品的同质性或者缺乏同质性的话，它就不能精确地确定这个生命攸关的区别。自从 1926 年斯拉法的著名文章问世以来，研究已经太过分地被挤上了这条道路。不言而喻，各个供给者的各个产品通常并不是刚好相同的。而如果认为，竞争以商品的完全同质性为前提，那就是含蓄地说，竞争几乎不存在。这个结论已经包含于选择的错误准则中并且没有什么意义。

必须从具体的经济的中心出发，即从各种经济计划及其资料出发，科学地规定竞争和垄断。只有那样它才合乎经济实际，并且那样也显示出，二者都很现实。竞争和垄断都不是不现实的边界情况。同时也明白了区别实际上在何处以及它为什么如此重要：因为在竞争中的个别经济把它的行动建筑在那样一些计划的基础上，它们在重要的地方总是有着与垄断的个别经济的各种计划不同的资料。因此在二者当中不一样地行动着。

抹杀垄断和竞争的区别符合经济上的权力集团的利益。由此把垄断的作用无害化，而这将掩盖私人权力体的存在所提出的那些特殊的经济宪法的法律问题。因此科学更应该避免抹杀这种区别。在那种情况下，它不仅远离了实际的经济，而且它由此而同时为一定的利益集团服务（通常它并不想要如此）。

4. 个别经济既不仅仅把要支付的或者要卖得的价格，也不仅仅把推测的市场对方的各种反应当作交换经济的计划资料来考虑，而是考虑两种情况：推测的市场对方的和竞争者们的各种反应。这种事实情况也经常出现于过去和现在。

而且它有规则地出现于供给者或需求者只有少数几个竞争者的时候。这是“寡头垄断”。与市场的规模相比供给者或需求者的数目很小。除了推测的市场对方的各种反应外，寡头垄断者不仅注意竞争者们的价格政策，而且也注意他们的全部营业举动并且在这里又特别注意他们的投资政策。例如，如果一个竞争者建起了更大的设备，那么这个事实就可以决定性地影响他的经济计划和他的行动。在中世纪和今日，别人的投资政策都正是寡头垄断者们自己的各种计划的一个根本的基础。

如果在一个中世纪的城市里，有三个窗玻璃生产者作为供给者而出现，他们彼此之间没有订立协议，那么那儿就存在着寡头垄断。或者如果今天在德国两家厂商生产并出售磨床，那也同样存在着处于“双头垄断”形态中的寡头垄断。当在德国仅仅有几个厂商生产刷子时，或者当在铝轧厂卡特尔产生之前少数几个彼此熟悉的厂商出售铝轧产品时，或者当几个大康采恩相互独立地向世界供应汽油时，也同样是如此。而如果由为数不多的造纸厂购买造纸用的专门机器，那么这里就存在着需求寡头垄断。

使用描述过的观察方法可以如下确定，是存在着寡头垄断、竞争、垄断、还是部分垄断：

正如已经提到的，靠一般地为两种形式的每一个规定供给者或需求者的数目不能够划出与竞争的界限。这是不可能的。但是，在每个具体的情况下，都一定能从每个市场参加者的交换经济的计划资料中得知，一个供给者或一个需求者是处于竞争还是处于寡头垄断之中。如果铁丝栅栏的生产者把在匿名的市场上形成的价格用作计划资料，那么就存在着竞争。但是，如果他根据他的经验而考虑到竞争者们和市场对方的一定的反应，那么他的经济计划就是一个寡头垄断者的经济计划。

可以像下面那样划定寡头垄断和垄断之间的界限：3 个农业机械厂出售收割机，每个厂商都靠专利权保护了这些收割机的生产，而这些收割机的样式是不一样的，但是它们的用途一样。如果由于商品的不同而在这里说，每个厂商都具有对它的收割机的垄断，那就是不正确地描述了事实情况。竞争因素在这里起着显著的作用。这 3 个农业机器厂在它们的经济计划中不仅考虑购买者们的各种反应，而且也考虑两个竞争者的营业政策。因此，尽管商品不是同质的，也存在着寡头垄断。就是在这里，同质性的特征也是没有用的。另一个情况：如果 3a 中的啤酒和葡萄酒供给的情况变为，在国家的某一地区葡萄酒也由一个供给者出售，那么就可能或者存在着寡头垄断，或者存在着垄断。如果葡萄酒销售者（就像啤酒销售者一样）在他的计划中并因此而在他的市场战略中考虑其他人的各种反应，那就存在着寡头垄断。然而，如果葡萄酒和啤酒的顾客圈子是这样分隔开的，以至于两个供给者中的每一个在他的计划和行动中都不注意另一个人的竞争，那他就是作为垄断者而行事。当然，就是在这里，根据对实际形势的错误判断而采取垄断者的行为的供给者也会被经验、即被销路的缩小所迫，在未来以别的样子（在这里是作为寡头垄断者）而行动。

寡头垄断与部分垄断最为相近。在那里，在部分垄断的情况下，一个大的销售者（或者购买者）占统治地位，此外还活动着小的，这些小的没有任何市场战略，只是简单地接受大的各种价格。容易看清"小的们"与"寡头垄断者们"之间的区别。寡头垄断者注意他的行动在市场对方和竞争者们那里所引起的各种反应，处于一个部分垄断者的阴影下的供给者不注意它们。但是，在"部分垄断者"和"寡头垄断者"之间存在着下述区别：部分垄断者知道，各个小的简单地接受他的价格。例如，一个城市的食品连锁商店规定某些食品的价格，而小的食品商店则简单地接受它的价格。然而，如果这个连锁商店必须考虑到一个大的消费合作社，后者自己实行市场战略，那么它就与这个消费合作社一样是寡头垄断者。

但是，正是这个例子指出了供给和需求的另外一种形式：在一个中等城市中有两个大的食品零售商店，除它们之外还有几打小食品商。在为某些蔬菜规定价格时，小商贩们按照两个大的价格行事。这里存在着"部分寡头垄断"。那两个大的不仅注意相互的预期的各种反应和推测的顾客的各种反应，而且也考虑那许多小的以及推测的他们的反应，这样它们就实行了"部分寡头垄断式的市场战略"。

5. 五个钾盐工厂结成一个卡特尔，并为一个一定的地区规定了一个钾盐最低价格。现在，单个的钾盐工厂就像在寡头垄断下那样，考虑的不是两种，而是三种交换经济的资料：也就是考虑规定的卡特尔价格，考虑其他四个工厂的行为、认真地注意它们的投资政策，而最后是考虑顾客们的各种反应。尽管有价格约束，该厂还是力图通过良好的服务、有利的支付期限以及也许还通过额外给东西而拉住顾客。如果价格卡特尔发展成有固定的配额的辛迪加，并且由辛迪加的一个销售机构出售钾盐，那就切断了单个的工厂与顾客的联系。顾客的行为现在只是在辛迪加领导的、而不再是在各个单个工厂的各种计划和行动中起作用。单个的工厂现在考虑的第一是辛迪加的价格，第二是配额，第三是其他四个工厂的行为。因为如果它想在下一次规定时防止减少配额，它就必须首先认真地密切注视其他工厂的建设政策，并考虑自己的建设计划。

这是"集体垄断"类型的一种情况。历史的研究表明，它广泛流行于过去和现在——在古代晚期和中世纪的某些行会和商人同业公会中，在现代的雇主联合会、卡特尔和工会中。许多彼此达成了协议的个别经济在一个市场上作为垄断者而出现。经济理论大大忽略了对这种形式的分析，这种分析必须从参加的单个的个别经济的各个经济计划以及从集体垄断的领导的经济计划出发。使各个个别经济的为数众多的计划连同它们的不同的利益状况协调一致的困难产生了那些内部的对立，大多数的集体垄断都不得不与这些对立作斗争。

6. 现在有可能回到公法的价格规定上来。在 2c 中我们说过，在这种情况下，供给者和需求者没有能力通过他们的经济活动影响价格，因而价格在个别经济的计划中是一种资料。

人们可能会据此而倾向于把公法的价格规定看作近似于竞争。但是，这只是在一定的情况下才是正确的——也就是在那种时候，这时公法的价格规定发生在这样一个市场上，在这个市场上迄今为止存在着供给者们和需求者们的完全竞争，而且这时这种价格规定在高度上与至今为止的价格相衔接。如果过去农民在一个大市场上出售并且不注意他的行动所引起的各种反应，因而每公担 3 德国马克的土豆价格至今为止对他都是一个计划资料的话，那么，如果现在国家把土豆价格规定在每公担 3 德国马克上，那就在原则上没有发生什么变化。然而，公法的价格规定通常并不发生于竞争中，而是发生在垄断、部分垄断或寡头垄断中。那时它就起着不同的作用。那时它就扩大并改变了个别经济的资料圈。例如，在国家作出了价格规定之后，至今为止在寡头垄断中销售的不锈钢生产者在他的经济计划中就不仅要视少数竞争者和顾客的行动、而且也正是要视官方的价格而行事。

7. 我们总结一下。分析过去和现在的具体的个别经济及其计划的塑造导致确认，根据交换经济的各种计划资料为标志，在具体的实际当中实现了一定的形式，必须强调这些形式：垄断、部分垄断、竞争、寡头垄断、部分寡头垄断、集体垄断。根据个别的市场参加者们的经济计划去确定供给和需求的客观给定的形式，人们用这种方法也得到一个能够容易使用的准则，以便在一切具体的情况下进行工作。公法的价格规定占据着一种特殊的地位：它可以发生于供给和需求的各种不同形式中并且从而意味着极为不同的东西。这对于探讨它来说是重要的，尤其是因为正如将要表明的那样，就是集中领导的经济的要素也经常在公法规定价格时变得有作用。

对于获得这些形式来说，决定性的是做法。这种获得必须仿佛是“从下面”、从各种具体的事实状况来进行。不是在学者的书桌旁，而是在农民的田庄、工厂、手工业厂家、家计中；而对于过去来说，就是在关于从前的个别经济的详细说明的消息中。

通常的做法需要纠正。它仿佛是从“上面”把一定的、形式上的前提条件搬到对象上来。当把各种商品的同质性的准则置于显著地位的时候，就发生了这种事情。——或者甚至假定，“市场一个方面的各个经济个体在‘财产’或者‘大小’方面彼此没有重大的区别”(V. 斯塔克尔贝格)，因而各个经济个体在大小上是同质的，不存在大的和小的市场参加者的区别。必须以这种方式得到供给和需求的三种形式：竞争、寡头垄断、垄断。其他各种形式表现为这三种基本形式的“混合”，并且必须在理论上相应地对待：也就是说，部分垄断表现为垄断与竞争的“混合”，或者部分寡头垄断表现为寡头垄断与竞争的“混合”——在这方面当然还可以想出许多别的混合来。

但是，从大小上均质的前提出发并不完全合乎经济实际。这首先是因为，这种前提条件事实上几乎从来没有存在过，因而理论的竞争或寡头垄断这时就是思想上的虚构，它们与实际几乎没有关系，而在它们的基础上得出的各种理论原理因此几乎永远不能应用。其次，对各种“混合形式”的探讨更是令人生疑的，这些混合形式确实应当获得特殊意义，因为正是整个实际都差不多是由“混合形式”组成的。

我们举出“部分垄断”和“部分寡头垄断”。二者都不能看作垄断和竞争的一种混合。相反地，它们是一种纯粹的类型，本身就是一个整体。一个大化工厂在某一种药物的市场上占据着部分垄断者的地位。许多小的供给者处在这个部分垄断者的阴影下。这时大化工厂并不处于垄断者的地位，各个小的不是处在竞争的参加者的地位。因为“大的”或者是在它的计划和行动中注意那许多小的——与垄断者所作的不一样，或者是它开头不注意它们。尽管如此，由于各个小的的供应，这时的供给和物品的供应与垄断情况下不一样，而各种事实则使部分垄断者面临这一问题：他是否应该在下次的各个计划中不注意到它们的存在。但是，各个“小的”是按照部分垄断者连同他的所有价格差别行事，从而不是像在竞争情况下那样，按照在一个匿名的市场上形成的各种价格行事（比较一下 2a 与 2d）。部分垄断在经济上是某种整体，是一种在经济上不能进一步分解的供给和需求的形式。如果从其营业行为方面观察那些处于这种形势下的具体的商号，并且把它们与那些作为垄断者统治一个市场的商号或者是竞争的参加者的商号相比较，这一点就看得最清楚。因此，就是在理论上也不容许简单地转抄垄断和竞争的理论的原理来论述部分垄断。——“部分寡头垄断”也处于类似的状况。如果少数几个大的炉子工厂供应一个市场，而除它们之外还有许多小工厂，这些小工厂利用各个大工厂的各个价格表，那么在一般情况下这许多小工厂对于各个大工厂的市场战略来说是重要的。而就是那些小工厂的行为也与在竞争的情况下不同，恰恰因为就是它们也不是根据一个匿名的市场、而是根据某些寡头垄断者们而行事。此外，部分寡头垄断在今日的各个工业国家中也许起着显著的作用。

事实情况的多种多样性迫使构造这些形式。因此，必须是对事实情况的着重强调的分析，而不是从先验地规定的前提条件出发的演绎，来决定供给和需求的各种形式的种类和形态。除了研究各种事实以外，不可能以别种方式掌握多种多样性：

事实的研究必须向前推进到真正的根本之点——经济计划及其资料。由此出发才会成功地得出各种类型。存在的典型形式与在现实中所发现的一样多，而不是像在思想上能够构思出来的那样多。

在这种情况下，尽管竭力详细地研究实际，我也不能发现比这儿所陈述了的还要多的形式。

3. 供给和需求的封闭的形式

1）供给和需求的各种封闭的形式仅仅在**一个**（然而却是极其重要的）方面与各种开放的形式相区别：正是以这一事实——供给或需求被公法的命令、习惯法或公众的意见封闭了起来。封闭可能产生于国家的、等级的或城市的经济政策的总的倾向，又或者是已经存在的供给者或需求者们的特殊利益阻碍了新的移入，或者是二者共同起作用。

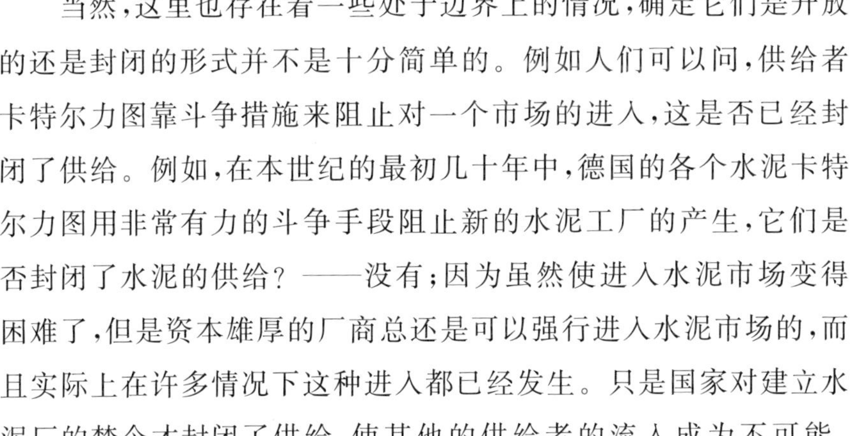

当然，这里也存在着一些处于边界上的情况，确定它们是开放的还是封闭的形式并不是十分简单的。例如人们可以问，供给者卡特尔力图靠斗争措施来阻止对一个市场的进入，这是否已经封闭了供给。例如，在本世纪的最初几十年中，德国的各个水泥卡特尔力图用非常有力的斗争手段阻止新的水泥工厂的产生，它们是否封闭了水泥的供给？——没有；因为虽然使进入水泥市场变得困难了，但是资本雄厚的厂商总还是可以强行进入水泥市场的，而且实际上在许多情况下这种进入都已经发生。只是国家对建立水泥厂的禁令才封闭了供给，使其他的供给者的流入成为不可能。或者：当 1938 年德国的手工业者们必须通过一个一定的培训程序，必须经过一个困难的考试并且为了从事职业的许可而必须满足一定的个人的先决条件，那么这里是否还存在着开放的供给就是个问题。在大多数的情况下，必须否定地回答这个问题。人们将必须总是在回答这样的一些问题时仔细地观察管理实践。就是在评价法律规定的在建立饭店、银行或保险公司时对需要的审查方面也是如此。在中世纪的城市中有关加入行会的收费、预备性教育和出身以及迁入的各种五花八门的规定是否意味着封闭批发贸易、手工业和零售商业，这也取决于管理实践。此外：专利权是否封闭了市场上的供给？当然没有，如果它只涉及生产过程的一个较小部分。情况常常如此。但是，如果涉及的是那样一些专利权，没有它们一种生产就不可能，那么事实上在那些专利权有效的期间内供给是封闭的。锇钨丝公司对白炽灯的为数众多的专利权，把白炽灯的供给一直封闭到专利权到期。

根据一种众所周知的说法，两个国家之间的边界不是为了把村庄、而是为了把国家彼此分开。而这样就不能对那样一些处于开放的和封闭的形式之间的边界上的情况的重要性评价过高。

2）因为事实上涉及的是两个领域。正如我们的历史性的速写也指出的，对此从历史上看，各种封闭的形式的领域比各种开放的形式的领域要大得多。同时从历史的速写中还得知，在封闭的供给和封闭的需求的范围内，同样出现了垄断、竞争、部分垄断、寡头垄断、部分寡头垄断和公法规定价格。但是，如果它们是“封闭的”或是“开放的”，它们就意味着不同的东西；而且正因为如此，才有必要把这两组东西分开。

例如，想一下通过把一定的小麦面积分配给成百万的单个农夫而封闭一国的小麦生产——不过在这种情况下，并没有产生各个农夫们的协议。对于单个的农夫来说，计划的资料也是匿名的市场上形成的价格，而他并不注意市场对他的出售的各种反应。因此，竞争占着统治地位。但是它的样子与“开放的”竞争不一样：现在如果价格上升，单个的农夫不能把扩大小麦的面积、而只能把在分配的面积上使小麦种植集约化列入他的计划。这是一个事实，它对价格的进一步发展、居民的供应和农夫们收入的形成产生了持久的影响。经常有这样的或类似的情况——绝不只是在农业中，而是也在出租一个城市的住宅的时候，如果官方对新建筑不予批准的话；或者在禁止对一国的零售商店或编织工厂投资时。在这里竞争占统治地位，这意味着使个别经济的各种计划向价格看齐——但这是封闭的竞争，因为除了价格以外，个别经济也把建筑禁令、投资禁令或限制种植面积当作资料来对待。

中世纪的各城市简直是需求和供给的封闭的形式的宝库。例如，在那里人们碰到下述的事实状况：一种手工业由于被限制于某些家庭而是封闭的，此外还限制了允许雇用的帮工和学徒的最高数目。供给的封闭总是使集体垄断容易形成。城市的各行政机构明确地禁止了集体垄断的形成，但同时却又放弃了采用规定价格。如果这时获得准许的手工业者的数量少，例如他们总共只有三个或四个，那么就存在着下述的形势：单个的青铜铸工或铠甲匠在他的经济计划中考虑的是他的顾客们和他的竞争者们的行为，从而是寡头垄断者。但这是一种封闭的寡头垄断，因为他把供给者数目的限制也看成是一种资料并且可以相信，不会出现新的竞争者。

就是封闭的垄断也与开放的有些不一样，它的权力地位要大得很多。例如，许多现代的文明国家的邮政垄断法禁止乡镇方面或者私人方面的任何邮件运送，从而封闭了市场以有利于一个垄断者。邮政管理机构在它的经济计划中考虑到这一点。它的地位与那样一个大电厂的地位不同，要强大得多：这个大电厂虽然独自在一个地区出售电力，但是它的市场却是开放的，消费电力的工业工厂可以通过建设自己的设备而摆脱它的垄断权力。正如经验所表明的，光是存在着这种可能性这个事实就迫使垄断者实行另一种政策。他总是处于这种压力之下：许多顾客可以通过自己生产电力而使自己不依赖于他。在开放的垄断的政策中必须注意"潜在的"竞争，而在封闭的垄断的条件下则缺少这种竞争。——或者：18 世纪德国东部的庄园主对他的世代听命的并且被束缚于乡土之上的农民们的劳动力具有一种封闭的需求垄断，这种封闭的需求垄断以手工和使役牲畜的义务劳役以及强制的仆役服务为形态。因为不准农民们移居和在其他地方使用他们的劳动力。庄园主作为一种封闭的需求的垄断者，由此而具有了与 19 世纪的一个山谷的工业家程度不同的经济权力；周围的居民虽然也依赖于那个作为需求垄断者的工业家，但是却可以通过迁移而避开他。此外：让我们密切注意那一个磨坊的垄断政策。在重商主义时代，依据一项国家的特权，只有它受权在一个地区磨面并且可以作为唯一的磨坊在那里提供各种磨面服务。在 19 世纪取消了特权之后，它虽然起初还是垄断者，但是从这时起却是处在"开放的"市场上。

因此它必须立即改变它的价格政策和它的其他行为。因为从这时起，它必须考虑到竞争者们的兴起，从而考虑到潜在的竞争，这种考虑推动了另一种价格政策和市场的供应。最后：集体垄断也通过封闭而改变了它的性质。例如水泥辛迪加。它的各个成员在封闭之前对其他成员的行为相互作出显著的反应，特别是在份额斗争中进行投资；而现在，在国家的投资禁令封闭了供给之后，它们在它们的经济计划中不再如此之甚地注意集体垄断的其他成员们的行为了。

3）对封闭的供给和封闭的需求的理论分析必须考虑到封闭的各种不同的、在历史上可以看到的方法。首先必须区分，是只允许一个个别经济还是允许整整一个圈子去供给或者去需求。此外重要的是：就算只有供给者们的限额生效，但是获得准许的各个单个的供给者能够利用那么多的土地、雇用那么多的劳动力并且使用那么多的生产出来的生产资料，就像他们认为是合适的那样吗？另一个起点：通过限制每个生产者可以种植的土地面积或者通过限制工人的数目或者通过投资禁令限制了供给的数量，或者也把限制各种种植面积、工人数目和投资结合起来。

各个个别经济的经济计划的一个资料从而经济过程显然随着实行封闭的方法而变化。

4. 结果：各种市场形式

因为市场是由供给和需求相会而构成的，随着明确了供给和需求的各种形式，也就获得了各种个别的市场形式。它们总是供给和需求的各种形式的组合。

因为可以找得到5种供给的形式（即竞争、部分寡头垄断、寡头垄断、部分垄断和垄断）和同样多的需求的形式，就得出了25种市场形式。（考虑到封闭的和开放的市场方面的不同，这个数目要增加到4倍。）如果科学只需要考虑到交换经济的一种秩序形式，例如竞争或者垄断，那对于它来说当然是更为适意的。但是在现在和过去的经济实际中，交换经济的秩序形式都实现于巨大的并且不断变动的多种多样性中，而且它们彼此融合。因为按照市场形式经济过程不同地运行着，并且供给者或需求者的权力地位是不一样的，就不可以忽视这种多种多样性。对化学来说，不研究92种元素，而是按照老的方法只研究4种元素，这也是更舒服的。但是，当化学家考虑到像存在的那么多的元素时，没有人责备他。相应的东西应当适用于国民经济学家。不仅在各种市场形式中，而且在整个形态学的体系、包括有着其两种形式的集中领导的经济中，都表现出一种“多元主义”。谁抱怨这种“多元主义”，谁就没有认清问题：实际显示出个别形态的经济秩序的难以估量的多种多样性，在这里每一个个别形态都构造得极为复杂。怎样才能使这种多种多样性可以认清？这就是那个困难任务。回答是：通过找到各种基本的形式；过去和现在的各个具体的经济秩序就是由它们组合成的。在看来只存在着多种多样性和区别的地方，科学以这种方式发现了“不变性”或统一。它通过掌握形态学的装置而进行着非同寻常的简化。科学没有制造那种多种多样性。它做的是相反的事。它把数不清的丰富的具体的秩序归结为数目完全一目了然的并且性质简单的纯粹的形式。由此就不顾历史上的一切多种多样性而使经济过程的理论分析成为可能。——此外，在这种分析中还证实：如果一旦在正确地选出的一打市场形式的范围内研究完了经济过程，那么其他的市场形式就不会再造成困难。

可以用一个表最简洁地描述各种市场形式。根据我们的分析结果，它的样子如下：

供给的形式 / 需求的形式	竞争	部分寡头垄断	寡头垄断	部分垄断	垄断(个别的或集体的垄断)
	市场形式				
竞争	完全竞争	供给的部分寡头垄断	供给的寡头垄断	供给的部分垄断	供给垄断
部分寡头垄断	需求的部分寡头垄断	两方面的部分寡头垄断	受部分寡头垄断限制的供给寡头垄断	受部分寡头垄断限制的供给的部分垄断	受部分寡头垄断限制的供给垄断
寡头垄断	需求的寡头垄断	受部分寡头垄断限制的需求寡头垄断	两方面的寡头垄断	受寡头垄断限制的供给的部分垄断	受寡头垄断限制的供给垄断
部分垄断	需求的部分垄断	受部分寡头垄断限制的需求的部分垄断	受寡头垄断限制的需求的部分垄断	两方面的部分垄断	受部分垄断限制的供给垄断
垄断(个别的或集体的垄断)	需求垄断	受部分寡头垄断限制的需求垄断	受寡头垄断限制的需求垄断	受部分垄断限制的需求垄断	两方面垄断

对此应该说明：

1. 这些市场形式是客观存在的秩序形式，它们过去和现在存在于实际的经济中(各式各样地彼此融合并且与集中领导的经济的形式相融合)。它们不是先验地假定的。通过研究市场参加者们的各种交换经济的计划资料(见第148页及其以下、第157页及下页、第 164—165 页），就查明了它们和区别它们的标志。

2. 人在每一种单个的市场形式的范围内都可以根据不同的原则来行动：例如根据尽可能高的纯收入的原则，或者根据尽可能好的供应的原则。关于这一点以后再谈：特别是在第五章中。

3. 这些市场形式中的每一种都可以出现于 4 种形态之中：两方面开放的、两方面封闭的或者只在供给或需求方面是封闭的或开放的。

4. “公法规定各种价格”占有一种特殊地位，因为它可以出现于**任何一个**市场形式中并根据市场形式而引起不同的效果（见第 232 页及其以下各页）。——例如，根据存在的是完全竞争、供给寡头垄断、供给垄断、还是另一种市场形式，或者根据市场的两方面都是开放的还是比方说供给方面被投资禁令所封闭，国家对煤炭价格的规定就意味着不同的东西。因此，可以把各种公法的价格规定当作各种个别的市场形式的变体、而绝不能当作一种特殊的市场形式本身来解释和对待。[34]

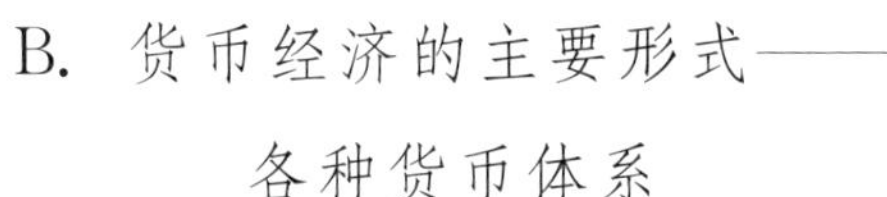

B. 货币经济的主要形式——各种货币体系

导　论

1. 自然交换经济

我们对为数众多的具体的个别经济的分析，指出了交换经济的为数众多的各种形式的共同之处和不同之处。共同之处：只要交换经济具有较大一点的范围，在它当中就总是必须存在着一种计算的尺度。不同之处：各个个别经济彼此的联系是以双重的方式而多种多样的（第142页及其以下各页）：在供给与需求相遇的形式、也就是市场形式上，以及在交换手段的形式上，各个个别经济为了易于经济往来而使用这些交换手段。

已经得知的是，在历史上常常缺少这样的普遍承认的交换手段。在“自然交换经济”的纯粹的类型中表现出来的就是这种事实状况。——但是根据经验，设想一种纯粹的自然交换经济给一些国民经济学家造成了困难。不久前这样说过，没有一般的交换手段，发达的交换经济“不仅事实上是不可能的，而且根本就是不可想象的”（W.劳腾巴赫）。现在对此可以反驳说，事实上存在过高度发达的自然交换经济，例如在地中海文化的古代或者在哥伦布之前的美洲，但是问题是，设想这种类型到底怎么会产生这样一些困难。显然产生于一种误解，重要的是消除这种误解：人们看来想到的是一种在其中缺少计算的尺度的交换经济。那时在事实上就不可能有高度发达的交换。但是问题并不在这里。就是在自然交换经济中也存在着一种计算尺度，例如牛或者一种别的标准物品的单位。可是缺少普遍承认的交换手段——货币。

在作为纯粹的类型的自然交换经济中，我们必须设想一种共同体，在其中所有厂家和所有家户都不靠一种一般的交换手段的协助而用商品或劳务来交换别的商品或劳务，在那里每个个别经济都使用一种计算的尺度。这是最简单的没有集中领导的社会经

济系统。所有的市场形式——从完全竞争直到两方面垄断——都可以在其中成为现实。

在这样一种交换经济中存在着“交换价值”，而所有的个别经济都以交换价值为指导。在这里，一种物品的交换价值之所以不是不确定的量，是因为而且仅仅是因为使用了一种计算的尺度。如果不利用一种计算的尺度而用羊毛交换亚麻、锡、面包、劳务和其他物品的话，那么羊毛就会有像存在的商品和服务那样多的交换比例。如果在这里谈论羊毛的一个交换价值的话，那么这个交换价值就是一个完全不确定的量。但是，如果铜变成了计算的尺度而铜的单位变成了计算单位，那么一切交换比例就都用铜的单位来表示并因此而成了可以比较的。交换价值的概念由此而获得了充分的确切性。

有些国家经济学家把用一种想象中的计算单位估价的交换价值称为价格。例如，卡塞尔说道：“用这样一种抽象的计算单位估价一种物品而得出的总额，显然是一种价格，这种单位是一种价格单位，而整个的计算尺度则是一种价格尺度。”如果使 1 公担羊毛与 800 公斤铜、1 公担亚麻与 200 公斤铜相等并且由此用 1 公担羊毛以实物与 4 公担亚麻相交换，那么卡塞尔就会谈到羊毛和亚麻的价格，而铜的单位则作为价格单位为此服务。这种术语虽然是完全可行的，但是在使用它的时候却可能掩盖自然交换经济的那种特征，即商品和服务直接地并且不使用货币而得以交换。而重要的尤其是这种特征。在自然交换经济中，缺少货币对经济过程所施加的那些广泛的影响。必须始终记起这一点。因此，科学应当更好地谈论自然交换经济的各种“交换价值”，而不是谈论它的价格并且仅仅谈论货币经济的“价格”。[35]

2. 货币经济的两种主要形式

1)根据已经说过的,“货币经济”的纯粹的类型是一种交换经济,在这种经济中,参加的各个厂家和家户在一切销售中都使用货币。货币是普遍承认的交换手段。所有的个别经济都作为供给者而要求货币并作为需求者而提供货币;因此,它都保持着一笔货币的现金库存量。

历史已经表明,货币单位并不罕见地也被用作计算单位。不罕见——而绝不是有规则的。

例如在中世纪流通着最不同的并且迅速地变更着的货币种类,批发商们不可能把任意一种在价值上持续地波动的货币用作计算单位。在进行他们的经济计算时,在提供和接受贷款时以及在规定购买和出售的价格时,他们需要一种统一的而且固定的计算尺度:例如金索利第,以后(从 13 世纪下半叶起)则是威尼斯的杜卡特或佛罗伦萨的佛罗林以及其他的单位。这时,计算单位的承担者常常根本不被或者几乎不被用作交换手段。例如,16 世纪初雷维尔的商人们就是这样用里加马克来记他们的账,并且同样用里加马克来订立所有的购买和销售合同。但是里加马克在批发贸易中只是一种罕见地使用的交换手段。作为交换手段的有许多银的和金的铸币:塔勒、吕贝克马克、吕贝克的、莱茵的和匈牙利的古尔登以及其他等等,且不说某些同样作为货币起作用的债务证书了。欧洲中世纪的盛期和晚期远地贸易处于当时的整个经济秩序的中心,没有计算单位和货币的分离,它就不可能执行它的重大职能。

那时作为交换手段使用的各个个别的货币种类有着相对于计算单位的不断波动的行市，而且在这样的情况下总是有波动的行市。

许多国民经济学家说，货币是交换手段和价值尺度。用这个定义不能前进。例如，如果研究在希腊或者西亚所发现的那为数众多的古代的货币储藏，那么就经常会在那里的一个金库中找到众多数量的不同造币场的硬币，所以不可能按所有这些种类的货币来从事经济计算。例如在公元前5世纪塔兰托的一个远地贸易商的金库中发现了来自7个希腊的大造币场的货币（撇开其他的硬币不说）。最大的可能是，一种货币同时也是“价值尺度”，别的各种则不是。别的这些种不是货币吗？就是在希腊化时代，在经济上高度发达的东地中海地区，也存在着这样的货币种类的混乱，以致货币和计算单位不能够是相同的。随着罗马人统治的向前推进，罗马的金阿斯才在几个世纪中不仅像各次发掘所表明的那样成了居支配地位的货币种类，而且同时也成了普遍使用的计算单位——不过，在公元3世纪，随着持续的硬币变劣，这种状况又被计算单位与交换手段之间的分离所取代。众所周知，就是在近代，也绝没有缺少过这样一些情况，在这些情况下，货币并不同时是计算的单位。只需要回想一下英国的基尼或者奥地利的古尔登。当1923年在德国马克以纸币和转账货币的形式用作交换手段、黑麦的公担或者黄金的克或者瑞士法郎等用作计算单位时，那么，什么是货币呢？谁要是认为，货币是交换手段和价值尺度，他就会被迫作出奇怪的回答：只要马克不是计算单位，就根本不存在货币。因为马克丧失了价值尺度的职能，而黑麦公担等等则不是交换手段。

有些人认为，货币虽然首先是交换手段，但它也经常作为价值

尺度或者计算单位而发挥作用。就是那些人也的确是错了。历史表明，在不同的文化圈中以及在非常多的世纪中，两种职能的分离都是习以为常的，分离和结合在历史上同样重要或者甚至于分离占上风。认为分离只是过去的事情，这也同样不对头。国民经济学必须清楚地表达这种历史上的事实情况。它必须区别货币经济的两种纯粹的主要形式：一种主要形式，在其中货币也作为计算单位来使用，以及第二种主要形式，在其中货币和计算单位是分开的量。

2)通过形成货币经济的两种纯粹的主要形式来着重强调这种事实情况之所以必要，不仅是因为二者同样实现于历史之中，而且也是由于另外一个原因：根据计划和实际的过程，经济过程在两种主要形式中进行的完全不一样。举一个例子：设想1918年我们德国人没有以马克（也就是以货币的单位）来表示商品和服务的各种价格的习惯。相反地，我们把黄金的克或者一种外国货币的单位当作计算单位来使用；一切长期和短期的债权和债务都填写成它，而不是填写成马克。那样通货膨胀就会发生完全不同的作用：价格和工资将不是大约以这种程度上升，而是马克将会相对于计算单位经历非常迅速的行情损失。各个企业的各种报表看起来将会与实际中的完全不一样。当负债方不变时，将不会发生各种财产价值的猛升。计划和安排，就是各个企业的投资政策也都将不同，这一年的全部经济过程将会变得与在实际中进行的完全不一样。

在货币理论中，人们经常从这一假设出发：债务和债权以货币来计算，成本核算、计算、盈利和亏损核算用货币来进行而且货币同时完全就是计算单位。由已经说过的得知：只以货币经济的这一种主要形式为基础的那种理论装置并不完全够用。如果要说明日常经济生活的某些事实情况的联系，它就必定会失灵。例如金和银特殊地、持续地从晚期罗马帝国流出；某些历史学家赋予这种流出以如此之大的整个历史上的意义，但是还没有完全搞清楚这种流出的根源，而且不运用一种适当的货币理论装置也不可能搞清楚它。或者是中世纪的巨大的国际贸易，也就是把欧洲以及小亚细亚和北非联结起来的那些商品之流的方向、构成和容量。在货币不是计算单位的地方，到处都有必要运用第二种主要形式的货币理论。

3. 各种货币体系

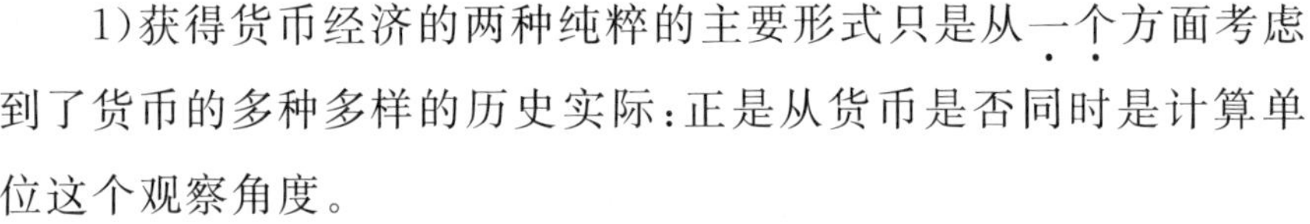

1)获得货币经济的两种纯粹的主要形式只是从一个方面考虑到了货币的多种多样的历史实际：正是从货币是否同时是计算单位这个观察角度。

现在考虑的是，是否能够以及怎样能够把过去和现在发现的那非常多种类的货币表达为统一的形式，并且还这样将它们引向理论的分析。众所周知，海尔弗里希区分了“受约束的”和“自由的”币制，而许多国民经济学家接受了这种区分。根据这种区分，像1914年以前在大多数文明国家中存在过的那样的各种金本位制是受约束的币制，因为最终货币被可以自由铸造性束缚于一种金属，而在黄金的单位和货币单位之间存在着一种固定的价值关系。与此相反，所有那些缺少这样一种联系并且在其中总是自由地调节货币的数量的币制，如1879—1892年在奥地利、1893年以来在印度或者在纸币制下那样，则是自由的币制。分成这两个组可能是有益的。但是，为了达到精确的分析，这样做是不够的。例如,1914 年以前的金本位制表示了完全不同的秩序形式的一种融合,必须了解这种融合,以便理解金本位制。“因此,如果分析存在于具体的实际中的各种混合物之一,好像涉及的是一种均质的整体,那就不可能得到令人满意的结果。这从一开始就是清楚的。只有在了解了它的组成部分时,才能理解一个混合物。不考虑这种情况,国民经济学就可能像物理学所处的境遇那样,如果物理学不区分氧气与氮气在空气中的作用的话。”(L.密克施)

因此,我们必须提出这样的问题:在货币业史上的具体秩序中,例如在 1914 年以前的金本位制中或者在 1949 年美国的币制中,实行的是哪些纯粹的形式?必须努力从形态学上掌握货币史上给定的秩序的多样性,这样才能获得货币理论分析的基础。

2)另一方面,必须避免通过与实际的经济保持距离而给出广泛的、但是模糊而又不现实的概貌。光是问题的提出就必须导入探究具体的个别经济。我们观察今日的某一个家计或一个手工业厂家 A 或一个农民的田庄 B,我们又考察今日现金库存的构成。我们在那儿发现了不同种类的硬币、纸币和银行存款,这些银行存款是用支票或汇划单来支配的。或是我们研究 18 世纪不来梅的一个远地贸易商的金库、我们谈过的 9 世纪鲍比奥修道院的金库或是在阿蒂卡或科林斯的那许多古代的货币宝藏的一个。我们首先忘掉我们已经知道的有关币制和货币体系的一切;我们干脆观察这个货币。即便是我们现在自己随身所有的货币。于是我们这时提出离得最近的那个问题:这个具体的货币是如何产生的?

这个极其简单的问题与在文献中起着如此之大的作用的货币的产生问题没有什么关系,从而也与这个问题无关:在上千年之前货币是在什么地方、怎样通用起来的，它的起源是否是宗教的，起先是在什么地方、什么时候以及以哪些形式铸造硬币的，人到底是怎样发现和采用货币以及个别的货币种类的。所有这些问题都极其重要——但并不是对于我们，我们现在研究的是日常的经济生活。因此，使我们感兴趣的也不是克纳普所提出并且轻率地作了肯定的回答的问题：货币是不是法律秩序的产物。我们这样观察货币，就像它在今天或者以前的日常生活中处于各个个别经济的金库中、并且因此也从属于各个个别经济的计划资料的那样。我们问道，这种具体的货币，例如1910年末在我这里的那块10马克金币、各个芬尼币、那张帝国银行券以及在一个私营银行中的一笔活期存款是如何产生的。而且必须对每一块货币个别地提出这个问题。

3）如果我们这样提问题，那么着重地分析个别的事实情况就会导致确认，某些“货币体系”一再得到实现，使这些体系互相区别的是货币在它们当中不一样地产生和消失。它们通常在各种具体的货币秩序（或币制）中彼此“融合”，少有地得以纯粹实现——可以抽象地、个别地强调它们。

而且应该强调说明三种纯粹的货币体系：

a）货币常常通过某一种实物变成货币而产生。因此，第一种纯粹的、理想类型的货币体系（或模式）在于一切货币都以这种方式产生。

在较古的时代，就像在公元前的第二个一千年期间的古代东方，粮食、海枣、铜、铅、贝壳和许多其他的物品都曾经被当作货币来使用。起先实物作为商品和作为交换手段的用途还是完全互相融合的。例如，粮食在一些销售中用作货币，以后又用作商品。1947年在德国香烟也同样如此。但是可想而知的是，在把实物用作货币时要使它具有相应的形式，以便使它更适合于作为交换手段来使用，如把金属做成环形或螺旋形，把茶做成砖形，把贝壳以特别的方式集合起来。最重要的是吕底亚人铸造硬币的发明。——在这种货币体系中，货币通过它再被当作商品来使用而消失：例如金或银被用于装饰目的，铜和铅被用于器具，香烟在抽烟者的手中得到消费。

这样的货币的创造过去和现在都是在各种最不一样的市场形式中进行的。它经常发生于"封闭的供给垄断"之中：例如，当一个希腊城邦在垄断中铸造和发行硬币时，以及当凯撒以来的罗马国家把金阿斯、拜占庭皇帝作为垄断者把金索利第投入流通的时候。在这里，垄断者的行为并不总是同样的。在这样把实物垄断地转变为货币时，他或者是力图为自己而得到尽可能高的纯收入，或者也可以力图尽可能好地供应市场（在第五章，Ⅱ，B.3中还将进一步谈到这一点）。——就是"开放的供给方面的寡头垄断"也并不罕见地出现于历史中。例如，在中世纪盛期，城市和大领主们在地区间的贸易中就以它们的铸币而处在寡头垄断式的竞争之中。例如，吕贝克人和科隆人就在北部德国以他们的货币而长期处于寡头垄断式的竞争之中。

最后，在一种物品向货币的转变中，"完全竞争"常常得以实现。因为必须这样称呼"自由铸造权"。它不仅存在于较近的时代，而且也存在于以前。例如在6世纪的法兰克王国中，被授予了特许权的铸币师傅们（有时是流动经营的）收费为每一个人铸造金和银，其数量就是这个人提供的金银那么多。如果每个个别经济都总是能让人把它想要的那么多的金或银转变为货币，那就存在着在货币创造方面的竞争。在这里，不是一个地方，不是一个观察市场并据此行动的垄断者决定有多少货币流通，而是流通货币的数量取决于，各个经济的领导者在多大程度上觉得把金属转变为硬币、把实物转变为货币是值得的。市场战略不是推行的。市场的货币供应取决于具有各自特殊计划的、极多的个别经济的经济计划。当它们觉得创造货币是值得的时候，它们就这样做，正像商品生产在竞争中的情况那样。因此，自由铸造权在经济上意味着：在第一种货币体系的范围内在创造货币上的竞争。在这种经济术语中，取消至今为止存在的一种自由铸造权意味着：改变市场形式并且以供给垄断代替至今为止存在的完全竞争。

在这种货币体系中，在货币创造上也许还实现了其他的市场形式。但是我没有能发现其他的市场形式。每种市场形式都可能实现。在这里，以及特别是在研究货币现象时，有必要从市场形式方面去思考，以便强调各种经济上的事实情况。不至于限在法律的范畴中。

b）货币在供应一种商品时或者在完成劳动时作为回报而产生。这是第二种货币体系。

在很古的时候就已经有了这样创造的货币。在公元前的第三个和第二个一千年的巴比伦就是如此。例如，寺庙或王宫向一个私人供应粮食，收到一张债据并把它折价卖出去。这债据签上持有人的名字，作为货币流通，到期时可以由当时的债权人送请债务人支付。又如几千年之后：中世纪的中间商—批发商常常用债据借到贷款；如果这个中间商—批发商有良好的名声，这债据就作为货币流通。14 世纪英国的羊毛商向佛兰德尔的中间商供应羊毛，并为此而收到一张债据。这张债据作为货币在批发的圈子中流通，从而是商人们的金库中的货币。（因此，它的流通限于经济上重要的人物们的一个圈子中。但是，当把货币说成是“普遍”承认的交换手段时，不能那样把它仅仅理解为流通于一个共同体的所有部分中的交换手段。许多种类的货币的流通限于个别经济的一个一定的圈子中。例如，德国的工人们不利用而且几乎不知道中央银行或者各个私营银行今日的转账货币，而它在大的交易中却占统治地位。）

银行券或转账货币过去和现在都经常是作为对供应一种物品的回报而产生：1770 年以后以这种方式而产生了著名的汉堡汇划银行的转账货币。它购买了没有铸造的银并把这笔金额记作卖者的存款，而卖者就把它用作货币以向其他账户上汇款。当今天中央银行购买黄金并用银行券或者在汇划账户上记入存款来支付时，那么发生的完全是相应的东西：在购买一种商品时产生货币。

国家或者别的公共权力特别经常地使用创造货币的这种形式，而且通常与巴比伦国王不同：巴比伦国王经常是债权人并且只是转送另一个人签发的债据。更为经常得多的是，恰恰国家是债务人。中世纪的各个城市国家并不罕见地用当作货币使用的债据来支付对城市的供应。例如，对科莫就详细地描述过这一点。

以这种方式作为对供应一种商品或者对一种劳务的回报而创造出来的货币的技术形态是完全不同的。它在法律上常常具有流通着的汇票的形式，或者具有许诺在一定的时点兑现的私人或国家承认的其他债务的形式。但是也常常不承担兑现的义务，而那时在法律上就不存在当时的持有者对商品或劳务的接受者的要求权。特别是国家经常以这后一种形态创造了货币。它们用纸币或合金硬币购买商品和支付官吏或士兵们的劳务。就是在第二种货币体系的范围内，也可能有并且实行过不同的市场形式。并不罕见地存在着供给垄断：当国家将作为货币流通的无息国库券折价卖出时，或者当它发行纸币时，就是这样。或者（同样经常地）：有许多私人，他们就像例如中世纪晚期的批发商那样，并列地在竞争或寡头垄断中把这种货币投入流通。

自几千年以来一直到我们的时代，这第二种货币体系作为各种币制的形式要素而一再存在，它不具有统一的性质。这首先表现在货币消失的各种方法的不同上。如果转账货币通过将银条出售给汇划银行而产生并且在买回银条时消失，那么第二种货币体系就与第一种只有很少的差别。代替铸造硬币和通过熔化而使硬币消失的：出售和买回银。但是，如果一家商号在向国家供应布料的时候收到纸币，这种纸币是由国家生产的并且是不可兑现的，那就在货币产生*之后*解除了货币与商品的联系。仅仅在少数情况下才会通过由国家方面出售这些商品而使货币消失：例如当在一场战争的结尾出售军用物资时。第二种货币体系的这两种变体的区别是重要的，因为货币对经济过程并且首先是对均衡的实现所产生的影响各不相同。

如果说一种变体涉及第一种货币体系，那么另一种变体就有一点像第三种货币体系。例如，一个国家是通过向一个供货者支付而自己使纸币产生，还是它凭无息国库券从一个发行银行得到纸币，它把这种纸币转交给它的供货者，这虽然是一种就是在经济学上也具有意义的区别；但是两种做法是相似的。

c)第三种货币体系：债权人创造货币：又是在多种多样的市场形式中。货币在偿还贷款时消失。

我们想想今天的各种银行券。它们在大多数国家中都是由一个中央发行银行、从而是由一个封闭的垄断集团创造的。而且只要这不是在购买金或银时作为回报而发生的，它就以这种方式：发行银行购进国债转让证书，或者不断地在期票贴现和抵押贷款业务中提供贷款。反过来，钞票天天都在相反的信贷业务中从流通中消失：通过向中央银行支付期票和抵押贷款债务，或者通过它卖出债务转让证书。钞票日复一日地通过提供贷款而产生并且通过归还贷款而消失；二者的比例决定了，在当时这一时刻中央银行的多少钞票处于国家的各个厂家和家计中。

众所周知，在 19 世纪，银行券也产生于竞争或寡头垄断中。在那个时候，存在着银行自由并且好些或者许多银行把钞票投入流通。银行自由的拥护者们反对中央发行银行的拥护者的著名论争还处于银行学派反对通货学派的斗争的焦点上，它不过是一场围绕着哪一种市场形式适合于钞票创造的论战——一场论战，对它的裁决有利于通货学派并且从而有利于封闭的、国家监督的钞票个别垄断。

转账货币或存款货币处于活期银行存款的形态之中，它今天特别重要，此外与银行券有相同之处：它既是在购买金的时候、从而依照第二种货币体系，又是在提供贷款时创造的并且每天都在偿还银行贷款时消失。但是它在其中进入流通的那种市场形式通常不同于在银行券的情况下。这里存在的是货币和银行业的现代秩序的一个重要特征。我们先不考虑中央发行银行的转账货币（在德国，就是先不考虑中央银行的活期债务）：它起着一种特殊的作用。一直到最近的时期，其他各银行的转账货币还像过去的银行券那样产生于竞争或寡头垄断之中。在那些禁止了开设新的信贷银行的国家里，转账货币的供给是封闭的。在封闭的范围内又可以实行不同的市场形式——甚至是集体垄断，它近似地存在于例如今日的德国。钞票、但不是转账货币在封闭的供给垄断之中、而且是在中央银行的个别垄断之中产生这个事实，以及在转账货币的情况下（首先是在1929—1932年的萧条中）出现过严重的紊乱这另一个事实，导致了这些建议：把转账货币的创造也托付给封闭的、由国家监督的个别垄断，并且夺走各个私营银行创造转账货币的权利——正像过去夺走它们发行钞票的权利那样。

4）现在，从其建构上去认清各种具体的货币秩序（币制），从而精确地确定它们，就成了可能的。可以指明，在历史上第一种货币体系如何经常地、第二种货币体系如何比较罕见地占统治地位：一件商品变成了货币并且又变成了商品；或者用债据买入商品，这些债据作为货币而流通并且在卖出商品时又消失。此外：货币在信贷业务中产生并消失。现在和过去的各个多种多样的具体的币制不是由一种货币体系（例如由第一种货币体系）构成的，就是由好些种货币体系的一种不同式样的融合构成的。各种货币体系是各种币制的各个构造形式。

自从产业革命以来，供应货币的各种方法就在工业化的进展上起了决定性的作用。而且它之所以发生，是因为通过各个银行提供信贷来创造货币越来越移到显著地位。起先还流通着铸成硬币的金或者银，而钞票或者中央银行转账货币则在购买贵金属时产生。这就是说，第一种和第二种货币体系起先还占统治地位。但是后来(从19世纪下半叶起)，第三种货币体系就越来越移到显著地位。在20世纪，主要是钞票和转账货币被用作货币，它们产生于信贷业务，而它们的生产则只付出很低的代价。货币供应因此而获得了不寻常的弹性。投资极大地变容易了。工业化显著地加快了。但是货币供应同时变得不稳定了。它取决于银行每日提供信贷以及每日向银行偿还的规模，倾向于扩张和收缩。可以指明，在现代实行第三种货币体系时如何经历过了不同的阶段。在19世纪，通过信贷来供应货币还与金或者银紧密地联系着。金或者银还在流通并且由中央银行购买和出售。因而第三种货币体系只是“补充地”实现了。这个时期的金本位制是三种货币体系的一种特殊的融合。但是，自从第一次世界大战以来，第一种货币体系消失了，铸成硬币的商品——金，从各个厂家和家计的金库中消失了。通过银行贷款的货币供应移到了显著地位；而第二种货币体系，也就是由各个中央银行购买和出售金，仅仅还是部分地重要的。在这种情况下，信贷政策的中心起先还落于各个中央银行本身，它们具有一定的独立性；但是，从我们这个世纪的30年代起，这个中心就在国家的中央机构那里，例如在各个财政部那里，这些机构把各中央银行当作贷款和货币创造的机器来使用。

然而也有倒退。想想德国，在那里，在1945年和1948年之间某些商品(像香烟或者烧酒)被用作货币，从而在那里第一种货币

体系又与第三种货币体系并列地扩展开来。还有：在本世纪中期的各种币制中占统治地位的货币的特别的不稳定性或许会给予币制改革以推动，以致第三种货币体系不再在货币供应上占统治地位，而是货币供应与重要商品的生产联系了起来。某些经济政策建议就是在这个方向上活动的。

5）但是，揭示各种纯粹的秩序形式不仅具有使各种具体的货币秩序可以理解的目的。它同时为把握货币如何影响日常经济过程这个问题提供了基础。日常的经验已经表明，货币对经济过程的影响各按货币秩序而式样不同。例如，这种影响在1914年以前不同于1927年，而且在德国，它在1948年初不同于那年年底。现在，通过返回到简单的形式来精确地把握这种多样性也成了可能。这也就是通过货币理论为各种个别的货币体系（以及货币经济的基本形式）提出这一问题：货币如何影响经济过程。三种货币体系是不同的条件状况。再列举一个特殊问题：在所有三种货币体系中，国际收支的平衡不同地进行着。或者，再提前说明一个一般的问题：第一种货币体系对整个经济的均衡的实现所起的作用完全不同于第三种货币体系。在第一种货币体系中，货币就像别的商品那样被包括在均衡体系之内；而在第三种货币体系中则不是。

对各种币制的形态学研究以一个比较可靠而又简单的、可以精确地确定的事实做它的出发点，即从这一点出发：在每一时刻，现金库存都处于各个具体的厂家和家计之中。通过询问这种存在于一国各个金库中的货币如何产生以及它如何消失，就达到了揭示各种币制所由以构成的某些基本形式。现金库存是对各种实际的货币现象的分析之所以成功的要点。这也适用于回答另一个问题:货币如何在各种货币体系的范围内影响经济过程。门格尔和瓦尔拉斯已经把个别经济的各个现金库存当作他们的货币理论思考的出发点。在各个个别经济中评价现金库存的货币,确定当时的现金库存的大小并且不断地对使用作出安排。各个个别的厂家和家计的各个计划决定着现金的持有、决定着货币的使用并且决定着它从个别经济到个别经济的运动。因此,我们必须问:各个计划每天都规定了个别经济的各个金库的大小和运用,这些计划是如何形成的?这样,各个具体的经济过程所依赖的、从而就是对各种货币现象的理论研究也必须由以出发的,又是各个经济计划。㊱㊺

Ⅲ. 任务

这样,分析靠着重强调的抽象的帮助而向实际的经济推进,导致了一个有着为数众多的形态的经济体制的广泛的形态学装置。它不是那些想要"描摹"具体的经济的类型,不是像各种经济风格或经济阶段那样的现实类型。它是纯粹的形式,真正的理想类型;它们当中的每个单个的只是复述了各个事实鉴定的一个方面。但是,这并不意味着:乌托邦,就像马克斯·韦伯错误地称呼它们的那样。乌托邦被用来与具体的实际对抗,用来指责它。这些理想类型是从具体的实际中得出的,而且它们为认清具体的实际服务。对此它们甚至是完全必不可少的。㊅

而且是在两个方面:首先,是为了使各个具体的经济秩序的构造可以理解,从而是为了解决国民经济学的那一个主要问题。如果我们回复到经济的具体的世界中去，从而如果我们描述对形态学装置的“运用”的话，那就必须描述，这是如何发生的。因此，我们可以首先放下这条思路，以便以后再把它拣起来。

但是第二，在它们的所有形态之中的各种理想类型的经济体制构成了理论地和一般地提出问题以及理论的分析的基础。它们从而也服务于解决国民经济学的另一个重大的主要问题：认清处于其联系之中的经济过程。在这里，我们必须继续跟随这一思路，以便指明，如何在得出的各种类型的基础上得出理论。（理解各种类型的双重作用，对于达到对一切经济实际——各种具体的经济秩序和各个具体的经济过程——的科学认识来说，是最重要的。）

我们知道，现实类型的各种“经济风格”和“经济阶段”为什么完全不适合于在它们的基础之上得出理论。正确地得出的各种理想类型情况就不一样。它们在其全体上不仅包括了一切时代和任何地方的一切具体的经济秩序所由以构成的一切形式要素，而且它们也表现了如此简单的、可以精确地确定的条件状况，以至于思维可以在它们当中把握存在于每个个别的状况之中的各种条件联系。因此，这些理想类型是对它们从中得出的各种历史的一个别的实际的观察和为认清各种联系所必要的一般的一理论的分析之间的牢固的联系环节。

经济过程如何在那两种经济体制的范围内运行？从现在起，理论问题就是这样表述的。在它们之中如何克服物品供应上的稀缺？

A. 在集中领导的经济中，准确地说，在简单集中领导的经济（自给经济）以及在集中管理的经济中，是怎样的？正如已经表明的，在集中领导的经济中，共同体的整个经济都是由一个个别经济所构成的，这个个别经济受一个地方控制。在这里，个别经济和社会经济是同一个。因此应该问，在这一个个别经济当中（在简单集中领导的经济中以及在集中管理的经济中），从那五个方面看的经济过程（第 131 页及其以下）如何运行：生产哪些种类的物品？每年的社会产品如何分配？如何形成生产的一种一定的时间结构？从而如何投资和储蓄？为什么采用一定的技术，以及根据什么来从空间上控制经济过程？恐怕几乎不需要指出，集中管理的经济的所有问题在当前是特别“有现实意义的”。

B. 对于交换经济的经济体制来说，理论上的问题表达就比较不简单。根据所说过的，原因很明显：因为在这种经济体制中，经济计划的好多个或者许多个独立的承担者并列地进行着活动，从而是因为有必要协调各个个别的经济计划和经济活动，并且因为这种协调各按市场形式以及各按货币体系而以不同的方式进行着。

1. 应该对一切封闭的和开放的市场形式提出有关生产的控制、分配、生产的时间结构、使用的技术和从空间上控制经济过程的那五个问题。因此，问题的提出必须比通常要广泛得多。例如，从日常经验中就已经能够确定，工业工厂位置的选择与市场形式有联系，并且在供给垄断的情况下进行得不同于在完全竞争的情况下。经济学的理论必须精确地说明这种联系。也不应该忽略，对使用的技术的选择同样与市场形式有关系。

下述事实使问题的提出变得困难：交换经济在一般情况下由许多市场所构成。所有这些市场都彼此互相联系。因此，存在着各个市场的普遍的相互依赖。我们只需要想到，每个家计和每个厂家都作为需求者和供给者而从属于为数众多的、常常是成打的或者甚至是成百的市场，以及它在一个市场上的行动受到所有的其他市场的各个过程的影响。但是，在各个个别的、互相依赖的市场上，并不需要每次都是同样的市场形式占统治地位：例如完全竞争——一种极为经常研究的情形——或者两方面的垄断。交换经济不必是“一种形式的”。因此，为“一种形式的交换经济”、例如完全竞争的交换经济而提出有关经济过程的进程的问题也是不够的。必须根据它的五个方面也为“许多形式的”交换经济提出该问题。这指的是那样一些交换经济，在它们之中在不同的市场上不同的市场形式占统治地位。因此产生了提出问题和解决问题的一种客观上必要的复杂化；不过，正如在理论分析中才可以表明的那样，这种复杂化并不像乍看起来显得的那样大。[37]

2.另一方面，因为个别经济的各个计划和行动的协调，从而经济过程除了取决于各种市场形式之外，又取决于货币体系的结构以及取决于货币经济的主要形式，就应该提出这个理论问题：各个个别的货币体系的存在及其操作对交换经济的经济过程发生了哪种影响，货币经济的两种主要形式的差别又如何作用于经济过程。必须从货币对它的影响方面来察看交换经济的整个过程。例如：货币体系、货币创造或货币的减少在多大程度上决定生产的时间结构？从而在多大程度上从其与很快就可以支配的消费品的生产的比例上决定投资？储蓄怎样？或者，货币在多大程度上影响分配过程？例如利息以及利息收入？但是也有工资，也就是说货币工资与消费品价格的比例，从而实际工资。甚至生产在空间上的分配也不是不依赖于各种货币过程的——不仅是像已经经常指出的那样在国际贸易中，而是也在一国的货币体系的范围内。但是，不管货币供应对经济过程的影响会有多大、多小，无论如何都必须提出这个问题：在交换经济之中运行的经济过程是如何在货币上受制约的？**这是货币理论的任务**。它必定产生于对实际的经济的研究。

因此，货币理论不应当坚持那种较老的问题提法并且仅仅把研究“货币价值”或者“价格水平”的决定当作自己的任务。提问题的这种狭隘性显著地促成了货币理论的历次失败，而人们有时候把货币理论看成是国民经济学的最完结了的部分。一个仅仅研究货币价值或者价格水平的形成的理论在应用当中必定会失灵：例如，它不能说明1931年以后英国的廉价货币的政策或者1933年以后德国的国家投资和信贷扩张政策对全部经济过程所发生的各种深刻影响。㊳

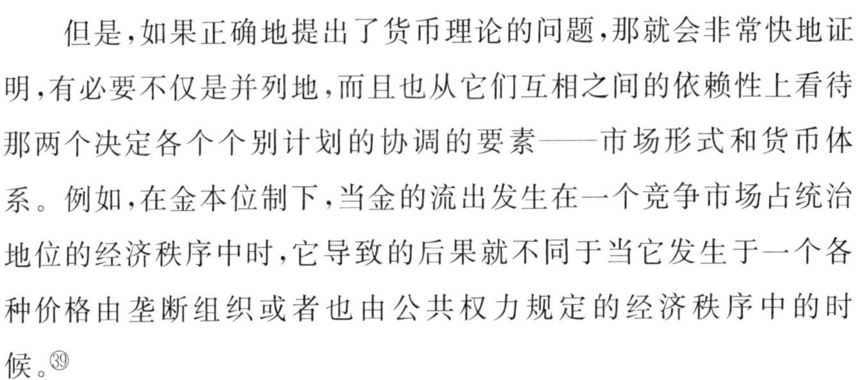

但是，如果正确地提出了货币理论的问题，那就会非常快地证明，有必要不仅是并列地，而且也从它们互相之间的依赖性上看待那两个决定各个个别计划的协调的要素——市场形式和货币体系。例如，在金本位制下，当金的流出发生在一个竞争市场占统治地位的经济秩序中时，它导致的后果就不同于当它发生于一个各种价格由垄断组织或者也由公共权力规定的经济秩序中的时候。㊴

C. 紧随着认清了两种经济体制的全部联系之后，立即显示出另外一组问题：**两个**或者**好多个**集中领导的共同体之间、或者一个集中领导的与一个交换经济的共同体之间、或者两个或好多个交换经济组织起来的共同体之间的往来如何进行？每一次在它们之间交换的都是什么物品，这又如何影响它们当中的每一个的经济过程；而每个单个国家的债权和债务每天、每月、每年（也就是定期地）如何达到平衡，从而国际收支的平衡是怎样进行的？

由此就表述了国民经济学理论的从观察历史实际中产生出来的各个问题。

第三章　分析各种经济体制——各种资料

现在就可以看出，理论大厦从其概要上看必须是什么样子的。它是一个广泛的纲要，而且它是极为宽广的建筑，它应当建立在这一基础上：当为那两种经济体制从它们的所有形态上按照其不同方面解决了有关经济过程的各种联系的问题时。本书只想指出那些基础的东西，对于它的思维进程来说，建立整个建筑不在考虑之内。相反地，从一个特殊形态以一种经济体制来更详细一些地指明，应当怎样推进理论研究，并且与此相联系地作一些有关分析另一种经济体制的思考，这就够了。

Ⅰ．论对完全集中领导的经济的分析

正像我们知道的，绝不应当把完全集中领导的经济的经济体制与“共产主义的”经济相混淆。它是一种理想类型，一种纯粹的形式。而这种理想类型也不是通过特别地注意恰恰是“共产主义的”国家，而是通过考察一切历史的实际而产生的。过去的时候到处都可以找到这种经济体制的痕迹；我们着重强调地把这些痕迹刻画为集中领导的经济类型并且正是把它们当作模型来使用。

正如我们详细地描述过的（第 129 页及其以下），如果涉及的是一个完全集中领导的经济的话，那么在这种经济体制中就没有自由的消费选择，没有对劳动场所和职业的自由选择，甚至连已分配的各种消费品在国民的或者大家庭的各个成员内部的交换也都没有。一切经济行为都取决于**一个**中心处所的计划和命令。我们现在对这个理想类型的共同体进行理论研究；设想它不是太大是适当的。例如包括不超过 50 个人，也就是说是这样：领导能够直接从其价值上去评价物品和劳务，而不产生经济计算的那些重大的、谈论过的困难。它不是集中管理的经济，而是一个自给经济。㊵

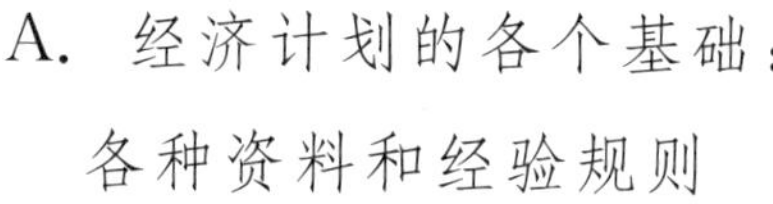

A. 经济计划的各个基础：各种资料和经验规则

1. 各种资料

因为一切经济行动都按照中心处所的命令进行，对这些问题的研究就必须从中心处所的经济计划开始。如果走进这样一个共同体，那就必须向中心处所求教，以便得知它为什么让经济过程恰好像人们每天在自己眼前看到的那样运行。哪些事实决定领导以这种方式而不是用别的方式控制它的集中领导的经济？各个经济计划取决于哪些条件？

显然，只有在中心处所的那些经济计划中，才能够认清这个完全集中领导的经济的日常经济生活的**意义联系**。

这个共同体的领导者想通过实施他的计划来达到一定的目

的。而且他总是想满足需要。在这方面，领导者自己对各种需要排列等级。他可以把他个人的需要或者也可以把共同体的那些需要置于中心地位。他如果做后者，那么它又以不同的方式而发生：可以得到更强烈的考虑的不是各种集体需要（例如对防御的），就是各个个别成员的各种个人需要。不管到底怎样：没有不以满足需要为目标的经济活动。好些国民经济学家得到了这一印象：在历史上有过这样的人们，他们在经济活动中不是想满足需要。更仔细地考虑总是证明这种印象是错误的。以后当我们谈到从事经济活动的人时，还将谈到这一点。理论的分析必须从这一历史的论断出发：满足需要到处都是并且总是经济活动的目标。各种"需要"在其全体上是经济计划的第一个"资料"。

在这里，领导者必须从两处着眼，即按种类以及按时间对各种需要进行编组。按照种类：他必须由此出发：在下一个经济年度中将出现某些需要（例如对黑麦面包、稻米、长筒袜的）。因此，他必须根据满足的手段的各个种类来排列各种需要的顺序；而且对他来说，需要的种类就像存在着的满足需要的手段的种类那样多。因此，为数众多的理论著作根据满足需要的各种手段来划分需要的各个种类，这确实是有根据的，并且也合乎在经济上作计划的人自己所作的划分。

注意得较少的是根据时间来排列各种需要的顺序。它并不是比较不重要的。领导者在这个经济年度中应该让宰掉多少现有的存栏牛？宰掉那么多，以致在下一个经济年度中肉的供应保持不变，还是变得更为丰富或更少？也就是说，应该如何使现在的和将来的各种需要相互协调？现在的各种需要应当完全普遍地为较近的和较远的将来的各种需要让路吗？如果是这样的话，那么这个经济年度的经济计划就规定，用更多的劳动者和机器去生产更多的铁、装配线、机器以及其他的生产资料，从而相对多地投资。如果不是这样，如果今年的各种需要显得更重要，就会根据计划使用更多的劳动者和生产资料去生产消费品。不管怎样，每一个经济的领导者都必须总是也从其时间顺序上来排列各种需要的次序，以便能够**现在**作出指示。

在这个地方，也就是在第一种资料上，就已经碰上了交换经济的和集中领导的经济的经济过程中的一个根本区别。在交换经济中，共同体的各个配备了购买力的个别成员的各种需要发挥着作用并且决定性地决定着生产过程的方向；而一个集中领导的经济的领导者却可以在很大程度上不理会各个个人的这些需要，把满足需要的**一个**总体确定为紧迫的，并且为了解决这个任务（例如军备的）而投入大部分生产资料。他不是**必须**这样做，但是**可以**这样做；而在历史实际中，经常地并且在不同的时代首先使用集中管理的经济来集中实施一个任务。

满足各种需要的各种手段是什么？在领导的计划中，哪些“资料”面对着资料“需要”？例如在关于铁的生产的各种计划中，领导考虑到适合于此的各个劳动力，考虑到铁矿和煤的各个矿床，并且最后，考虑到与于铁的生产有关的各种设备的现有存量。这就是说三种资料：劳动、自然和生产出来的各种生产资料。同样，在面包的生产上：可以作为农业工人、磨坊工人和面包师来使用的各个劳动者，各块土地和农业、磨坊业和面包坊中的一切生产出来的生产资料。——虽然这个回答可想而知，也并不是不正确，但却不完整而且容易导致错误。

a)关于过去生产的物品的存量：为了理解它作为计划资料的特性，有必要再让时间方面发挥作用。

首先：过去生产的物品的存货只在一个方面是一种计划资料：

在短期中，也就是在涉及最近的将来的各个计划中，领导首先考虑的是消费品的存货。所有的目的在于今天满足需要的指示都必须从面包、肉、鞋等等的已有的存货出发。今天分配的东西也确实不能多于今天准备好了的。尽管如此，就是在完全短期的各种经济计划中，对未来的预先关心也起着作用。黑麦和黑麦面粉的各个存货越少，就必须越克制地分配制成的面包的今天现有的存货。因此，在短期的计划中，可以消费的和耐久的物品的一切今天可立即供应的、过去生产的存货都作为一种资料而出现，在其中各种消费品获得了特殊的重要性。在涉及较长期限的经济计划中，景象发生了变化。在较长的时期中，有可能改变今天还没有在消费上成熟的工具、机器、原料和半成品的存货，并且是在与自然和劳动的服务相结合的情况下来进行改造。今天现存的生产出来的生产资料是正在形成的消费品，集中的领导在较长期的计划中首先把它们的这些存货视为资料。相对于它来说，已经完成了的各种消费品的意义就退到次要地位。例如，对于棉制品的供应，它在直到下一次棉花收获之前都主要是把棉花和纱线的各种现有的存货当作资料来使用。因为在每一种经济体制中，都不能消费那些正在为其生产而进行劳动的消费品（我们已经详尽地谈过这个事实）。但是生产的各个参加者们却每天都需要消费品，每一个经济计划就都必须从作为资料的各种可以支配的并且正在成熟的消费

品出发。在集中领导的经济的领导手中(在交换经济中是在各个厂家领导者手中)的对这样一些消费品的支配权就是“资本”。

第二:生产出来的物品的存货在短期的和长期的经济计划中都不是仅仅起着资料的作用。因为人必须在今天就注意到将在以后那些年中出现的各种需要,他就把首先是各种生产出来的生产资料的未来的存量看成是一个问题。它是范围最大的一个实践问题,简直是统治着各种较长期的计划。对比较远的将来的预先关心迫使集中领导的经济的领导正好像交换经济每个厂家的领导一样,现在就决定某些东西:在一年之后以及以后的时期中,应该有多少以及哪些房子、机器、原料的存货可供支配。有关折旧的一切决定同样属于此。一个棉花纺纱厂的领导人不仅仅把建筑物、机器、库存的现有存量看作一种资料,而且同时也看作一个实践的问题。他的确必须决定,他怎样维持建筑物、机器和库存以及他是否应该扩大或者缩小它们。正像他所做的那样,一个集中领导的经济的领导同样也从这第二个方面来看待工具、建筑物、原料等等的存货。因此,不应当误解这一论断:过去生产出来的存货量在其现在的规模上以及形式上对于各种经济计划来说总是一种资料。这始终只是一个必要的方面。另一个同样必要的方面要求:经济的领导者把生产出来的各种生产资料的未来形态看成一个实践的问题,不解决它就会危及未来的物品供应。用耐久的生产资料来工作得越多,从而各种建筑物、机器和其他设备的装置越大,以同样的方式注意两个方面就变得越重要。

因此,科学也必须把过去生产出来的物品的存量看作两种东西:一种资料,经济计划总是从它出发,以及一个问题,当下的经济

计划都必须解决它。解决它是通过经济计划必须决定，未来的存货是否应该有以及应该有什么样子。因此，两个方面是不可缺少的。有些国民经济学家忽视一个方面，有些忽视另一方面。如果仅仅把自然和劳动而不把生产出来的生产资料的各自的现存量看成是一种资料，那么理论就必然在这一点上脱离实际。当庞巴维克谈到一种只是以自然与劳动的结合为基础的“没有资本的生产”时，就是他也犯了这样的错误。无疑地，事实上只是罕见地有这样一种生产。但是，今天需要主要强调的正是第二个方面的重要性。因为今天好些理论家倾向于特别把耐久生产资料的、也就是机器、房屋、装配线等等的存货仅仅看成是一种资料；由此就恰恰阻碍了对有其巨大的投资过程的当代的和上一个世纪的经济事件的认识，并且又沉迷于脱离实际。只需要观察当前的一个厂家的经济领导就可以认清，保存和更新生产装置在实际的经济中起着多么大的作用，而每个厂家的经济领导又多么清楚地意识到，这里也存在着一个问题。[41]

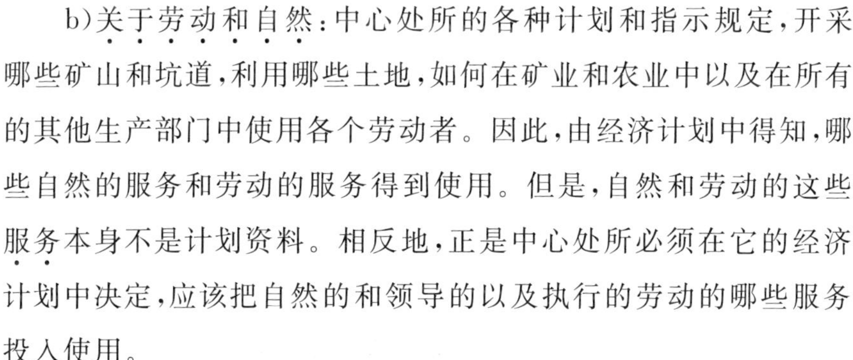

b)关于劳动和自然：中心处所的各种计划和指示规定，开采哪些矿山和坑道，利用哪些土地，如何在矿业和农业中以及在所有的其他生产部门中使用各个劳动者。因此，由经济计划中得知，哪些自然的服务和劳动的服务得到使用。但是，自然和劳动的这些服务本身不是计划资料。相反地，正是中心处所必须在它的经济计划中决定，应该把自然的和领导的以及执行的劳动的哪些服务投入使用。

因此，自然和劳动本身，而不是它们的服务是计划的资料。这种区别绝不是文字游戏，而是非常地重要，以便理解经济计划的构思和经济过程的进程(甚至是在交换经济的一切经济形式中和在一切具体的实际中)。那种把各种生产要素的各种生产的“服务”看成是一种资料的广泛传播的习惯,令人不能容许地弄窄了国民经济学理论的研究范围,并且导致把在实际的经济中充满意义的各种问题排除在科学之外。

让我们设想一个50口人的完全孤立的家庭来作为完全集中领导的经济的代表。在每一个经济计划中(不管是较长期的,还是较短期的),领导者都把可以支配的各个劳动力看作是资料。他必须考虑到一定数目的有工作能力的人,并且考虑到这些男人、妇女和儿童的一定的能力。某一个人适于田间劳动、照看牲口和做木工,第二个人适于肉的生产、烘烤,等等。每个单个的人都具有他特别的能力。在各种经济计划中,领导者必须决定,是否每个人都必须工作以及必须工作多少小时或者多少天,将他的哪些能力投入使用,从而例如把那列举的第一个人用作照看牲口的还是用作木工。各个劳动力学过的越多,他们可以指派的用场就越多。如何使用他们,仅仅产生于领导者的各种指示。决定是在与计划的全部目标和其他的各种资料的不可分的联系中作出的。例如,如果领导者为了将来更好的物品供应而打算扩大各个建筑物或者生产新的农具,那么他就必须把至今为止在其他的用途(例如在农业)中干活的那些劳动力抽出来并且从现在起用于建筑房屋或者制造工具。这就是说,在各种劳动力不变时使用了别的劳动服务。正如在实践的经济中,把现有的各种劳动力正确地指派到最好的各种用途中体现着一个重要的实践问题,而厂家的领导人从来就不把劳动的各种服务看作是一种资料一样,科学也必须这样做。

与此相适应的东西适用于自然。只有它、而不是选出的各种服务是一种资料。就是在这里，也是只有经济计划才作出决定，多少以及哪些服务得到使用。自然日复一日地供给不同种类的有用的服务：属于我们共同体的田野，可以在农业上使用的各块土地、水力、采石场、风力。使用哪些服务？哪些土地用于农业种植，哪些不用？哪些用于种小麦，哪些种萝卜？在多大程度上利用水力、风力和地下资源？

谁描写一个处于运行之中的经济过程，他就只能查明，劳动和自然的一定的服务已经得到了使用。但是这种描述是不够的。我们必须理解经济计划的建立并且从而理解经济的意义内容。因此我们在这个地方也必须像作经济计划的人也总是问的那样问道：应当从现有的各个劳动力和现有的自然的那许多可能的服务中选出哪些服务？劳动和自然是一种资料，选择它们的服务则是一个问题。

到现在为止，作为集中领导的经济计划的资料，我们已经认清了领导者想要让其得到满足的各种需要，以及在另一方面的自然、劳动和（在一个一定的方面）过去生产的物品的存货。集中的领导根据现有的“技术知识”来把自然的和劳动的以及当时存在的生产出来的各种物品的各个服务结合起来。因此，技术知识作为决定各个经济计划的建立的那些资料的第五个而起作用。在种地上、制造业产品的生产上以及在运输上考虑哪些以及多少种技术方法，这取决于技术知识的大小。因此，不能把“技术知识”与“使用的技术”等同起来。使用的技术在实践中和科学上都表示着一项经济上的任务，而不是一种资料。无疑，过去在某些领域内几世纪之久都只有一种众所周知的技术方法，例如在大部分中世纪农业中的三年轮种法。在这样一种情况下，技术知识仅仅提供了一种方法以供支配。因而根据技术知识只能使用一种做法。但是，技术知识提供的经常是（而且不仅是在近代）许多可能的方法，以便生产粮食、碾磨、烘烤、炼铁、制鞋。于是，一个集中领导的经济的领导者正像交换经济的一个厂家的领导者那样必须选定，应该使用那许多已知的方法中的哪一种。这是一种又只是在全部计划的范围内才有意义地进行的选择。因此，有必要把"技术知识"与"使用的技术"清楚地分开，把前者视为一种经济上的资料，把后者视为一个经济上的问题。

应该算作技术知识的还有商业的技术知识，也就是说经济计算、结算、盈亏核算、簿记、成本核算、厂家统计，在交换经济中还有市场观察、编预算、采购组织、销售组织、财务组织等等的所有领导熟知的方法的总和。

最后是完全集中领导的经济的"法律的和社会的组织"本身，它以其存在并且连同它的比赛规则是一种经济上的资料。适用于它的是适用于其他一切资料的同样的东西。理论对于为什么形成了这种完全集中领导的经济所能够说明得是如此之少。就像它对有关各种需要的产生、对大地的造形及其气候、对一个民族或一个家庭劳动的各种特性、对有关它的技术知识的根源的问题回答得极少一样。——不要过于狭隘地把握这第六种资料——社会的和法律的组织。在这里，想到的不仅有传统的秩序、法律和风俗，而且还有人们生活于其中并且在其中遵守各种比赛规则的精神。

2. 各种经验规则

集中的领导所考虑的各种资料是构成它的经济计划的建筑石

材。但是,它一着手建造它们就显示出,它还必须考虑到一些经验规则;正如实际所表明的那样,它在作计划时和各种指示中总是注意这些经验规则。

这些经验规则也经常被称作"规律"。虽然关于它们已经写了许多,但是人们有时对于它们的性质以及对于它们在经济的舞台上所扮演的角色并不完全明白。因此,应该从一开始就确定:经验规则不是公理。它们也不是可以从公理中以不容争辩的明确性演绎出来的"理性的真理"。相反地,它是"事实的真理";幼稚的人从日常的观察中知道这些真理,它们对于他来说是如此地不言而喻,以至于他并不思考它们。科学只是使人意识到幼稚的人只是不清楚地知道的东西,它精确地描写幼稚的人所不清楚的东西。它以精确的观察而证明这些定理的有效性;而且由于它这样做,它就经常使前科学的人惊讶,这恰恰是由于他根本不知道,他事实上是持续地根据这样一些经验规则行事的。面对着它们的科学表述,他的行为就像那位上等的有钱的庸人一样;这位庸人极为惊讶地得知,他整个一生之久讲得都是散文。

首先涉及的是所谓的"戈森第一定律"。众所周知,维塞尔表述这个定律内容如下:"在每一种可分割的需要的情况下,在需要的每一个阶段中,第一个使用单位满足渴望的强度最高,对同一种类的其他单位的每一次使用,其渴望强度递减,直到达到了饱和点;超过这一点,渴望就突变为反感。"——存在着一个极为简单的事实情况。它在一切时代都总是适用。每一个人都知道,当他今天对肉、面包和所有其他消费品的需要的满足增加时,这些需要的强度就减少。每一个家计都日复一日地根据这一点行事;就是完全集中领导的经济的领导也必须考虑到这一点。我们在自己这里观察到该规则的有效性；而在其他人那儿，我们则理解地辨认出它的有效性。

可以讨论对该规则的表述。对此将首先必须确认，它既在人们的各个经济计划中预见性地受到注意，又在满足需要的时候自己得到证实。这个区别是重要的。此外，必须总是注意该规则适用的时期。时期越短，就可以越清楚地认清它的正确性。从那种事实中产生出疑虑：消费一种物品（例如烟草）增强了对这种物品的需要，于是这些需要第二天以更大的强度而出现。在考虑到时期的情况下，这个疑虑也得以澄清。重要的只是：在新的阶段上，也就是在第二天，该规则又重新适用。此外，人渴望一单位物品的需要的强度，不仅取决于向人供应这种物品的状况，而且也取决于向人供应别的物品的状况；这也就是说，例如渴望一磅黑麦面包的强度，不仅取决于黑麦面包的供应，而且也取决于小麦面包或者土豆（也就是说替代物品）以及黄油或者果酱（也就是说互补物品）的供应；由此而产生了一定的、但是可以克服的困难。

这里有一个讨论的领域。但是，所涉及的基本的事实状况应该是不容置疑的。㊷

第二，在人们从事经济活动的一切地方，总是注意到作为经验规则的所谓的“产量递减规律”（更正确点：“产量增量递减规律”）。没有一个农夫把一年的劳动都只用在半公顷土地上，而让他可以使用的那其他5公顷荒芜着。他知道，如果他把他的劳动力分配在较多的公顷上，它就会带来较高的产量；而把年劳动的所有小时都集中在一小块土地上则逐步地导致逐渐追加的各个劳动日的产量猛烈地递减。——同样的东西适用于每一个别的生产部门。一个鞋厂在一定的时候有一笔一定存量的建筑物和机器。在这里，雇用2个、3个或者4个工人是不适当的。进一步雇用的雇员们的产量起初上升，但从一定的一点开始（例如在有350人时）它又下降，而最后（例如在有420人以后），进一步雇用工人就根本不再可能了。这个经验规则在自然、劳动和生产出来的物品的每一种结合上都起作用，而人则根据它行事。他不像对第一个规则那样从内心的经验、从而通过自我观察，而是从观察外界的事实来认识它。

科学致力于精确地描述这个规则。也许可以用一个简单的表格最简洁地表述它，这个表格依据埃奇沃思描写的在给定土地面积和工具时的产量变化情况：

劳动日	黑麦总收获量（公斤）	每个劳动日的黑麦公斤数（平均产量）	由于最后添加的劳动日而增加的黑麦产量公斤数（边际产量）
13	220	16.92	—
14	244	17.43	24
15	270	18.0	26
16	294	18.38	24
17	317	18.65	23
18	339	18.83	22
19	360	18.95	21
20	380	19.0	20
21	396	18.86	16

这里可以看出那个规则的形态是：劳动（绝不是土地）的产量起先递增，然后递减。我们也可以改变物质生产资料（例如肥料）的数量，并察看相应的产量曲线是什么样子的。

科学地观察各种事实证实了这一日常经验：该规则普遍适用

并且绝不是只适用于农业生产。对于从一个煤矿开采煤或者在一个钟表厂中生产钟表来说，可以看到类似的产量历程。如果一个钟表厂在建筑物和机器的现有装备的范围内，在现有的厂家组织下投资资本去购买原料和雇用工人，那么就有起先递增、然后递减的产量。

但是在这个地方可以进行怀疑。如果钟表厂的领导继续扩大投资，扩展整个厂家，并且在使用改善了的技术的条件下购买新机器和建立新建筑，那又怎样？这时适用的不是产量递增的规律吗？当人们过去谈到制造业生产的递增的产量，并把制造业生产与农业生产相对比时，人们想到的显然就是这个。存在着双重的疏忽：首先，在继续扩大厂家时产量规律又会起作用。众所周知，有最优的厂家规模，而这不过意味着在继续扩大的时候产量会下降。第二，在规模的每个个别的阶段上该规则都起作用。如果该钟表厂扩大了并且现代化了，那么持续地增加雇用工人又导致起初递增的并且然后递减的产量。同样的规律也适用于农业。如果表格中描述其产量历程的那块耕地被改良并在那里投资了新的资本，那么产量就是**在那里**也增加。但是就是在那里也适用的是：不断的新的资本支出导致递减的产量增量，而且，在达到一个一定的新阶段之后，例如在卓有成效地敷设了排水管之后，在使用劳动、种子、肥料等等时，该经验规则在这个新的阶段上又得以贯彻。

因此，就是一个集中领导的经济的领导者也总是并且在一切生产部门中都考虑到第二个规则的有效性。

我们知道，必须不断地对生产的时间结构作出决定。在这些决定中，下述的另外一个、**第三个**经验规则也起作用：

集中领导的经济的领导人知道：把全部劳动者和现存的各种物质生产资料都投入到为今年生产消费品中去包含着这一危险：各种建筑物和工具被耗尽，从而在以后的几年中不再有足够的生产出来的生产资料供支配，而那时劳动和自然的肥力就猛烈下降。通常他将必须决定，把劳动者和物质生产资料使用于维持或扩大那些将来才在消费上成熟的生产资料（房子、工具、原料等等），也就是"资本投资"。他之所以这样做，是因为他知道，在给定的劳动力和给定的物质生产资料的投入与消费品的成熟之间流逝的时间越长，这些劳动力和物质生产资料生产的消费品通常就越多。每个人都知道这个规则。每个人都根据它行事，就是当他口头上否认它时，也是如此。每个人都知道，使用机器和工具会提高劳动的效力；他知道，他骑自行车比步行前进得更快。但是，花费劳动和物质生产资料去生产机器和工具，不过是在一个时间上距离消费品成熟遥远的地方花费，因而是把今天现有的要素用于取得在遥远的未来才可以支配的消费品。现在建立一座高炉，其产品以后也用来生产自行车，这些自行车长时间地服务于交通。现在的这个高炉建设意味着：为了提高效力而使服务的花费在时间上与它们的产品成熟为消费品远离。

这个普遍熟知的经验规则以某种事实情况为基础。这种事实情况同样需要科学的—精确的描述。在这方面显示出，在为生产一种消费品而投入的所有劳动和物质生产资料的使用与这种物品成熟为消费品之间经过了一个"平均的成熟时期"，存在着特殊的、但是可以克服的测量"成熟时间"的困难，而在实际上，随着这个时间的延长发生的是效力的提高。不应该把这种事实情况与第二个经验规则的事实情况相混淆。那里涉及的是，例如在用高炉生产生铁并为此将煤、矿石、其他物质生产资料和劳动的服务结合起来的时候，一种要素的增加导致产量的增量起初增加并且然后减少，而这里涉及的则是，一般说来通过在时间上远远地向后摆动的生产道路（从而通过例如一座高炉的建立和运营），劳动和使用的各种物质生产资料的效力相对于把它们直接引向消费而大大地提高。

在实际的经济中，存在着双倍延长成熟时间的情形，让我们追踪一次土豆收获的用途：三分之一用于做菜，三分之一喂猪，七分之一选出作种子，剩下的用于喂牛和生产淀粉、酒精等产品。如果必要，我们从时间方面来察看这些用途方向，那么就会发觉，总的说来土豆做菜的用途最快地导向消费。在喂猪时发生的是“返回”，也就是说把已处于消费成熟的土豆用于另一个生产过程即猪的生产，这样土豆在距离成熟为消费品的时间又更远了。在下一年的生产过程中用作种子的、在工业上加工的或喂牛的那些土豆以同样方式返回；可是在这里，在返回的每一个个别的行动中，都经常与成熟为消费品保持不同的距离。除了返回之外并且与它一起还发生了“生产道路的延长”——这是拉长成熟时间的第二种方法。这也就是说，通过例如把土豆返回作猪饲料，也把农夫的同样可以用于满足当前需要的各种劳动服务引上一条更长地延续的生产道路。雇用来建造一座高炉的那个男人的劳动也同样随着铁和其他材料的返回一起而被导入一条长久持续的生产道路。如果我们追踪一块皮革或者另外某一种物质的生产资料，那么我们就会得到相应的结果。如果把这块皮革加工成鞋，它可以不久就成熟

为消费品。或者它可以被返回，与其生产道路已经延长的劳动服务相结合而被用作皮传送带。但是，人为什么这样根据双重方法来拉长各种成熟时间？他为什么“投资”？他为什么在这一范围内放弃及早的消费并把它推到未来？因为他由此而提高了现有的劳动和物质生产资料的利益。㊸

*　　*　　*

集中领导的经济的领导者所熟悉的各种计划资料以及各项经验规则构成了那一基础，集中的领导的各种经济计划就是在这一基础上形成的。这里涉及的是计划的一个整个体系：其所以如此，是因为对一年或者好多年的一个总计划构成了一切指示和行动的基础；以及因为对下个月和下一天的计划执行要改动这个总计划以适应它。这个总计划是一个完整的统一。（就是当人主要出于一时的冲动而行事并且没有有意识地拟订广泛的计划时，他通常还是必须对某些问题作出长期有效的决定。例如农民对有关他种植的各种作物以及他如何种植它们就是这样。通过这样一些决定，就给了那年的其他的经济活动一个确定的方向。）

在总的计划中以及在下属的各个较为短期的计划中，集中的领导实施的是物质生产资料与劳动服务的那些它觉得最有利的结合。在领导拟订经济计划时，它必须估价各种个别物品（各种劳动服务、自然的服务、生产出来的生产资料和消费品）在各种不同用途中所具有的意义。它必须进行评价，整个计划都依靠这种评价。集中领导的经济是一个价值的世界。经济学的理论应当详细地指明而且它已经从不同方面指明了，集中的领导现在如何拟订计划，经济实践的边际观念在这方面具有什么功能，作为“第二最好的组合”的成本如何影响各种决定以及总的说来每个计划是如何构思的，从而日常的经济过程是如何依照其五个方面决定的。

B. 实际的过程。风险

领导的各个计划一付诸实施，就显示出一个最为重要的事实：因为在大多数情况下证明的是，各种“实际的资料”不同于过去所考虑到的那些“计划的资料”。“计划的资料”和“实际的资料”之间的距离产生了作用。领导可能在提出一个计划时搞错了，或者各种资料可能在执行计划时实际上发生变化。这样一种距离可以在所有的资料上都成为全部地或者个别地可感觉到的。一个违反预期的寒冷的冬天，改变了各种需要或者使越冬作物的种子冻死（从而造成了与过去的预期不同的资料——自然），可能还引起疾病并且因此而没有预料到地减少了那些可供支配的劳动力。火灾可能毁坏或减少计划由之出发的过去生产出来的物品的存货；一种新的建筑技术在使用时表明不像过去预期的那样有利。当然，得出的结果也可能是，各种实际的资料比过去认为得更有利：天气可能更好，存货的缩减可能比事先预计得还小。

因此，计划的各种评价和领导的各个命令只是作为例外才被证明是完美的。通常存在着一种或大或小的不确定性。各种预期只是部分地得以实现。在大多数情况下，缺乏完全的预见。几乎在任何地方，我们简称为**风险**的那个要素都在起着作用。

对各种计划资料通常没有完全变为现实这个事实，人以双重方式作出反应：他常常觉得必须改变原来的计划并使它适应新的形势。如果越冬作物的种子冻死了，那他就必须力争通过在春天重新播种而尽可能地弥补损失，这就迫使他调整这几个月中的各个计划和各个活动。如果一个劳动力没有预期到地损失了，那么对这个时期的全部劳动投入的安排就必须是别样的。各种短期的、例如每天的经济计划和指示不断地校正原来的、粗线条地制订的计划。正是因为这样一些校正是必要的，就不可能事先为例如一年的一切经济活动都一直规定到所有的细节。一般说来，主要计划只规定经济活动的总方向。各个短期计划在校正当时的主要计划的情况下“摸索地靠近”各种实际的资料。

但是第二，风险也反作用于主要计划的拟订。人们试图这样编制主要计划，以致计划资料与实际的资料之间的距离尽可能地小。因此，我们对计划的各个基础的速写就需要补充：通常在计划中也注意风险(——不仅是那 6 种资料和那 3 个经验规则)。如果估计风险大，那么人们就常常放弃较为长期的计划。例如，如果战争的危险是巨大的，那么就会放弃在好多年之后才会表现为消费品供应增加的各种投资。在这种情况下，人们回避风险。或者是尝试减少风险。在人被神秘思想迷住的时候，他就试图通过招神驱鬼、献祭和祈祷来抵挡气候的恶化、歉收、疾病。用我们的语言来说，由此所从事的尝试是防止各种实际的资料过大地偏离各种计划资料；在这方面，当使用特殊的人物来准备和从事这样一些献祭和招神驱鬼的时候，就必须在各个计划本身中一并考虑这种准备和实施。但是，在非神秘思想的时代中，受到重视的是减少风险的其他手段：例如，在计划中规定生产各种不同的物品，其特别的目的是减少风险。例如，一场事先没预料到的暴寒一般说来不会同等程度地伤害各种不同的田间作物；因此就增加种植的田野作物的种类的数目。同时，特殊的建筑和设施能够减少火灾或洪水或疾病的危险。最后，考虑到风险，人也常常感到有理由停留在曾经执行过、经受过考验的经济计划上。在这些计划上，他对各种实际的资料知道得更清楚。他一使用新的做法，他就必须考虑到计划资料与实际的资料的更大的距离。因此，坚持较老的做法常常并不是“非理性的”，而是产生于对风险要素的一种更仔细权衡的考虑。

在几千年和几百年以前以及在今天，计划资料与实际的资料之间的距离在任何地方并且对所有的经济领导来说都是根本性的。但是，科学不能无视在一切具体的经济中都决定性地参与决定人们的计划和行动的那种东西；否则它的思维机构就不能在这个地方使用。但是，大多数较老的国民经济学家在他们的分析中很少考虑缺乏预见、不确定性和风险，而在我们的时代中，这方面却出现了一个转变。有关“预期”、“预作”、“事前和事后计算产量份额”以及有关风险的许多重要的东西都已经说过了。

但是，现在有必要在经济学理论中把这个事实总体在经济的实际上发生的全部事情中也拥有的**那个位置**分派给它。国民经济学家们必须精确地认清所有的资料和经验规则，从它们的性质上去规定它们并且在经济学体系中这样全部安排它们：它们在理论上全都正好占有它们在实际中所具有的那个地位。正像国民经济学家们必须这样做的那样，在理论上也必须这样对待风险。风险不像过去所断言的那样，是一种“生产要素”。它也不是资料，不是经验规则。更确切地说，它存在于计划资料与实际资料的差距中，并且因此而在经济过程中占有一种特殊的、中心的地位。国民经济学一旦认识到，事实的诊断使区分计划资料与实际的资料成为必要，它也就成功地在经济学理论中给风险指派了正确的位置。在细节上作必要的修正之后，对风险的这一系统的规定的正确性也适用于交换经济。此外，可以容易地在日常的经济中检验这种正确性。㊹

Ⅱ. 展望对交换经济的经济体制的分析

在交换经济中，对于经济过程的进程来说，决定性的是好多个或许多个经济构成物、厂家和家户的各个计划——而不是一个地方的各个计划。对此我们已经谈过。在一个较大的人民中，上百万独立的厂家和家户并列地工作着，但是劳动通过分工互相联系着，而每个个别经济都只是实施着全部过程的一小部分。由此产生了（对此我们也已经谈过）另一个重大的实践上的任务：必须协调各个个别的计划，以便使各个个别经济的各个行动相互衔接并且由此而有意义地控制全部过程。在完全集中领导的经济中仅仅必须解决稀缺问题，而在交换经济中却同时还必须解决各个个别计划及各个行动的协调问题。

在货币经济中，各个个别计划的这种协调通过价格体系来进行。因此，理论的任务就是指出，在根据那 5 个方面协调各个个别计划上，对交换经济的全部控制如何在价格的形成中进行。㊺

1. 把价格宇宙只作为整体来研究是容易理解的。那时在眼前看到的就只是总的联系，而放弃了把各个个别的厂家或者家户作为出发点。大多数古典主义者以这种方式行事。例如李嘉图、萨伊、约翰·S. 穆勒就是这样，不过许多较新近的人，像克拉克或卡塞尔在他们对现代理论的表述中也是如此。这种做法不是完全无可置疑的。把价格体系的宏观宇宙直接作为整体来描述的尝试，太少地以经济实际的各种事实为依据。人们没有足够地认识到，交换经济的所有过程都是在厂家和家户中进行的。难以建立起这些思想体系与日常经济生活之间的联系。熟悉例如卡塞尔对现代理论的阐述并且领导着一个工厂厂家的某个人，只能困难地在他的理论知识和他日常所做的之间建立起联系。他在理论阐述中找不到有关厂家内部过程的任何东西。但是在一个理论体系中，他正是应当认识到，个别厂家的各个过程如何互相衔接，而科学的认识应该教育他在经济的总联系的范围内察看他的厂家的活动。此外，国民经济学在这样处理交换经济的问题时总是冒着这一危险：在它的分析中甚至见不到具体的实际的踪影并且成了思辨的、脱离现实的学说。经济实际直截了当地要求：分析从研究个别经济开始，就像屠能已经以巨大的成就所做过的那样。

因此，当在较近的时代中，在整个国民经济学的研究中都产生了一个从理论上研究各个**个别经济**的运动时，就应该把这个运动看作是对纯粹宏观地构思经济学体系的一种合理回击。例如，只有当我们从分析各个家户和厂家出发并且这样把握了劳动市场上供给和需求的各种特点时，我们才会使工资理论站稳脚跟并使它能够使用于说明实际。但是，国民经济学科学的这种发展今日刚想变成片面的并且因此而蜕化。恰恰是数学的—理论的流派喜爱局限于深入地研究个别的厂家模型或者个别的市场模型。例如，人们构思了成本曲线，想用它们复述个别厂家中的成本历程，但是人们不再关心主要问题：对于控制全部的交换经济的过程来说，像在各个个别的厂家中出现的那种成本现象具有哪种功能？由此而把理论的中心任务——使所有的个别经济的各种关系可以理解——推到了一边。这种转变也解释了今日在理论家们的某些圈子中的人们面对过去的各位伟大的创建体系者的著作所具有的那种完全的不理解。没有认识到：科学只能以一个体系来认清经济实际的全部联系。仅仅是分析厂家、家户或者个别的数量关系本身还根本不是理论的国民经济学。认识了全部的联系才推断出个别经济的各个过程的意义。举一些例子：对于个别的企业家来说，利息的存在不是问题：他只知道，他必须支付它。他也知道利息什么时候上升或下降；但是就他的厂家而言他不能认清各个原因。当利息下降时，他更有力地使他的厂家机械化；而他不需要考虑他因此而在别的地方引起了哪些改变以及他由此而如何影响各个生产过程。资本在他的结算中起着决定性的作用，但是他并不关心，为什么所有的企业都这样结算并且因此而完全确定地校准了全部的国民经济的生产，也就是说个别企业的结算有什么意义。企业家这样看各种事物并且据此行事，是可以理解的和正确的。但是，如果科学占有了各个个别企业家的这种眼界的话，那就是不正确的。它的任务的确正是揭示全部经济的各种联系。为什么有利息？资本具有什么功能？资本计算具有什么意义？如果国民经济学把这个任务推到一边并且局限于精确地描述厂家内部的过程或

者个别经济的个别集团的关系，那么它就陷入了一点一点的观察并且失去了它本来的生存目的。

在这里，我们又碰到了那一点，在这一点上国民经济学的理论由于实际的片面性而并不罕见地脱离了实际。如果它构造体系而不从精确的个别经济的分析和分析个别的市场出发，那么它就很容易失去了依靠。如果它分析个别的厂家、家户或市场而不在一个思维的体系中把握交换经济的全部联系，那么它同样脱离了实际，实际恰恰不是厂家、家户或市场的并列。只有个别经济的和全部经济的分析相互衔接才使得我们探索的各种联系得到认识。

2.如何能够解决这个任务？正如过去指明的，分析个别经济的结果首先是：就是在各个个别的厂家和家户中，各个行动也以计划为基础。它另外的结果是：个别经济的各个领导者所考虑的那些计划的资料只是部分地与集中领导的经济中构思计划所依据的那些计划资料相一致。集中领导的经济的计划被各种全部经济的资料所包围。在交换经济的各个厂家和家户中各自只运行着全部过程的一小块，它们的各个计划是“不完全的”（142页及下页）并且只是在个别地方碰上了全部经济的资料。

让我们以一个有100公顷土地的农业厂家为例，该厂家生产并出售小麦、猪、牛奶、干草、亚麻和其他一些农产品。（在这种厂家中常常可以找到集中管理的经济的各种要素。这里当然不考虑这些因素，因为我们研究的是交换经济的理想类型。）各个经济计划从而生产的方向、各个劳动力和各种现有的物质生产资料的投入、投资规模、使用的技术和各个不同种类的作物以及各个建筑物位置的选择是由什么决定的？由各块土地的质量和气候，由可得到的各个劳动力的种类和功效能力，由厂家领导者的特殊才能，由现有的各种建筑物和机器的数量和种类，由法律和社会组织的各种有关的规定。我们也可以描述性地这样说明这些事实：对于厂家领导的各种决定来说，自然、劳动、技术知识、物品的存货以及法律和社会组织这些资料是决定性的（在这方面，它在提出各种经济计划时就像各种资料对它显得的那样来使用它们）。在这里，厂家直接碰上了各种全部经济的资料。但是此外，它（在完全竞争的情况下）被价格包围着：作为劳动服务、种子、肥料、燃料和其他许多原材料的购买者，作为产品的出售者并且最后也作为必须支付利息的贷款接受者。在后面这些个别经济的资料中表明，厂家的各种计划不是“完整的”计划，因而厂家并不直接碰上各种全部经济的资料。在厂家的领导所持有的现金库存上也是如此。我们也可以把各种价格理解为“交换经济的各个最外部的边界在个别经济的各个边界上的投影”，这些投影是在那些地方，在那里个别经济“并不直接地而是在恰如其分地照顾了所有别的个别经济的情况下接触”各种全部经济的资料（K. F. 梅耶）。实践家十分熟悉这种观察方式，也就是把全部个别经济的资料分为两组：他也把与他的厂家、他自己和他的工人们的各种特性有关系的那些给定的东西与没关系的那些给定的东西区别开来，这些给定的东西产生于他的厂家的市场联系。同时，他考虑到那些与生产有关的经验规则，即第二个和第三个规则：他知道（尽管还只是粗略地）“产量增量递减规律”。因为他没有起那些念头，例如想把所有的作物都种在一小部分土地上而让其他的土地闲置。而且他也知道那一经验规则：把可支配的各个劳动力投入到建造一条道路或一套排水设备

而不是投入到锄地上，虽然减少本年的收获量，但是却提高了未来的收获量。由所有的（个别经济的各个资料和那两个经验规则）一起产生了领导者的各个经济计划，该领导者在这里遵循的是杰文斯、马歇尔等人所告知的替代原则。

但是，还没有说明决定这个厂家领导者的各个计划和行动的一切因素：期望与实际经常不一致。就是这里也存在着计划资料与实际的资料的距离。然而，与各种资料的差别相适应，这个距离以与在集中领导的经济中有些不同的方式而起作用。不确定性和风险不仅仅产生于气候的波动、火灾等等，而且也产生于价格的变动。例如，厂家的领导者在猪的饲养上考虑到饲料、仔猪以及喂肥的猪的一定的价格。有时候它们没有或者没有准确地变为现实。这样就产生了价格风险，在这种风险中表示出厂家的领导在它的计划中没有能够精确地事先估计出它与之直接或间接地往来的其他那些个别经济的实际的发展。厂家的领导者知道，这样就存在着一种双重式样的风险。而风险因素是他在他的计划和行动中最后也还要考虑的东西：通过种植的多样性、保险、建造防护建筑、保持商品和货币的储备以及搁置范围广泛的计划和巨大的投资。在这里，政治上的信任也起作用，它对于经济领导、日常的经济生活以及对于它的变化，也就是说各种经济形势运动是如此地重要。对政治秩序的信任引起的后果是：各个厂家领导预计例如各种公共捐税等等的某些资料经久不变。于是就因此预期不会妨害深远的计划，这些计划的实施将在许多年之后才发生作用。各种资料越是显得不持久，为较远的未来所作的计划就越少。

在细节上作了必要的修正之后，上述情况也适用于每个家庭。

家计受价格限制：例如工人的家庭一方面受收入、另一方面受消费品的各种价格限制。可以说它作为一滴水在交换经济的价格之海中游泳。同时，家庭领导的计划和行动由各种需要以及由物品的现有的储备决定，在这里又须从双重的角度来看待这些储备。家庭通过支付和得到价格，在有些场合并不与全部经济的资料接触；而在有些场合（就它的需要等等来说），它的个别经济的资料同时就是全部经济的资料。在这个纯粹的消费集体中，可以考虑的只有那第一个经验规则，它同样总是在起作用。而这样依据双重资料、一种经验规则以及对风险因素的考虑，就形成了家庭的所有计划。

对厂家和家计作了分析，理论研究的第一步就告结束。

只要个别经济与全部经济的资料接触，它就在这里达到了它的边界。但是此边界必须把**那些**个别经济的资料（并不是全部经济的资料）正是回归到全部经济的资料上去，并且由此使个别经济的过程作为一个全部经济的过程的片段加以理解。

对个别经济的研究本身表明，研究必须在哪个方向上向前推进，以便靠近这个目标。这里没有任意性。厂家和家户被价格包围，它们通常拥有一笔现金储备，它们为支付价格而需要这笔现金储备。这个事实强迫科学向着两个方面继续工作。它必须研究与各种**市场**以及与各种**货币体系**的联系。

由此首先产生了这一必要性：研究例如前边所举的那个农业厂家如何行为，如果它比方说在完全竞争下供给黑麦和生猪，它对价格的变化如何作出反应以及如何形成它的供给。同样，如果它在供给寡头垄断下或在别的某一个市场形式下出售，它是如何计划和行动的。在这里同样应当考虑到时间因素：对于短期来说，每个厂家在一个市场上（例如在小麦市场上）的供给来自一个“给定的存货”：例如来自直到下一次收获小麦之前可供支配的存货。对于比较长一点的期限（例如对于下一年）来说，供给是从正在进行着的生产中、而且是在现有的农业厂家的“给定的生产装置”下涌出的。在更长的期限中，就是生产装置也可以根本改变（扩大或者缩小）。在大多数生产部门中，这种时间刻度起着重要的作用。供给一种药品的制造业垄断者对于十分短的期限从给定的存货中这样做；在期限比较长一点时，通过他根据他的厂家的给定的生产装置来寻找古诺点；在期限更长时，通过他从所有可能的生产装置中为自己选出和建立那个对他最有利的。例如，供给垄断的理论分析不能只研究这一情况：在这种情况下，在“给定的生产装置”下存在着一条一定的成本曲线；而且它同样要研究“给定的存货”和“可改变的生产装置”的情况。时间的所有三个方面相互交错连接。必须以这个三阶段的时间刻度为基础来研究资料的改变与价格的变动和它们的影响之间的“反应持续时间”以及所谓的“滞后”的各个重要问题。

从各个个别的厂家和家户在各种不同的市场形式中的行动中，得以形成在各个个别的、时间上与空间上有限的市场上的全部需求和全部供给：例如在一国的小麦市场上，在短期中，小麦的供给发生于“给定的存货”，在中期中，从“给定的生产装置”中供给，而在长期中，则意味着处在“可变的生产装置”下。

但是，个别厂家和个别家户的分析正是表明了所有市场的互相依赖。因此，分析的第三阶段必须把各个个别市场上的全部供给和全部需求都一直归因到整个交换经济的各种全部经济的资料。只有在那时，并且在补入了同样必须从各个厂家和家户的分析中得出的各种货币理论的知识之后，才会使交换经济中发生的事情的全部联系看得见。在更详细地阐述时我们将会发现，交换经济的这些全部经济的资料合乎集中领导的经济的那些全部经济的资料。就是在这里全部经济的资料也是6个：需要、自然、领导的和执行的劳动、完成了的和正在成熟的消费品的存货、技术知识以及最后交换经济的社会和法律组织；它们与各项经验规则一起决定了一个交换经济的巨大的相互依赖的整体。生产控制、分配、投资、应当使用的技术和位置选择的所有问题的解决都取决于它们。在这里，经济学理论就像对集中领导的经济那样，同样必须指出它们如何交错连接。但是它们却与在集中管理的经济中完全不一样地交错连接。在集中管理的经济中，应当满足的需要是由集中的领导规定的；在那里，各个消费者被剥夺了权力，而各种资料如何起作用则取决于中央管理机构的各种计划。

我们对集中领导的经济的各种资料所说过的一切，例如各种需要的本质和各个种类，自然与自然的服务和劳动与劳动的服务的区别，作为经济的资料和作为经济上的任务的物品当时的存货，也适用于交换经济的各种资料。只需要少许的重要的补充：当然只有交换经济、而不是完全集中领导的经济，才知道个别经济的与全部经济的资料之间的区别。第二：在交换经济中，没有人把各种全部经济的资料的整个圈子看作计划的资料，因为的确缺少全局的计划从而还有全局的风险。因此，在交换经济中有个别经济的“计划资料”和个别经济的“实际资料”；但是只有全部经济的“实际资料”，没有全部经济的“计划的资料”。第三：在其中使用货币的交换经济的理想类型的经济体制中，社会的和法律的组织还包括货币体系和事实上运用的货币政策，以及在集中领导的经济中的确不可能有的各种显现出来的市场形式。

让我们假定，在集中领导的经济中或者在交换经济中，所有6个全部经济的资料都较长时期地保持不变。这就是说：各种需要没有变化，气候没有改变，领导的和执行的劳动的数目和质量没有变动，物品的各种存货的大小和构成、技术知识以及社会的和法律的组织都没有变化。在这个经济中会发生什么？回答只能是：总是反复同样的东西。经济过程将年复一年地呈现同样的情景。就是各种价值和价格也将保持完全不变。而且这个经济还将具有第二个特征：计划资料和实际的资料之间的距离将会逐渐消失。因为集中领导的经济的领导者和交换经济的各个企业和家庭的领导者们将会把前几年的各种实际资料当作计划资料投入到他们的计划中使用，而这些计划资料将总是反复地得到证实。预期和实际之间将不存在区别。将会缺乏风险。

我们可以把这样一种状态简称为“静止的”状态。静止状态过去在历史上从来没有实现过；在各种资料中不断地出现较大的、只是罕见地出现较小的，但从来不曾没有推移，这很清楚。事实上，从来就没有年复一年地发生严格地同样的东西。但是，思想上用这样一种想象去工作并不是不容许的。因为静止的状态是可能的。

静止状态的观念同时是必不可少的，以便从其联系上去认清经济实际。为了理解经济过程，确定经济的全部进程在给定的资料状况下朝着哪个状态运动是必要的。光是因为这个，这种观念就是一种非常重要的认识工具。它同时是分析日常经济生活的推移的基础：因为通过每次变动一个资料而使经济发展的现象可以理解，所以静止状态的这种观念特别有助于认清发展的现象。以后还要谈到这一点以及尤其是“变动法”。

但是，静止状态的观念也是危险的。它容易被不正确地使用。而且有两个失误，它们二者都已经证明是最为有害的了。

人们常常局限于描述一种认为是给定的状态。这时静止状态的观念就是一种使实际提供的那些经济学问题消失的手段。比如人们设想一个完全集中领导的经济，在那里所有6种资料都保持不变，这样领导者在那里就几乎没有什么可做。他年复一年地重复着计划和指示，而他的共同体的成员们则同样以均匀的节奏重复着他们的活动。领导没有被置于新的需要解决的实践上的问题之前。他可以献身于别的非经济的任务。经济问题的解决在于持久不变地重复同样的东西。在每一种形式的交换经济中情况也是同样。如果所有的全部经济的资料都不变，那么厂家的领导者和家户的领导者除了重复他们的指示就没有什么别的可做，而在这个单调的世界中，一切行动都同样重复着。描述这样一个静止状态的理论家在思想上想的是例如那样一个交换经济，在其中生产出来的生产资料（如房屋、机器、原料）的装置总是保持着同样的状态，不扩大也不缩小。为什么这些生产出来的生产资料保持不变——不关心这个问题。在用静止状态的假设把问题抛出之后，人们发现：它不再存在了。可惜，这种内容极不丰富的论断经常被用于根本否认那样一些问题的事实上的决定性意义，这些问题与

生产的时间结构有联系。在静止的经济中，同样很少存在这个问题：为什么使用一种一定的技术。一种一定的技术刚好被使用着。单纯描述始终如一地重复的经济过程不能够说明为什么。当然，就是在实际中重要的风险问题也消失了。如果把经济上静止的状态当作给定的接受下来，它就是极没有趣味的。只有当人们问道，从那成万亿的可能的生产结合中如何恰好选出了这些结合时，它才成为引起兴趣的和重要的，甚至于极其重要的。

第二，有两种完全不同的静止状态。它们可能显得这样：一切物质生产资料都得到了最优利用，而且全部劳动者都充分地、尽可能好地就了业。那时我们就总是谈到一种"一般的完全均衡"的静止状态。或者持续地保持着失业者、没有使用的设备和闲置的存货，而且缺乏对各个就业者的尽可能好的使用。那时"缺乏一般均衡"的静止状态就占统治地位。一般的完全均衡事实上仅仅是在完全一定的、而绝不是在一切资料状况下（即在所有市场上的完全竞争的情况下），才是习以为常的。和洛桑学派一起在静止状态下只想到一般的完全均衡，这是一种广泛流传的错误。不可能为静止状态总是一种一般均衡状态这种看法提出根据。

现在，如果把两种错误集于一体，局限于描述一种给定的、完全的一般均衡状态，那么静态的理论就提供了一种思维装置，它必定不适合于解决具体的经济问题。[46]

Ⅲ. 各种经济体制的关系

针对着经济过程如何从那 5 个方面在它们当中运行而去研究

在全部形态之中的两种经济体制，是一个虽然明了、但又非常广泛的任务。光是因此就可想而知这一问题：必须从根本上论述集中领导的经济的一切形式以及一切市场形式和货币体系本身吗？所有这些分析是并立的吗？还是可以把对一个理想类型的各种问题的解决办法使用到其他的理想类型的分析上？或者还有：也许，研究一个或少数的理想类型中的经济上的全部联系就够了，而各种成果可以不加考虑地使用于其他各种类型？

对此可以有三点回答：

A. 为一个经济体制而产生的各种问题求解，对于解决另一个经济体制范围内的各种问题常常不仅是有用的，而且甚至是不可缺少的。经济学理论的历史为此提供了极其丰富的例证。请特别想想对各种价格问题的处理。如果随着瓦尔拉斯或者马歇尔直接研究交换经济并且从事于仅仅描述价格机制，那么虽然能够获得极为精确的结果，但是交换经济的全部联系的含义就变得不可充分理解。和熊彼特一起说：还没有“在价格和赢利机制的不完整之作后面”看到“社会的生活过程”。如果走上了通过简单集中领导的经济的世界的迂回道路，首先研究它，然后才进入交换经济的世界，那就完全不同。因为简单集中领导的经济是由一个头脑领导的，在这里，一切评价和行动的含义在它们的联系上就成了能够容易理解的。例如从它们与满足需要的联系上去评价和控制各种生产资料。单纯分析交换经济的生产资料价格所不能做到的，现在就成功了：理解各种生产资料的价格形成从而还有成本现象具有什么意义。因此，研究简单的集中领导的经济不仅具有这一目的：说明集中领导的经济的就像它们在历史上出现的那样的各种具体

的现象，而且它同时为认识交换经济创立基础。看到了这一点是奥地利的国民经济学家们的伟大功绩之一。谁理解了简单集中领导的经济与它的评价的联系，谁也就学会理解，在交换经济中如何通过价格的形成来“评价”以及各种价格关系的推移在经济的全部联系中具有什么意义。

在一种情况下，用好多种经济体制或市场形式来工作还获得了一种特殊的意义。这就是在那种时候，那时必须研究一种交换经济，在其中公共权力完全地或部分地规定各种价格。

我们说过，这种情况在历史上过去和现在都非常经常地出现，不能把它看作一种特别的市场形式，而是各种价格的规定发生于各种不同的开放的和封闭的市场之中。因此，它占据着一种特殊的地位。在这里，价格也是一种全部经济的资料，不再是问题。国民经济学不能推断，它的高度是由什么决定的。在这种（只是在这种）情况下，这意味着越过资料的边界。政治权力直接作出决定。尽管如此，面对这种局面，理论的分析仍然是不可缺少的；对此的认识常常是错误的。因为问题继续存在：在规定的价格下供给和需求、生产和供应有多大；价格规定到底如何影响经济过程。

让我们假定，在一个国家中，从一个一定的时点起官方规定了纺织工人的各种工资，而且提高了它们。工资的提高如何对经济过程发生作用？问题的回答要求提出和回答预先提出的问题：以前工资是在哪些市场形式中以及如何形成的？也许是在需求垄断中，因而是这样：彼此竞争的工人们面对着在劳动市场上是需求垄断者的工厂主们，从而工资可以被压低到最后一名工人的边际产品之下。或者存在过的是比方说完全竞争？——并非更不重要的是这个问题：各个纺织厂家如何处于它们的产品的各个市场上，它们是在竞争中、在垄断中还是像另外那样供给。工资的形成、工资的高度、就业的程度和产量各根据这些而不同；如果事先对公共权力以其价格规定进行干预的那个经济过程没有一个完全清楚的概念，就从其作用上去研究官方的固定工资和任何别的官方的价格规定，那是没有意义的。

此外，研究公法的价格规定要求先对集中领导的经济体制进行理论分析。因为在一定的情况下，固定住价格机制导致一个中心处所直接接管经济过程的控制。例如，如果木材价格的上升被国家的价格规定所阻止，现在通常就会实行由一个中心处所来向购买者们分配木材。价格不再照管对应当满足的和不应当满足的各种需要的选择，现在这种选择通常并不是被托付给偶然，而是通过限量配给来实现。正如我们所知道的那样，限量配给是集中领导的经济体制的一种措施。

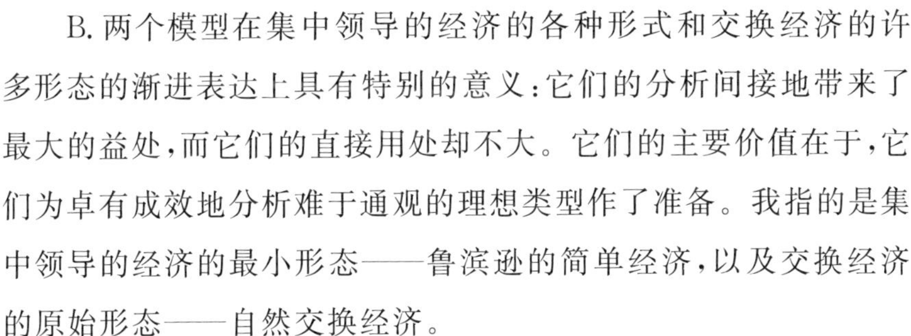

B. 两个模型在集中领导的经济的各种形式和交换经济的许多形态的渐进表达上具有特别的意义：它们的分析间接地带来了最大的益处，而它们的直接用处却不大。它们的主要价值在于，它们为卓有成效地分析难于通观的理想类型作了准备。我指的是集中领导的经济的最小形态——鲁滨逊的简单经济，以及交换经济的原始形态——**自然交换经济**。

1. 据说鲁滨逊分析也只具有最小的价值。这受到驳斥。迪尔、斯盘和卡塞尔以及其他许多人在这个问题上意见一致：认为鲁滨逊是一个没有用处的虚构。据说人在所有的情况下都是在与别人的联系中从事经济活动。人的经济具有社会性质。据说，谁想在历史上寻找一个人们在其中孤立地并列地从事经济活动的时代，他就会什么也找不到。无论是在史前史中，还是在我们具有文字见证的那些时代中，都找不到。虽然从古代的那些走进荒野之中的先知，到今日的那些必须降落到荒凉的地方的飞行员们，一再有那些零星的情况，在其中一个人必须成天、成星期或者成年之久地单独进行经济活动；但是，这是例外，它们对于经济的历史几乎没有什么意义。由此人们推论出："对我们的科学来说，只有那些在集体中生活的个人才有意义。""从国民经济学的角度考察，鲁滨逊只是独自从事经济活动，他是没意思的"（迪尔）。人们这样问道：如果要解决例如今天的工业经济的问题或者社会经济的其他问题，鲁滨逊式的故事有什么用呢？

另外一种考虑加剧了反感：鲁滨逊式的故事主要是在18世纪中、而且是从启蒙运动的哲学中产生的。人们想用它们来证明，对宗教、对道德和对法的一种自然的本能活在个别的人之中。如果今日的国民经济学研究用鲁滨逊式的故事来工作，它岂不就确定了一个一定的"个人主义的"出发点吗？

这样一些异议是以误解为基础的。虽然人只是罕见地独自从事经济活动，这个理想类型却恰恰对认识社会经济来说是极其宝贵的。有两种特性，它们使鲁滨逊成了一个极为有用的思维格式：在这里，一个人必须独自解决经济的各种问题，经济活动的基本的事实状况特别强烈地在这里显露出来。在这里，主体—客体的关系是明确的和清楚可辨的。与此紧密联系的是鲁滨逊模型的另一个良好的特性。因为在这种侏儒状态的集中领导的经济中，没有困难就清楚了的是，每个个别的经济行为作为环节而适应以及如何适应全部的联系。因此，在这里就可能比较容易地得出各种系统的思想，通过它们才能够认清经济过程的相互交错。因此，鲁滨逊经济的模型应该得到比相应于观察到的各种事实状况的罕见性远为更大的意义。鲁滨逊分析不是无用的、脱离实际的思想游戏，而是思想的工具，我们通过运用它们来克服在分析社会的经济系统上的困难。我们并不是相信，社会的经济是由鲁滨逊们组成的。情况无疑不是这样。鲁滨逊分析对准的是整体、它的全部联系和它与客体的关系。我们把那些洞察力归功于以鲁滨逊经济来研究经济的整体，这些洞察力使社会经济（不管它是集中领导的经济，还是交换经济）的较为难于通观的联系可以容易得多地认清。

如果人们想这样的话，鲁滨逊分析就是预先的研究。应该多多地并且持久地使用它们。那时就极快地看到，它们是值得的；而且如果把它们用作方法上的辅助工具，它们就与过去的那些哲学上的鲁滨逊式的故事完全不同。这些故事有价值还是没有价值，对此我们在这里不必谈论。㊼

2. 我们在“自然交换经济”上认清了交换经济的一种主要形式，它位于远为重要的“货币经济”之前（第 176 页及其以下）。我们看到了，人们在史前史时期、欧洲古代、中世纪和部分地也在近代的时代中以及在其他文化圈中都曾处于自然交换经济的关系之中。我们强调历史上的经济的这个方面，并且这样发现了自然交换经济的类型。它的历史意义过去是巨大的。但是随着货币的向前推进，这种意义就变得越来越小。不过就是在这里，指出某些历史事实的意义也没有说明分析的重要性。自然交换经济的分析又是作为预先的研究而获得了它的特殊意义。而且是作为为货币经济的预先研究。众所周知，正是古典作家们以这种方式使用了它。为了首先排除货币对交换经济过程的各种影响，他们分析了自然交换经济。他们想直观地在眼前察看各种物品流，并且因此他们设想自己处于那样一个世界，在其中没有货币，也就是说没有普遍适用的交换手段。由此他们取得了伟大的成就。例如，他们以何等的把握成功地驳倒了旧的关于普遍的生产过剩的错误学说；这种学说以这一错误的想法为基础：一个国家中的总供给和总需求是两个完全分开的量，总供给倾向于超过总需求。萨伊、詹姆斯·穆勒等等通过探讨自然交换经济中的问题，能够非常容易地指出，今天还在传播、继续盛行于所谓的购买力理论中的这个学说的各种错误在于何处。对自然交换经济来说，可以毫不费力地证明：谁把一种商品的供给（比方说鞋或者水泥）带到市场上，谁也就带来了需求的愿望，否则他就不会出现在市场上。同时他有购买商品的能力，正是由于他供给了水泥或者鞋。因此，在自然交换经济中，扰乱只能产生于供给和需求的局部的错误估计。人们指责过古典作家们，说他们把自然交换经济看成是经济活动的正常形式，认为靠着它的研究就解决了一切问题，只给货币指派了一个附和者的角色，没有认识到货币在货币经济中是一个完全积极的要素。这种指责通过经常的重复而变得粗糙，它因此而变为错误的。甚至萨伊和詹姆斯·穆勒也给他们关于普遍生产过剩的不可能性的定理补充了这个注解：货币流通中的变化可能会引起一场普遍的亏损销售。不过，他们没有继续在这个方向上向前推进。别的人，如休谟或李嘉图，非常确切地知道，货币不是简单地像一块面纱那样盖在物品世界的各种实际过程之上；并且他们因此也知道，靠简单地转借分析自然交换经济的各种成果并不能说明货币经济的经济过程。其他人(就像例如后来的通货理论家们那样)又几乎无与伦比地坚决有力地强调了并详细地描述了货币数量的各种变化对交换经济的全部过程的影响。对于他们,所作的指责是完全站不住脚的。

现代的国民经济学更详细地研究了货币经济与自然交换经济的关系。特别是从 K. 魏克赛尔到 E. 林达尔的瑞典研究者们指出了:货币经济与自然交换经济之间的距离很大,不能把货币经济理解为自然经济的简单的继续形成;相反,经济过程由于货币的使用而运行得根本不同于不使用货币时。尽管如此,作为预先的研究,自然交换经济的分析仍然是宝贵的。没有它,就可能冒忘掉物品经济的基本事实状况的危险。例如,如果不是纯粹从货币和银行技术上来把握有关"储蓄"和"投资"的讨论,如果不是这样,而是开始于研究基本的事实状况,即在一个自然交换经济中的生产的时间结构,那么这个讨论将会获得多大的成功啊!

C. 在一个巧妙地选择的模型的序列中提出问题,并且首先在简单的、然后在越来越困难的条件状况下提出并解决它,由此来从理论上解决它,这在大多数的国民经济学问题上都证明是一种头等的启迪学的手段。但是,这种方法的使用需要科学的得体。

因为各个个别的经济体制、市场形式或货币体系中的各种条件状况从来就不一样,就绝不能把分析一种类型的各个理论成果不加考虑地用作关于别的经济体制、市场形式或货币体系中的条件联系的陈述。例如经济过程的进程,就像它在那两种极端的形式(完全集中领导的经济和完全竞争的经济)中发生的那样,可能显露出某些相似性。可以指明：一个完全集中领导的经济的领导能够在某些情况下把经济过程控制得类似于就像它在完全竞争中运行得那样。但是，这个论断不应该诱致这一看法：在两种情况下经济过程都必定以同样的方式进行，而对一个模型的分析可以代替另一个的分析。继续存在着巨大的区别：在这里一个意志和一个计划排斥所有其他的而作决定，在那里所有的家户和厂家的意志和计划都在作决定。在这里权力的分配与在那里完全不同，以后还要谈到这一点。这儿不存在自由的消费选择和劳动场所的自由选择——与那儿相反。人们各生活在两个完全不同的经济世界中。在这里和那里经济上的全部联系的形成完全不一样地发生着。不允许用错误的理论上的拉平来磨掉这种巨大的、多种多样的差别或者使其消失。

从它们的不同形态上对各种个别的经济体制的各个分析必须彼此适当地互为依据，但是不应当不加考虑地采用各种成果。也不应该不假思索地把某些成果看成是普遍适用的。有这样的普遍适用的成果，它们不受各种形式的多种多样性束缚。例如关于成本现象的陈述就属于这种成果。但是从各种个别形式的分析中才得知，哪些成果是普遍适用的。

国民经济学的历史充满了这些尝试：避开这条穿过为数众多的各种秩序形式的费力的道路、不注意或者远离这种多种多样性而想出一种统一的理论。在这方面，在许多情况下想到的都是完全竞争在一切市场上都占统治地位的那种经济体制。这样一些“一元论的”体制由于其结构的简单性而有吸引力。但是它们并不符合过去和现在的多种多样的实际的经济。而当涉及的是解决具体的问题时，也就是在运用理论时，这种错误就造成恶果。一种“一元论的”理论不能够说明例如部分寡头垄断的汽油康采恩的或者那许多样式不同的别的经济权力体的各种权力斗争；这些斗争决定性地共同决定了当前世界经济的发展。[48]

Ⅳ. 各种资料

A. 理解什么是资料，看到资料的边界经过什么地方，具有使用资料来工作的能力，是一切理论研究成功的一个根本前提。

我们看到了，资料不能“设置”，在获得它们时任何任意性都必须排除在外。从计划决定一切经济活动这个基本事实出发，达到了确定“计划资料”和“实际的资料”。我们谈到过各种个别的资料。现在有可能关于它们的本质和它们的功能再作出一些一般的论断。

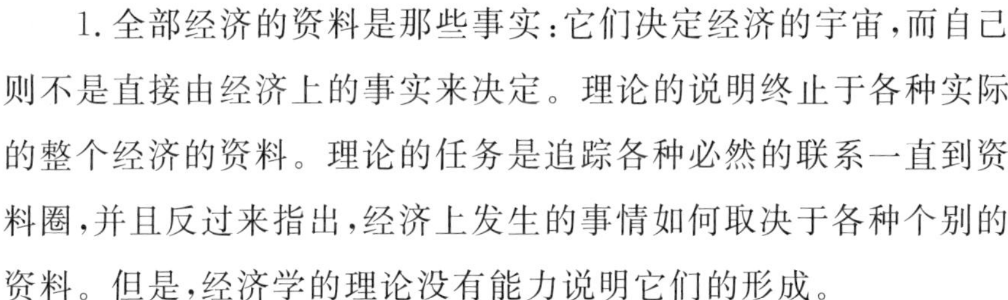

1. 全部经济的资料是那些事实：它们决定经济的宇宙，而自己则不是直接由经济上的事实来决定。理论的说明终止于各种实际的整个经济的资料。理论的任务是追踪各种必然的联系一直到资料圈，并且反过来指出，经济上发生的事情如何取决于各种个别的资料。但是，经济学的理论没有能力说明它们的形成。

无数自然的和历史的事实、无法估量的事物和错觉日复一日地对经济上发生的事情产生影响，但是所有这些因素都通过各种计划资料和实际的资料（而且只是在这条路上）起作用。在这里，一个自然的或历史的事实可以构成好多个资料。例如，一个特别寒冷的冬天既引起资料“需要”又引起资料“自然”的推移。或者：

在挪威人和黑人之间存在的种族上的差别表现在各种资料之中——领导的和执行的劳动、需要、技术知识、法律的和社会的组织。或者：在欧洲最近的一个半世纪中进行的扫除文盲和实施普遍义务教育，在劳动、需要、技术知识以及社会和法律组织这些资料的改变中表现了出来。或者：加尔文教的胜利进军无疑最深刻地影响了经济过程，这是通过它改变了好多资料：劳动、需要（在这里也应该想到更有力地强调未来的需要——也就是通过储蓄）、法律的和社会的组织并且还有技术知识。

2. 经济学理论不得不停止于各种资料的这个原理也适用于两种或多种资料相互作用的那些情况。

技术知识的历史为此提供了一个历史上特别重要的例子。它极为有力地说明，发明家活动的程度与一个共同体的社会和法律组织最紧密地联系着。18 世纪末和 19 世纪初经济秩序的各种翻天覆地的变革、清除有关应当使用的技术的为数众多的约束和各式各样的规定最有力地推动了人们去想出新的做法。此外，各种现代的专利法针对模仿而提供了一种确定的、尽管是有期限的保护，专利法的创立很可能促进源源不断的发明。在这里，一种资料的变化引起了另一种的变化。但是这种因果联系仿佛发生在资料圈的边缘上。在法律—社会组织的变化与增长的发明家活动之间不存在经济上必然的条件联系。在各个国家里，此外还必须满足精神、心灵和物质种类的其他前提条件，以便使各种发明随着法律改革而增多。因此，不可能在理论上精确地把握因果联系。对于理论来说，两种事实状况——技术知识和法律—社会组织——每一个本身都各是给定的量：资料。

3.产生于一种资料状况的经济事实和过程，也可以反作用于全部经济的资料。

但是，这种反作用总是间接地发生的。它因此避开了完备的理论分析。完备的理论分析至多只能点出，一种资料变化可能出现于哪一个方向上。举一个例子：在成衣业的地方劳动市场上，在需求垄断的条件下家庭手工业者的工资被压得很低。由于工资低水平国家不得不进行干预并且规定家庭手工业者的各种工资，因此，这里存在着这一事实状况：资料“法律和社会组织”之所以被改变，是由于一个经济上的事实（工资水平）对此给了推动。尽管如此，经济上的事实塑造资料，并不是相反，资料塑造经济事实。反作用是间接的。它通过国家的政策而发生。国家领导是否以消除需求垄断来回答工资的低水平，取决于国家的宪法、进行领导的政治家们的政治意志、公职人员们的态度或者工人们对国家领导的影响。因此，也不能够用理论的国民经济学的各种手段来说明各种工资的低水平与各个劳动市场的组织的变化之间的联系。理论家至多只能点出，很低的工资可能导致国家的干预。

另一个例子：由于资料状况的改变，煤的价格显著下降，而许多煤矿陷入困境。由此推动了一些企业家、技术人员和化学家去从事新的实验，以便更廉价地开采和更好地利用煤炭。事实成功了。“技术知识”改变了，于是成功地压低了成本并且重新提高了各种收益。这种情况在上一个世纪类似地经常在许多制造业部门出现。就是在这种情况下，一个经济上的事实（各种煤炭价格的跌落）也引起了一个运动，它导致了一种资料（技术知识）的变化。但是，就是在这里也显示出：技术知识直接地塑造经济上发生的事情，而经济上发生的事情对技术知识的反作用则是间接的，并不是必然的，常常没有得以实现，而且决定性地取决于技术人员们的能力、教育和活力以及其他许多非经济的情况。因此，不容许经济学的理论宣称：价格—成本关系的恶化必定导致技术知识的扩大和成本的降低。它必须限于指出，由资料的状况来精确地说明的经济上的事实状况可能去推动改变一种资料。[49]

4. 理论分析所遇到的并止于其前的全部经济的资料，并不是经济政策的资料。

倒不如说相反的观点是正确的。在较窄和较广的意义上，经济政策都正是通过它改变资料而起作用。例如，当国家禁止卡特尔、从事信贷扩张或者改革制造业的教育事业时，就总是因此而改变了资料。利益者集团的经济政策企图同样是要改变资料：例如国家的价格规定、禁止进入一种行业、进口禁令。

科学努力从思想上为创立一种有作用能力的经济宪法做准备。就是这些努力的目的也在于以一定的方式塑造法律—社会组织的资料。在这方面，它当然要使用理论分析的各种成果。但是理论分析本身却停止于各种全部经济的资料。

B. 在确定资料的边界和处理各种资料上过去和现在所犯的主要是下述错误：

1. 把各种全部经济的资料的边界向外迁得太远，并且由此使那些问题去承受理论的分析，这些问题通过它是不能够解决的。

李嘉图的工资理论提供了一个例子：在原则上，李嘉图正是像看待那些其数量取决于价格的产品的供给那样看待劳动的供给的。在长时期中供给的是那样多，以致习以为常的是各种产品的那个价格，它恰好抵补了生产的成本。李嘉图正是这样设想劳动者的供给的。据说在劳动的“自然价格”之下，劳动者的种属能够生存并且繁殖，不增加又不减少。如果劳动的市场价格上升到自然价格之上，那么供给就增加，因为高工资形成了人口增加的刺激手段；如果它下降到那以下，那么劳动者的人口就会由于不幸和贫困而减少。这样，李嘉图就一环扣一环地把他有关物品生产的理论的思路转借到劳动力上来。

在这里，不能容许地越过了资料的边界。人口的增长和缩减直接取决于那么多自然的、政治的、精神的和心灵的事实，以至于在各种工资的高度与劳动者人口的数量之间不存在一种必然的条件联系。李嘉图把人口数量看成是一个问题（他想靠经济学理论的帮助解决这个问题），而不是看成一种资料，而人口数量对理论来说事实上是资料。因此，他的理论命题没有得到证实，在大多数情况下不能观察到所宣称的工资高度的运动与劳动者数目的运动之间的联系，是不奇怪的。如果理论把它的思想方法运用到那些并不处于被全部经济的资料划定了的界限之中的领域中去，它就必定会失败。

2. 把全部经济的资料边界划得太窄：把一种体现经济学上的一个问题的事实设定为全部经济的资料。

在处理生产出来的生产资料的各种当时的存货上，这种错误以简直是灾难性的方式起了作用。我们已经多次碰到过它。但是，现在必须认识到，在这种错误中不能容许地束紧了资料的边界并且设置了一种“假资料”。如果把生产出来的各种生产资料看作是一种取之不尽的租金基金，或者把实际的生产过程看成那种过程，在这个过程中，除了劳动和自然以外，所谓的耐久的"实际资本"占有一种初始的生产要素的地位，那就正是把这些生产出来的生产资料当作资料来对待。为什么科学不应该这样行事？有些理论家这样认为、据说厂家的领导者也这样做：他总是把各个现有的建筑物、动力机和工作机看作资料。据说科学因此而应当不再从思想上向后退去分解各个给定的资本物品。据说它由此只会陷入一个虚假的疑难问题和一种看不到头的、历史的、经济学上没意思的回归之中。

事实上，涉及的不是过去，而是各自的未来。因此，就是从事经济活动的人也在任何时代都不把生产出来的生产资料的存货仅仅看作是资料。例如，一个铁路管理机构在它每日的和较长期的经济计划中考虑到设备、车辆和机车的今天现有的存量；但是它必须在它的这些计划中同时作出有关各种设备的折旧、保持和扩建以及有关重新购置滚动的原材料的决定。对它来说，当时现有的生产装置不仅是一种资料，而且它必须同时关心该装置的保持，也就是关心它的较近和较远的未来。

科学不应当忽略实际的这种事实状况；当它把所谓的固定的实际资本（也就是耐久的生产出来的生产资料）仅仅看作资料时，情况就是这样。耐久的生产出来的生产资料从来都不是这样。在任何经济体制中都不是。它也总是一个经济问题。我们在一年、两年或三年之后在德国所具有的耐久生产资料的装置取决于那些经济计划和行动：它们现在就已经开始或实行了，或者今天或在较近的将来被提出和实行。因此，它的形态和它的规模都是经济活动的一个结果，以至于对国民经济学来说，不能容许把它仅仅看作资料。[50]

3. 在从事变动时，改变的不是全部经济的资料，而是经济的事实。由此就以不正确的形式使用了“变动法”。问题的各种解决方法是表面的和不彻底的。

这种错误出现于其中的最经常的（但不是唯一的）形式在于：在研究交换经济的问题时从变动一定的价格出发。

例如，为了解决如何使两国之间到期的各笔支付款项和债权达到平衡、从而使国际收支平衡的问题，人们从古典作家的时候起就经常作出下述的理论列式：一国的外汇兑换率由于某些没有说明的原因而上升或下降，而现在考虑的是，由此引起了哪些平衡的作用。从这样一种问题表达法出发，人们描述一国汇率的下跌如何增加了它的出口并且阻碍了它的进口，以及如何逐渐地重新形成了国际收支的一种持久均衡。由此人们相信，已经回答了提出的问题。错了。问题的表达法是不彻底的，并且因此回答也是如此。外汇市场的价格变化说到底产生于一种或者好多种资料的变化。人们鉴于问题的这种表达法而对此根本不加理会，从而割下了一个市场上的经济过程，并且这样就只能够指出，对这个个别市场来说，哪些平衡力量在起作用。再多就没有了。“但是在这方面人们必须清楚，从这样一种问题的提法出发，永远不能得出一种有关国际收支平衡机制的完整的理论，而总是只能得出一个部分解；因为它没有使外汇市场上的均衡如何被扰乱了这个问题得到解决，因而盯住的是表面，而不着手探讨引起了外汇市场的这种变化的经济过程中的那种推移”（F. W. 迈耶）。——问题的表述必须是别的、更为广泛的：必须看到两国的全部的经济宇宙正是在一个地方在想象中变动一种全部经济的资料（不是一种价格）：例如严

寒以及因此导致的歉收，或者一个巨大的矿藏的发现，或者一项起先只在一个国家里被利用的发明，或者一场罢工，或者各种需要的变化，例如从素食转向肉食。问题是：经过资料的这样一种变化，每一个国家的支付款项和收到的付款如何保持均衡，以及哪些平衡的力量在工作着。而现在就显示出，两国的那些价格体系和经济过程中的一定的推移首先是平衡地起着作用，而汇率机制仅仅是实施一种剩余平衡。只有那种从一个全部经济的资料变动出发的完整的问题提法，才导致完整地解决问题。此外在这种情况下，这种完整的问题解决在经济政策上也很重要。

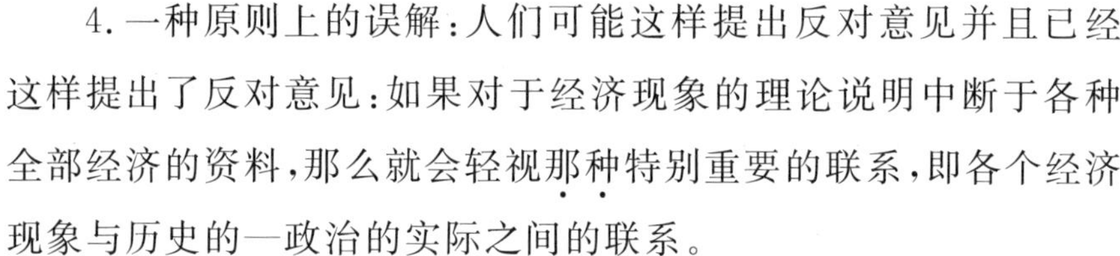

4. 一种原则上的误解：人们可能这样提出反对意见并且已经这样提出了反对意见：如果对于经济现象的理论说明中断于各种全部经济的资料，那么就会轻视那种特别重要的联系，即各个经济现象与历史的—政治的实际之间的联系。

正好相反的东西才是正确的。只有靠着参考的各种资料的帮助，才会成功地搞清楚历史上—政治上发生的事情与经济上发生的事情之间的联系。所有的政治的—历史的变易都表现于资料的变化中：现在，无论是罗马逐渐地征服了地中海文化圈的所有国家，还是法国革命创造了现代国家的一种新的类型，还是 19 世纪初以建立国家的新思想改建了普鲁士国家，还是在 1914—1918 的那些年间及随后的那几十年中防御政策在所有大国中都提出了有力地扩大了的要求：全部经济的资料总是因此而发生了一种变化。首先是“法律和社会组织”的资料，也有“劳动”、“需要”或者“技术知识”的资料。现在，理论在各种理想类型的范围内并且在抽象的形式中指明，各种资料怎样决定经济上发生的事情。通过它这样做，它就成了适宜的工具，以便说明历史的—政治的事实与经济上发生的事情的联系。同样的东西也适用于历史上的经济政策的各个个别的行动。就是它们也表现了各个资料的变化：可能正是公元前4世纪的一个希腊城邦引入了小麦垄断，或者可能是英格兰女王伊丽莎白规定了某些工资，或者可能是德意志帝国把发行钞票的专有权授予一家银行，或者它可能实施劳动调停或税法的一种新秩序。经济学理论不能证实，为什么那个希腊城邦引入了小麦垄断，为什么伊丽莎白女王干预工资的形成等等。这是那些只有从该国家和该时代的全部历史状况中才能够理解的问题。但是，因为理论精确地证实了，经济上的事实如何取决于资料，它就使得有可能凭借它的运用而看清所有这些具体的资料变化在经济上的各种影响。别无他途达到这一点。

不清楚地划出一条资料的边界，不把理论的分析停止于这条边界上，历史的观察与理论的思维的交错连接就不会成功。两者有害地互相融合——就像亚当·米勒的经济学说吓人地显示出的那样。[51]

第四章　实际的经济。经济秩序与经济过程。——运用

我们重复说：科学地认识实际的经济是国民经济学的第一个任务。如果为每个国家和每个时代回答了两个问题——有关经济秩序的结构问题和有关在这些秩序内部发生的经济过程的各种联系的问题，那就完成了这个任务。证实了两个问题的解决极其困难。也表明了，通常的道路，即摆出穿过历史的横截面并且为每个个别的横截面构思理论，没有导向目的。因此，我们从一开始就走上了另一条道路。横截面的塑造者们通过"概括的抽象"、通过放弃实际、通过忽略细节创造了他们的类型，并且这样得出了那些不符合实际的经济又不能用作理论工作的基础的结果。我们的行为从一开始就相反。我们试图尽可能坚决地钻研各个个别的事实情况、各个个别的具体的家计和厂家，这样我们就极度地增强了各个个别现象的观察。引用一幅图画：就像人们试图录下从远处看到的一个城市的侧面黑影像一样，经济阶段或者经济风格就是这样造成的，它们应当表现一个时代的经济中的本质的或者正常的东西。我们则完全不同：为了留在图画中，我们走进城市中去并在那里走进各所个别的房屋中去，把它们从地下室一直研究到屋顶。详细地彻底研究各个个别的经济构成物。凭借着"着重强调的抽

象”，我们在那儿发现了各种理想类型的经济体制连同它们的许多集中领导的经济的形式、市场形式和货币体系。这样，我们在历史的实际中找到了各种秩序形式。我们在研究现在和过去的事实状况中揭示了它们。

我们想用这个形态学的体系干什么？构成它的各种个别的形式虽然产生于精确地观察实际，却并没有给出具体的实际的映像。它们既不是照片，也不是绘画，而且不想是那些东西。它们也不是在一个一定的历史环境中想到的。但是我们指出过，因为它们表示着简单的和清楚的条件状况，就可以在它们的基础上发现理论的原理，即有关必然的条件联系的一般的陈述。由此我们就在分析上进一步迈出了根本的一步。[66]、[66a]

现在，我们处于最后一个问题之前：各种理想类型的经济体制及其形态的形态学装置（Ⅰ）和各种抽象的理论原理（Ⅱ）如何服务于认识具体的经济实际？这样（与为数众多的批判过的各种做法相反）就成功地从科学上把握了经济实际吗？也就是说，走上这条道路是有理的吗？

我们肯定地回答这个基本问题。我们断言：

第一，在运用形态学的装置时，就成功地认清了每一个时代和每一个民族的秩序的内部结构并且从而认清了它的经济秩序的结构（Ⅰ）。

第二，各个理论原理以其运用而表现为一种合适的工具，以认清具体的经济过程如何在每一个具体的经济秩序中运行（Ⅱ）。

通过二者就科学地把握了经济实际（不仅仅是现在的）并且捅破了日常经验的表面观察。——从现在起就必须指出，如何这样做。

Ⅰ. 认识各个经济秩序

1. 如果有人踏入今天的日本，以便研究那里的经济，而且如果他（完全正确地）想首先从其结构上研究日本的经济秩序，那么，如果他仅仅信赖单纯的直接观察，他就不会在有着无法看清的许多相互关系和依赖性的家计、农民的租佃企业、工业企业、银行等等的并存中发现秩序。而如果他运用那些著名的“经济阶段”或者“经济风格”的话，那么它们将不合适，而且此外它们将根本不会使今天日本经济的秩序结构可以认识。因此，对经济实际的认识将在一开头就立即失败。

但是从现在起，在得到了各种经济体制、市场形式、货币经济的主要形式和货币体系之后，就有了一种新的形势：因为形态学只不过是复述了各种基本的秩序形式。而且我们绝不是从思辨中得到了这些形式要素的，不是像桑巴特试图的那样从“经济的观念”中推导出来的，那样作为观察者的主观性和任意性开了方便之门；而它们是从精确地观察具体的历史实际中、在分析具体的经济计划及其完成中得出的。这些类型仿佛是在经济实际中找到的那各种“原始形式”。

只是在认识了这些形式要素之后并且在“运用”它们当中，对经济的当时具体的秩序结构的认识才能够成功。

也许可以首先用最近时代的一个例子来说明，这是怎样成功的：也就是用 1940 年德国的经济秩序。不管我们在什么地方探究，我们都发现，在它当中集中领导的经济的要素与交换经济的要素相融合。每个家计领导者都熟悉这种二元性：如果他想购买某些重要的物品，他就必须既使用食品卡、衣服卡和别的卡，也使用货币。厂家的领导者也相似，他在购买时既需要指标又需要货币。精确的研究表明：集中领导的经济的各种形式要素“占统治地位”。它不仅作为“简单的”集中领导的经济而部分地得以实现，例如在各个农民的田庄中或者在各个城市的各个家计中。它首先是作为“集中管理的经济”而出现。在农业中就是这样，在那里，虽然各个厂家还制订自己的经济计划，在这个范围内还实行交换经济，但是在这里，这成百万的计划是由集中的领导的全部计划权威性地决定的，而这种全部计划则通过帝国食品职业的广泛管理机构来实现自己的目的。在工商业经济中，由于国家在各个外汇和商品市场上的价格约束，价格和价格波动对经济过程的控制同样在很大程度上被排除了，而经济过程的控制主要是通过集中管理体来进行的，它靠一个配额系统的帮助来分派各种原料和半成品。就是各个劳动力的控制也由集中控制的行政机关来权威性地决定，并且只是部分地取决于企业家和劳动者们的意图和计划。个别地实现过的是极为不同的集中领导的经济的形式以及市场形式和货币体系。例如，就消费者仅仅以一定的配给量而获得物品来说，实行的就是集中领导的经济的第一种或第二种形式；然而，只要他根据自己的选择来购买那些非配给的物品，这些物品的生产是由中心处所权威性地决定的，实行的就是第三种形式。在为数众多的市场上，国家的价格约束碰到了极为不同的市场形式：从两方面的垄断直到完全竞争的开放的和封闭的市场；它也各根据这一点而意味着不同的东西。

这种考察方式——即把形态学的装置运用到具体的现象上去——使得有可能通过把握细节而使每个经济秩序的全部性质可以理解。个别的东西没有消失，而是被分类编排并且这样而变得可以理解。例如我们把1940年的德国经济秩序与1930年的相比较。我们觉察到细节上的许多变化。例如，重要的决定从企业那里移到了帝国的各个机构和别的中央管理体中，各个卡特尔的职能上的转变，各个银行的重要性的减少以及货币的改变了的意义。一旦形态学的体系得以运用并且这样认清了1930年的和1940年的德国经济的秩序结构，就把这样一些以及其他许多细节联系了起来。这表现于每个个别的点上：随着集中管理的经济向前推进和交换经济的后退，1940年就不再像1930年的情况那样在各个个别经济中作出各种决定性的计划，而是在各个集中管理的机构中作出它们。企业家们变成了这些机构的执行机构，不过变成的是这样一些机构，它们还具有一定的、受到很强的限制的计划的独立性，并且也还以交换经济的方式承担风险。1930年卡特尔是独立的企业为消除竞争起见的联合，从而是交换经济的现象；1940年它们主要是集中管理的经济的工具。它们在另一种经济秩序中意味着别的东西，不过在那里，它们原来的目的规定还在继续发生作用。而如果说各银行1940年在控制经济过程上的意义比1930年时小得多，那么这部分地由这一事实而得到解释：各种投资的规模和方向取决于集中管理的各个行政机关，而不再取决于企业家们；而且也部分地由此得到解释：各个企业流动性过度，并且因此需要的银行信贷很少，这又与物价冻结和定量配给相联系。但是我们知道，货币是怎样随着集中领导的经济的各个要素的向前推进而改变它的职能的;这种职能上的变化就是在 1940 年以前的那些年中也很清楚地显露了出来。如果把个别现象及其变化看作它所是的那个东西——一个全部秩序的一部分,它就变得可以理解。

要在那些已经发现了的纯粹的形式之外再构成另外一种纯粹的形式,以便用它来刻画例如 1940 年德国的经济秩序的特征,比方说在集中领导的经济之外以及在交换经济之外再构造一个“受控制的市场经济”的纯粹形式,它 1940 年实行于德国,这是一种失策。1940 年德国的经济秩序的特点实际上恰好在于,描述过的那些纯粹的形式以特殊的方式在其中融合,这些形式在别的地方和别的时代是以别的混合方式来实现的——但是不是以一种**新的**纯粹的形式而出现。恰恰是存在于德国的这个经济秩序中的集中领导的经济的与交换经济的各种形式之间的紧张关系,对它来说才是根本的。不注意这种紧张关系和实现了的各种形式的多样性,它就仍然是不可理解的。应该始终谨防在对当前发生的事情的强烈印象下把一种目前存在的具体的经济秩序以这样的方式绝对化,这种方式就是:试图不顾在它当中实现的形式的丰富而对它作新的解释,把它说成是一种新的纯粹的形式。让我们比较德国 1940 年与 1946 年的经济秩序。二者不都是“受控制的市场经济”吗?“受控制的市场经济”这个名称使各种本质的差别消失。虽然在 1946 年还继续存在着集中管理的经济的和货币经济的秩序形式,然而重要的却恰恰是,这两种秩序形式解体了。由于货币和集中管理的经济失灵,占据了显著地位的是自然交换经济和自给经济,也就是那些形式,它们只能不充分地或者根本就不能给一个广泛分工的经济以秩序。发生了经济秩序的原始化。它是发展的一

个决定性的特征；如果着重地强调然后从其当时的融合上去认清了那些实现于两个经济秩序中的个别的纯粹的形式，这个特征就成了可以清楚地和明确地看到的。

巴赫、莫扎特、贝多芬和其他大师以组合所有人都需要的有限数目的声音而创作了他们的作品。大师或个别作品的特色也就存在于组合的特色之中，而绝不在于新创造的声音。各种经济秩序也同样如此。每一个都是一个个别性。合计的它们的多种多样性简直了不得。但是，每个个别的经济秩序的这种个别性，其基础并不在于每次实现的都是完全新的纯粹的形式，而是产生于选择那些实现了的纯粹的形式（这些形式的数目有限并且可以概观），以及产生于它们融合的特别方式。只有这样才能够理解它，而且这样也可以精确地确定实际的经济在历史上的那些变化。

为了避免重复，我请读者回忆本书的第二篇，尤其是第二章（第 72 页及其以下），把它再读一遍就更好。当时我们就不得不在确定一个民族和一个时代的经济秩序时强调那些组成它的形式要素：它可能就是奥古斯都时代的埃及经济或是 15 世纪晚期的纽伦堡的经济。不过我们那时只利用了那些最重要的纯粹的形式。但是这也是一种率先行动；不过是必要的。因为不这样就根本不能把握一个时代的经济秩序。但是在这期间，我们认识到了如何获得各种形式要素。我们确切地知道它们并且现在就能够在使用这种装置中精确地确定各个经济秩序。从现在起，可以从其结构上看清所有的经济秩序，不论它们是"生长成的"还是根据经济宪法"设立的"。也可以更确切地表述经济秩序的定义（第 89—90 页）：经济秩序是那些形式的总和，在这些形式中，日常经济过程的控制具体地(在这里和那里,在现在和过去)进行着。

面对一种经济上的事实状况而首先提出并且回答有关具体的秩序结构的问题,这总是必要的。另一个例子:巴拉圭著名的耶稣会共同体,它存在于1609年到1767年。各种原始资料使我们清楚地看到了丰富的个别的事实。它们作了有关土地的肥力、有关各个印第安人的性格、家庭生活、经济行为、有关农业和制造业生产的详情等等的陈述。国民经济学应该怎样试图与这种杂乱无章的个别事实打交道?它怎样能把本质的东西与非本质的东西区别开来?如何把握整体的意义联系?它提出有关经济的秩序结构的问题,并且是在利用各种纯粹的形式的装置的条件下。它发现了什么?简略地说:这个共同体总共包括约10万居民;在这个共同体中,实施经济的承担者是各个个别的村庄,它们称为并居区,数目有30个,每个有2 000—7 000居民。每个村庄都表示着一个简单的集中领导的经济,它由一位库拉来领导。他的计划决定了村庄的经济领导。在这里,经济计算根据库拉方面的自然评价来进行;鉴于村庄经济的微小和物品种类的微小数目,这种经济计算是可以实行的。每个并居区都是一个完全集中领导的经济,带有消费品自由交换的某些痕迹。这个有着集中的领导的经济体包括了村庄田地的很大一部分和制造业的各个作坊。挤进这种经济体的是为数众多的、有着集中的领导的还要更小的构成物:有着它们的家庭耕地的各个印第安人的那些家庭经济。但是,因为库拉也权威性地影响着在各个家庭内部的经济运行,这些家庭是完全不独立的。因此,简单的集中领导的经济的各种秩序形式占统治地位,而交换经济的秩序形式只是补充性地与它相融合。在那里有

各个并居区与周围的世界的贸易，它的市场形式极为不一样。此外，在那里还有各个并居区之间的商品流通，人们在这种流通中利用比索作计算单位，而不把它当作交换手段来使用。因此，在这里实现的是“货币经济的第二种主要形式”。在这里，某些商品用作货币：首先是茶、烟草、玉米等等；因而实行的是“第一种货币体系”。

谈论得很多的那个问题——这个著名的共同体是不是“共产主义的”——不会有什么结果，并且只是卷进了有关共产主义的概念的争论中。必须取代它的是有关当时实现的各种形式要素的问题和这些形式要素构造出耶稣会经济秩序的整体的问题。于是成功地在当时那里的特殊历史环境的范围内看到了这个经济共同体的特色，也看到了它与别的经济秩序的近似之处。例如，与印加国家的比较容许看清：虽然在二者当中集中领导的经济的各种特征都占统治地位，而且它们在这一范围内是同族的，但是在包括大约1 100万人的印加国中，集中管理的经济占统治地位，不像在巴拉圭的共同体中那样，占统治地位的是简单的集中领导的经济；而在二者当中，各种占统治地位的秩序形式各以特别的方式与样式不同的补充性的秩序形式相融合。[52]

2. 在科学理论上可以如下地表述那种导致认识各种具体的经济秩序的做法：在获得了有着它们的为数极其众多的形态的各种理想类型的经济体制之后，即在得出了形态学之后，我们重新面对具体的经济实际，由此而运用那些理想类型的经济体制。而且是以另一种态度，它不同于刚才，也就是不同于获得各种理想类型的经济体制及其形式之时。刚才我们探究的是各个个别的具体的构成物——农民的田庄、徭役庄园、家计，从一切方面研究它们，分析地、个别地强调在那里实现的各种形式(集中领导的经济的种类、市场形式、货币体系)。现在我们通观一个时代和一个民族或者一个地区的经济的整体,比方说今天的法国经济的或者100年前的西里西亚经济的整体。刚才我们使用"着重强调的"抽象来工作,现在我们则用"概括的"抽象来工作。这就是说:现在我们通观例如法国的经济,提出有关实现了的占优势的各种秩序形式的问题,并且把发现了的各种秩序形式结合成一个整体,即给出具体的法国经济秩序的一幅图像。

我们在应用中实行双重的综合:即把多种多样的纯粹的形式要素结合为经济秩序的统一,同时把经济秩序嵌入当时的自然的、精神的、政治的、社会的环境中去。我们把形态学与字母表相比较。仅仅在有了字母表时,才能够写出一个词。只有在认识了各种纯粹的形式并且由此认识了各种经济秩序的各个建造要素时,才能够完全认清个别的具体的经济的秩序。而正像每一个词只包括字母表的一些字母一样,这样在确定一个具体的经济秩序时,也只需要使用纯粹形式的字母表的一部分。例如,在确定德国今日的经济秩序时,就不考虑几乎所有的开放的市场形式。这许多形式都不是"有现实意义的"。在研究德国今日的经济秩序时,它们都属于科学的没有利用的动产。它们就像我写下"类型"(Typus)这个词时的字母a或b那样极少有现实意义。但是,如果涉及把握另一个民族或者另一个时代(例如1890年前后的德国)的经济秩序时,它们就变为有现实意义的,而别的在今日的德国有现实意义的类型则离开了现实性。当时德国的经济秩序以交换经济的形式要素占统治地位为标志,而且是开放的市场形式,以至于各种封

闭的市场形式的装置对于当时的时代来说在很大程度上是没有现实意义的和不能运用的。虽然当时实现的也有集中领导的经济的要素，但是几乎根本不是“集中管理的经济”的，而差不多仅仅是各个家计和农民田庄中的“简单集中领导的经济”(自给经济)的。因此，即使我们只作了德国的两个经济秩序的这一个比较，我们也在各种理想类型的“现实意义”上看到一个很大的区别。但是，正是现实意义的更替使得我们清楚和明确地认清了各种秩序的实际区别。(人们可能问道：经济秩序每次实现了多久。对此可以回答说：只要经济的内部结构基本上保持不变。如果说在旧石器时代一个部落许多千年之久仍然是以同样的方式组织起来的，那么正是这种经济秩序存在了许多千年。就是古埃及的经济秩序也经历过了上千年。然而，正如已经表明过的，在法国革命中，在一个10年中就有过4种经济秩序。)

在确定每种具体的秩序时进行的各种纯粹的形式的综合，与另一个种类的综合相一致：即在分析的进程中，暂时把各种经济上的联系从历史的全部联系中解脱出来，而从现在起，却又重新嵌入全部历史的环境中。因此，当我们确定戴克里先时代的经济秩序时，我们不仅运用各种不同的、纯粹的、有现实意义的形式，而且我们把这个经济秩序同时看成当时罗马帝国的全部精神的和政治—社会的生活的一部分。如果我们在分析中暂时离开了历史的观察，以便使思维充分发挥作用，那么我们现在就以这种形态学分析的各个成果武装起来，回到完全的历史观察上来。现在发生作用的是在每个历史时刻都起作用的所有的历史生活的联系——比方说今日的全部历史形势的联系连同那种在这个时刻和这里存在的经济秩序。以后的例子(Ⅲ—Ⅴ)将会更详细地谈到这些。

3.从这一切中产生了一个对于经济史学和国民经济学的合作来说是重要的结论。长期以来就已经感到,合作是完全必要的。但是问题是如何能使它富有成效。在国民经济学的圈子中占统治地位的意见是,经济史学家与经济上的个别事实有关,而国民经济学家则应当找到各种重大的联系;这种意见不仅是错误的,而且甚至是不可理解的。如果历史学家把经济上的个别事实排在一起,比方说并列地描述16世纪上意大利的农业中的成千的具体的租佃企业,他采取的行动就没有意义。他的行事就像那一个人,他应当描述一所房子,但是却不这样做,而去描述建造这所房子的各块单个的石头,而对房子的平面图和正面图没有概念,又不了解它在建筑结构上的内部结构。就是历史学家也必须认清各个经济秩序,并且必须从一个整体上察看个别经济以及特别是个别的经济事实。但是,他应该如何确定经济秩序?根据哪些标志?并且此外还有另一个密切相近的问题。他应当根据哪些准则区别两个不同民族或者不同时代的经济并且使它们互相衬托?

如果历史学家向国民经济学家们求教并且问他们,他怎样才能完成这个任务,那么各种回答很少令人满意。如果历史学家描述施泰因的大改革时代的德国经济,他应该如何从毕歇尔的"阶段"开始?"城市经济"不正确,而"国民经济"又太内容空虚。他也不能以此标明19世纪的开始到终结之间发生的巨大变化。就是当他谈论"区域经济"与"国民经济"或者"早期和盛期资本主义"时也不能。这样,留给历史学家的,除了用他从日常经验中得知的并且因而是不充分的自己的概念去描述经济史,就没有别的。

恰恰必须以别的方式满足历史学家们的合理要求。国民经济学家们首先必须向他们指出：他们必须询问经济的秩序结构并且从经济秩序方面去思考。如果历史学家们想认清和描绘19世纪的经济和在这个世纪的进程中发生的变革，他们就必须询问1800年前后和1900年前后德国经济的秩序结构。此外，国民经济学家们必须对他们说，只有在运用各种纯粹的秩序形式（各种真正的理想类型）中才能认清一个时代的经济秩序。那样历史学家就能够认识个别的具体的经济秩序本身。各种秩序形式只是在思维中才能纯粹地持久；但是它们却融合地组成了每个具体的秩序。历史学家在具体的世界中活动。为了认清具体的经济的世界，他必须了解各种秩序形式，它们是由国民经济学找出的。只有这样，他才能超越单纯地查明个别的、任意选出的事实——这样做还没有表现出科学。因此，国民经济学必须提供的不是那些格式：它们要求描摹具体的经济（而没有这样做），而是必须提供纯粹的形式，它们的运用使得认识当时的经济秩序成为可能。[53]

Ⅱ. 认识经济过程。——理论的运用

1. 由于认识了当时的经济秩序，就认清了一个时代和一个区域的实际经济的一个重要部分，但是还没有完全认清它。——日常的经济生活在各种当时的具体的秩序之内日复一日地进行着。它如何运行？正如表明过的，这是另一个重大的问题。比起看清各个经济秩序来，充满矛盾的、由利益决定的日常经验更少可能认清经济过程，它是在那些经济秩序中运行的。

此外，重大的二律背反也在这里挡住了认识的路。因此，怎样才能把对日常经济生活的历史的和理论的把握结合起来，以便由此而科学地认识它的联系？

根据说过的东西，答复容易想到：绝不能靠试图为每个经济秩序构思一种特殊的理论。（光是因为每个个别的经济秩序都包含着为数众多的特殊地融合起来的形式要素，这种尝试就必定失败。这时涉及的可能是当前美国的经济秩序或巴拉圭的耶稣会的或现在和过去的那些各式各样的经济秩序中的另一个。因此，描述个别的经济秩序并没有提供一目了然的条件状况，只有在它们的基础上才能得出一种理论。）相反地：各种纯粹的形式或理想类型被用作“模型”；正像指明过的，理论原理是针对它们而得出的。通过运用在这个基础上获得的各种理论原理，就成功地揭示了当时具体的经济过程的各种联系。因此，正如通过运用形态学的装置而认识了历史上的各种具体的秩序那样，通过运用各个理论原理而这样认识了具体的经济过程。虽然我们察看每个个别的经济秩序是从它的个别性上以及从它特殊的历史环境上，从而是从它的一次性上，然而却成功地把理论分析的各个成果运用于它并且这样从其联系上认清了当时的经济过程——而且（原则上）是在一切时代和一切民族中的每一个经济过程。

2. 我们在这个地方碰到一个障碍。国民经济学理论的各个原理不仅应当应用到我们时代的问题上，而且也应当运用到中世纪盛期、古代的晚期以及其他的文化和时代的问题上。这在大多数今天的人看来简直是一个荒诞的要求。几乎所有的方面都要我们确信，抽象和理论只是在一种一定的历史状况的范围内才有意义，理性是不断变更的人类生活的一种功能，每一种国民经济学的理论都只具有一种相对的有效性，不管人们是否愿意，它都是“受时代约束的”；我们自己共同经历过太多的历史变化，以致不能相信理论认识的持久效力。在19世纪初历史意识改变之后，我们不再可以维护理论国民经济学的不受时代限制的有效性，而且我们不能重犯一种被克服了的较老的理性主义的错误。相反地，如果我们能够科学地认清一个时代的经济，比如说“资本主义”的经济，我们就应当满意了。据说，因为我们要从其当时的政治—社会联系上并且从其特点上认清历史的实际，因为每个时代都要求它的权利，就必须与这样一些所谓的不受时代限制地适用的理论原理一刀两断。在态度的细节上可能存在着差别，有时把所有的、而有时只把一些理论知识看作是由历史决定的——整个说来，对它们在时间上和空间上有限的有效性存在着意见一致。

我断言，人们正是用这种“历史主义的偏见”（因为它是这种东西）堵塞了自己认识过去和现在的实际的经济的道路。而恰恰是通过运用了不受时代约束的理论原理，才从其个别性上认清了实际的经济。

应当先作两个注释：

第一，必须始终记住，正确地理解了的国民经济学理论原理对于具体事实状况的存在没有作任何陈述。它不描述什么东西。它们并不要求给出一幅今天的或别的某个时代的具体的德国经济的或者一个别的国家的图像。如果完全竞争占统治地位，那么……，如果一国出现歉收，那么国际收支发生变化，而那样就会……。国民经济学理论的各个陈述就是这个样子的。这一切是否出现、在什么时候出现以及在哪里出现，在理论中不能找到有关这些问题的任何东西。它全部都是由“关于在不同的、可能的条件状况的范围内的、必然的条件联系和假言判断”组成的。[54]

第二，应当强调说明一种区别，它通常没有被认清，对整个国民经济学的工作来说都是根本的区别：“真理”和“现实意义”之间的区别。每个正确地获得的理论原理总是“真的”；但是，只有当在一定的时间和一定的地点实现了它适用的那种条件状况时，它才会成为“有现实意义的”。我在别的地方这样写道：“理论原理的现实意义不断改变。如果不存在金本位制，那么金本位制国家之间的国际收支平衡的理论就正是没有现实意义的。但它仍然是真的，并且当金本位制在某地生效时，它就马上又变成有现实意义的了。相反地，如果在历史上出现了并且应当研究两方面的垄断或完全集中领导的经济这样一些具体情况时，那么有关它们的各个理论原理就只获得了现实意义，而没有获得真理的内涵。理论原理在其现实意义上由时代决定，在它们的真理内涵上则不由时代决定。”经济学理论在其总和上是一个装满思想上的工具的箱子。个别的具体情况以其特点决定，在处理个别的具体问题时，必须使用这些工具中的哪一些，哪些这时候则必须留在箱子里。而正是这些工具的运用总是并且到处使认识日常经济生活的各种联系成为可能。

如何做到这一点呢？——可以以一些例子来探讨。

我们刚才谈过 1940 年德国经济秩序的结构。现在应该研究日常的经济生活——它当时如何在具体的德国经济中运行。为在德国具体的经济秩序之中的这个经济过程想出一种特殊的理论是不可能的。因为1940年德国经济的秩序太复杂了;将会被迫作不能许可的简化,而最后将会得出与当时的德国经济不相称的结果。

我们为完成这个任务而带来了什么?一方面是当时经济的秩序结构的知识,而且是这种知识:它是由哪些理想类型的基本形式构成的以及它如何由它们构成。另一方面是有关在理想类型的经济体制、集中领导的经济形式、市场形式和货币体系之内的必然的条件联系的理论原理的广博装置。应该把二者集合在一起。那时就会看到,必须如何运用经济学的理论,以便认清这个经济过程的各种具体联系。恰恰是凭借各种纯粹的形式的装置的帮助来透视秩序结构,使得有可能运用在这些纯粹的形式的基础上创造的理论装置。

人们再三说,价格在1940年的德国经济中意味着与在1930年的德国经济中完全不同的东西。确实!为什么会这样?——现在变得容易看清了:因为在1940年的经济秩序中,集中领导的经济的各种要素比1930年牢固得多地处于中心地位,经济控制在很大程度上是由中央机构方面的评价来实行的,并且靠着分配外汇、原料、半成品以及制成品而发生作用。因此,1940年对德国经济过程的控制不同于1930年,不是那么厉害地通过价格机制,而是通过中央机构的评价。价值理论变得更有现实意义,价格理论则失去了现实意义。但是,没有什么比宣布价格理论为不真更不正确了;现代的相对主义就倾向于这样。再者,就是在1940年也没有把各种价格完全从经济控制中排除掉。

第二个例子:在说明19世纪末德国经济的日常生活时,我们正好是这样行事的,但是从细节上说使用的是别的理论原理。价格在1898年的德国起着与1928年或1940年不同的作用——恰恰是因为在另一个经济秩序中实现的是别的纯粹的经济形式。在世纪交替时实现的是完全竞争的各种市场形式和其他的处于许多形态之中的竞争的市场形式，而30年之后，在德国经济有力地全面垄断化的情况下，运用理论装置的另一部分在说明各个日常经济过程上占据了显著地位。为了研究40年以前实际工资的形成，我们必须由此出发：在各个劳动市场上，占统治地位的是需求的部分垄断、雇主联合会与工会的两方面的垄断、开放的完全竞争或别的开放的市场形式；而在各个商品市场上，在很大程度上缺少集中的领导的情况下，占统治地位的同样是占优势的开放的市场形式。在研究这个较老的时代时，今日有现实意义的有关国家规定价格、有关封闭的市场形式以及有关集中领导的经济的理论原理保持着无现实意义。

第三个例子："中世纪形成的价格是按照亚当·斯密或者我们今日的国民经济学家们的那些观点进行的吗？中世纪的价格形成是自由的，它是由供给和需求决定性地决定的市场产物吗？"（W.密切利希）这个问题是产生于那样一种态度，它流行于国民经济学家们的广大圈子中，不合乎历史的实际。就像不存在一种统一的中世纪的经济秩序一样，没有一种中世纪的价格形成。我们一定要进一步靠近历史，以便理解它。那时有这样一些城市，它们是君主制—城市领主制地统治的，而在那里，行会凭着支付捐税而获得了特权，这些特权保障了它们在本地市场上的垄断地位。在别的城市里，城市贵族—商人们是经济上和政治上的领导要素。那时，"手工业者"常常既不是雇工，也不是有价劳动者，而是家庭手工业者，他们从远地贸易商（他们是中间商）那里获得原料并且向他们销售。在此情况下，行会部分地被禁止或者难于形成，这主要是在家庭手工业者散住在农村时。但是，当手工业者的行会赢得了城市的统治时（也就是在民主地领导各个城市时），经济政策又不一样了，对行会更为友好，各种规定价格则不太严格。由此可见，存在过4种秩序，价格在其中是不一样地形成的——在竞争中、在垄断中、在规定价格的情况下等等。秩序的核心是城市领主、远地贸易商或者还有手工业者。就存在着同业公会这一点而言，它们意味着极为不同的东西：商人—中间商们的同业公会、手工业者们的行会、家庭手工业者们的行会或零售商们的同业公会。在认清了工商业经济的秩序结构的情况下，才能得知同业公会各自都意味着什么。而只有运用理论，才能认清整个秩序的、从而中世纪实际经济的意义联系。

我们选出13世纪晚期并且选出那时佛兰德的各个城市（它们在皮雷纳那里找到了一个著名的描绘者）：布鲁日（它当时正处于它的伟大时代）、余培恩、根特以及别的城市。首先必须看清这些城市的经济秩序。它是足够特别的。直到将近1280年，料子中间商—城市贵族们还是单独实行统治的阶层。织工、制毡工、印染工、剪工和其他的“手工业者”以工资为中间商工作，常常住在属于中间商的房子里面，并且不准联合为行会。与此相反，中间商的“同业公会”却是封闭的。因此，完全明确地在劳动市场上实现了“封闭的需求垄断”，并且由此而存在着中间商们的一种经济上的权力地位，它通过富裕市民在政治上统治各个城市而得到保障和加强。中间商—城市贵族们的权力伸展得这样远，以至于他们设立了公共监督者的职务，这些公共监督者监视着手工业者们在他们房子里的劳动。购买者从整个西方拥向各个布商行会的厅堂，在那里出售各种料子——虽然不是那样剧烈地在一个城市的各个个别的中间商的竞争中，但却正是在不同城市的各个同业公会的竞争中，以至于至少部分地实现了供给的寡头垄断。对经济秩序就谈这么多。在这种秩序的范围内，劳动者们的收入如何形成以及如何产生了中间商们—城市贵族的那些巨大的收入，这应该通过运用需求垄断的理论来搞清楚。但是，为什么年复一年，一定的巨大数量的料子从佛兰德流出，而一定的巨大数量的羊毛、染料和食品从某些遥远的地区流向佛兰德，这个问题则要求运用国际贸易理论和货币理论的某些部分。

从1280年前后织工们的第一次大暴动起以及从科特赖克会战以来，佛兰德各城市的政治和经济秩序变了。手工业者们赢得了政治和经济上的影响，形成了行会；他们得以参加城市的政治领导，并且在根特甚至独自接管了政治上的领导。经济的秩序结构变了：中间商—城市贵族们在劳动市场上的封闭的需求垄断被清除了，代替它的是处于同业公会和行会的相互对立之中的封闭的两方面的垄断。为从其变化上说明生产过程以及工资和形成的利润，我们运用两方面垄断的理论。我们因而更换了理论工具。

应当向历史学派的国民经济学家们提出那个反问：**为什么**国民经济学理论的这种应用不应当实行于13世纪佛兰德的经济过程？没有适合于此的理由。同样没有理由不把形态学的和理论的适合当时的以及当时有现实意义的那些部分运用去说明

15世纪纽伦堡的、吕贝克的或巴黎的经济：那里有开放的和封闭的市场，处于各种不同形式中的竞争和垄断。否则怎么能从它的联系上理解各个城市的日常经济生活？为什么不应当也运用它去说明在完全不同的历史环境中（如在哥伦布之前的美洲、在古埃及、在印度或在日本）的日常经济生活？为什么不应当通过运用理论装置来说明托勒密时代各个巨大的垄断集团的形式和作用？为什么奇怪地惧怕把一种理论上的思维装置运用去搞清一个还不知道这种理论装置的时代的历史问题？这种畏惧既没有根据又有害。历史主义偏见的基础不仅是低估思维的力量，而且还有一种来自于过头的发展观念的对历史的错误想法。也许，没有比通过更详细地认识各种历史上的事实情况能更有把握地克服它了。[55]

3.但是，由此也就同时确定了使用的限度并且从而**认识经济实际的限度**。

运用理论并且从而揭示经济的各种具体联系，其先决条件总是事先已经从其内部结构上以及尤其是从其**占统治地位**的形式要素上知道了当时的历史上的经济秩序。**只有当人们知道，过去和现在在一个经济秩序中实现的主要是哪些纯粹的基本形式，人们才能够决定必须把理论装置的哪些部分投入使用**。如果我们不知道，是否以及如何在某处实现过完全集中领导的经济，或有着自由的消费选择的集中领导的经济、需求垄断、供给的寡头垄断或交换经济的其他市场形式，我们也就不能使用各种相应的理论原理。

但是，我们已经说过，各种报道的缺乏使得不可能就世界历史的长距离来认识经济秩序的内部结构。在古代我们只能从其结构和从其形式要素上认清个别经济秩序：例如在埃及就是如此，埃及的纸莎草纸可以让人有深切的了解；或者是对古代晚期的不同国家，对它们来说至少良好地论证了的假说是可能的。但是正像对于中世纪早期的长时期来说以及对于别的文化圈那样，对于古代来说各种原始资料通常是不够用的。在这方面重要的是，有关法律制度的史料还不允许作出有关经济秩序的实际结构的可靠结论。对此我们也已经谈过。我们具有的有关汉穆拉比时代巴比伦的法律的各种报道，还没有给出一幅公元前第三个1000年末的巴比伦经济秩序的实际结构的图像。在那里，集中管理的经济的地带在农村中以及在城市中事实上伸展到多远，它以哪些形式实现，交换经济的要素在哪里起作用，交换经济关系的主要承担者是谁，哪些市场形式和货币体系占统治地位，我们必须知道这一切，以便看清巴比伦的经济秩序，并且由此而靠着理论的运用也看清经济过程的联系，理论的这种运用这时有了可能。只要各种报道不容许认清经济的事实上的秩序结构，对一个时代和一个民族的实际经济的科学的全部认识就仍然是不完整的。[56]

4. 这一切的结果是：得以成功地克服那巨大的二律背反，这种二律背反阻碍了科学地认识日常的经济生活。我们这样指出过：产生这种巨大的二律背反，是由于在经济的世界中起初不可能看到一种“不变的总风格”：在不同的时代和不同的地方以极为不同的方式从事着经济活动，但是只有用理论的分析才能够揭示经济的各种联系。二者似乎是不能一致的。缺少那种形式相同性，它在自然界中占统治地位并且允许例如物理学提出一般的一理论的问题。二律背反的解决之所以成功，是因为对具体的个别经济的精确研究表明：处于其变更之中的以及处于其不可通观的多种多样性之中的各个经济秩序是由数目一目了然的纯粹的形式构成的，从而可以把各个经济秩序的这种多样性归结为统一的形式。在这个意义上，分析确实得出了经济的一种一定的、特殊样式的“总风格的不变性”，这也就是各种基本的秩序形式的形式相同性，它使理论的探讨并且从而（在理论原理的运用中）解决经济过程的各个具体问题成为可能。[57]

此外得出的是：从它们的全部形态上对各种纯粹的形式的认识在认识过程中具有两个功能：首先，它在运用中用作认识历史上那些多种多样的经济秩序的结构的手段。其次，这些纯粹的形式提供了获得理论原理的基础。

但是，经济学的理论具有这样一个功能：凭借着运用它使得从其全部联系以及从其推移上说明经济过程成为可能。

在随后的三节中，还要用一些例子来更为详细地指明，怎样能够通过一起运用形态学和各种理论原理认清具体的经济。

Ⅲ. 一个简单的案例

为强调一些根本之点起见，应该首先简略地并且以一个简单的例子说明，怎样能够科学地认识经济实际。应该提出这一任务：研究19世纪中期前后西里西亚的经济而且首先是手工织布工人们的状况。

最初发现的是大量杂乱的经济的、社会的和政治的事实以及参与的织布工人、中间商们和其他当事人们的充满矛盾的看法。在这种混乱中，如何能够找到各种真实的联系和真实的事实情况？显然，像“资本主义”、“地区经济”或其他的“阶段”和“风格”那样的概念构成物是毫无用处的。

让我们假定，我们还不具有经济体制和理论的装置。那时我们必须做什么？我们必须首先通过研究个别的厂家和家计而获得处于其多种多样的形式之中的各种经济体制，并且由此而认清构成一切具体的经济秩序的各种秩序形式。然后，我们必须在这些纯粹的形式的范围内研究经济的全部联系，也就是得出理论；这样做之所以可能，是因为已经有了简单的并且一目了然的条件状况。

而现在，装备着形态学和各个理论陈述的双重的思想工具储备，我们回到各种具体的历史的事实状况上去：到19世纪中期前后的普鲁士国家中去，到当时在西里西亚占统治地位的各种宗教和社会的想法上去，到存在于那里的个人和集团的各个政治的和经济的权力地位上去。而现在我们就能够科学地认清各种事实。首先，精确地描述当时西里西亚的经济秩序现在就获得了成功。在那里，在农业中实现了集中领导的经济的各种不同的要素，家庭手工劳动则与农业最紧密地相结合。此外实现的是许多交换经济的形式——市场形式和货币体系，就像例如劳动市场上经常有需求垄断。因此，某些理想类型的形式在当时的西里西亚是“有现实意义的”。西里西亚经济秩序的描述把这些形式联接成一个整体，并且把它们装进该国的全部历史形势中去。第二，研究了日常的经济过程并且首先说明了织工的状况。在这个地方运用的是各个理论原理，而且是那些“有现实意义的”理论原理：例如集中领导的经济的和需求垄断的以及国际贸易的那样一些理论原理。在这种情况下就得知，织工们的日常经济生活取决于并且如何取决于政治的、国家传统的社会结构的、它的自然的非经济的事实，取决于织工们掌握的技术知识——总之，取决于各种资料。而另一方面又得知，这种日常的经济生活、织工们的各种工资及其生活水平如何取决于巨大的经济上的全部联系（西里西亚的各个织布厂家和织工们的各个家计只是这个联系的一小部分），取决于西里西亚的和普鲁士的经济的其他各部分中的、英国的和其他的织机织物的竞争中的各个过程，取决于西里西亚的织工们所依赖的那些供应者们和顾客们。这样就以非经济的和它的经济的方面在其双重联系上说明了日常的经济生活。

随着这样认清了西里西亚的经济秩序和经济过程，就完成了任务，在个别事实的表面上的混乱中找出了统一和联系。

Ⅳ. 经济发展

1. 所有具体的经济都是动态的。总是并且到处都是。虽然在过去的时代中，有过上千年的文化稳定，而且某些历史学家有理由警告，提防把今天的人们的总是主动地改变的欲望赋予别的时代。在许多文化圈以及在石器时代的上万年间（人类历史的远为最长的部分）经济也是罕见地显示出迅速的变化，它通常只显示出很慢的变化。各种经济制度那时可能上百年或者上千年之久的保持不变。但是，就是那时战争、气候的波动和瘟疫也不断地迫使经济过程发生某些推移。

一切经济上的变易都可以从两种形式上得到表达：从改变具体的经济秩序上和从改变在这个秩序内部运行的经济过程上。这就是说：经济秩序的内部结构经历着改造。这是一个。而日常的经济生活不是以完全同样的方式重复的，而是物品供应的种类和大小、各种生产力的投入、生产资料装置的规模、使用的技术和位置都在发生变化。这是另一个。经济秩序的每一次改造都引起经济过程的转向。但是并不是相反地：并不是经济过程的每一个推移都需要改变经济秩序的形式。

经济秩序的发展、日常经济上发生的事情的扩展和经济秩序的退化以及经济过程的收缩在历史上交替着。例如经济上的衰落出现于晚期罗马帝国或者16世纪末和17世纪初的旧德意志帝国。而经济上的发展则出现于公元前3世纪期间地中海世界的东部或13世纪期间的德国——与政治上和经济上向东方的巨大扩展相结合。最后，从18世纪到19世纪之交开始于英国并且从那以来震撼着世界的工业化，表现着各种形式和经济过程的一个巨大的发展过程。对此在这本书的其他部分中已经足够地说过。必须的只是一个补充，它涉及经济形势问题，从而涉及各个具体的经济过程的各个当时的推移。

对此我们只要想一下在现代工业化过程的行列中出现过的各个经济形势现象。过去似乎找不到经济形势波动——不是这样。相反地，在古代、中世纪以及在近代之初，无论如何有过这样的东西。但是，如果我们集中注意19世纪和20世纪初的各次经济形势运动，那么就会证明：工业化也就是资本投资，工厂、铁路、机器、高炉、街道、房屋的建设。（在第212页及其下页简略地探讨过什么是投资：部分地凭借生产资料的“返回”，部分地凭借“延长生产道路”而延长“成熟的时间”。）自从工业化开始以来，至今工业化并且从而投资都正是断断续续地进行的。各种投资的增长以变动的速度进行。当一个时期中各种投资频繁发生时，我们谈到“高涨”，在各种投资减少时我们谈到“萧条”。并不是像看起来那样，似乎最近一个半世纪经济形势的各次运动到处仅仅存在于投资速度的波动中。情况不是这样。例如，由于歉收、需要的推移或发明，国家的整个部分和整个的国家落入了经济上的萧条之中。但是尽管如此，主要的事情——投资速度上的波动——保持不变，它赋予大多数现代的经济形势运动以它们的性质。就这方面来说，大多数都具有一种类似的性质。

但是，这些投资波动每一次**为什么**并且怎样发生，完全取决于一个国家和一个时代的全部历史状况。**过去和现在都没有各个经济形势的有自身规律的必然的进程**。各个投资的方向和种类首先取决于经济秩序。它们在我们的世纪的第四个10年的俄国发生得完全不同于同时的英国，并且在1927年的德国完全不同于1935年的德国。在一个经济秩序中，集中领导的经济的或者交换经济的要素是否以及如何占统治地位，或者在一个主要地是交换经济的经济秩序中，是垄断的形态还是竞争占优势，这对于各个个别国家中的各个投资过程的并且从而经济形势形态的控制、持续期限和范围来说，都有着完全决定性的重要性。不过，全部历史的变易也持续地改造着经济过程的其他各种资料。例如，1914—

1918 年的战争不仅通过改变各个经济秩序，而且还通过各种需要的推移和把成百万的劳动者从他们至今为止的工作中抽出来而深刻地影响了许多国家的各个经济过程。紧接着的所有重大的外交和国内政治事件都对各个个别国家的经济形势运动发生了作用。在德国，凡尔赛条约、道维斯协议、1923 年以来取决于国内政治的工资政策、卡特尔政策、对各笔外国贷款的政策和从 1933 年以来为刺激和加速各种投资起见的国家负债，以及一种固定汇率的特殊政策都是如此。英国以它另一样的经济政策而不同：以 1931 年的贬值和资本市场流动化的政策。1931 年以来德国的和英国的经济发展的全部差别，只有作为各种不同的全部历史发展的部分并且在与两个国家的不同结构的联系中才能得到理解。

鉴于各个国家今日的结构，每次经济危机都威胁着要变成一场国家的危机，这肯定是确实的。但是相反地，政策也决定性地一起决定着各次的经济形势运动的各种具体资料。不应当提出异议说，这仅仅对 1914—1918 年战争以后的时期才是适用的。绝不是。当德意志帝国在 1914—1918 年战争之前的最后 40 年中具有一种财产法、债务法、工商业管理和公司法时，当它坚定地遵循金本位制并且从属于一个一定的贸易条约体系时，国家就以此而创立了一定的比赛规则，它们的形态同样决定性地共同决定着投资过程。这一直适用到许多细节上。例如，有限责任公司的公司形式使不公布结算报表而限制责任成为可能；如果 1892 年德国没有引入这种公司形式，那么，无疑各个投资的数目就不会像实际上的那样大，并且从而德国的各次高涨运动的速度也不会像实际上的那样有力。就是在当时，当国家并不直接干预经济形势过程时，它也以很强的程度影响这个过程——恰恰是通过它的这种经济政策。

如果同时考虑到，除了政策上外，其他的历史事实（就像例如人口的运动）也决定各个具体的经济资料（只要回想起最近半个世纪期间德国和法国的人口运动的不同），那么这一观察就得到了解释：每个经济形势运动，从而日常经济生活的每一个变化，都是个别的；它是一个"唯一的、历史的插曲，它在重要的特征上不同于所有其他的，并且从不再现"（W. C. 米切尔）。必须从它们的特殊的时代并且从它们特殊的国家上来观察每一个经济形势状况（无论它正是1926年与1933年之间或者是1903年与1907年之间德国的或者是别的什么地方以及别的什么时候的）、每一个高涨和每一个萧条。各个经济形势运动不是同样形式的。

没有经济形势的正常的周期。

2. 由此得出的是，那些试图对具体的日常经济生活的所谓有规律地重复的推移作出普遍适用的陈述的"动态理论"或"经济形势理论"必定会失败。

如果工业化是一个单独的过程，它一旦开始，就必定在过去和现在都具有一种一定的进程，就像在混合了一定的化学物质之后的一种化学过程以自然的必然性而进行，那么早就能够想到"动态理论"成功的可能性了。浮现在动态理论的许多较新的创立者之前的无疑是这种想法。人们察看经济生活领域，在最近的一个半世纪里出现了一个巨大的发展过程；并且人们现在想为这个时期以及为所谓的"资本主义"找出发展的规律，就像化学家确实发现了化学反应的规律，或者生物学家确实发现了植物的发展规律那样。人们是如此之甚地与这种基本想法密切相连，以至于许多人根本就把它看作是不言而喻的。人们从思想上把经济与别的各个生活领域分隔开来。

或者，动态理论就像在马克思和在他的学生们那里那样，以所谓的唯物主义的历史观为依据，也就是以这种观点为依据：一切宗教的、政治的和其他的历史存在都取决于技术的和经济的基础。按照这种观点，例如在工具和手工业的基础上耸立的就是一种与在机器和工厂的基础上不同的宗教的—文化的—国家的上层建筑。因此，一切历史都被归因于一定的技术的—经济的基本事实。如果这种历史观是正确的，那么动态的理论就不仅有了一个基础，而且它尤其会成为对历史的一切理解的基础。它将成为历史的基础科学。因为从经济发展的进程中可以看清宗教、国家、文化和其他一切的发展。

无论是在思想上把经济挑出来，还是按照马克思的方式把它看作历史变易的唯一基础，还是试图把二者结合起来——在所有的情况下那种见解都是站不住脚的。而且并不是主观的判断导致了这种拒绝。历史的经验本身迫使这样。一切经济发展只有作为具体的、全部历史的存在的环节才能够得到理解。但是，一切动态的理论或经济形势理论都不能够考虑到经济的变易不断地从经济之外的事实中所得到的那些决定性的影响。

正是从 1914—1918 年的战争爆发以来，各种动态的理论和经济形势理论的失灵成为显而易见的了。我们年复一年地见到，经济上发生的事情多么有力地由外交和国内政治上的事件以及由战争来决定。我们看到，不仅这个时期的那许多的政治事件本身，而且光是外交或国内政治的不确定性这个因素，就足以影响企业家们的各个经济计划、他们的预期、他们的行动、投资速度和其他一切经济上发生的事情。悉心把动态理论或者经济形势理论精致化也无补于事。由此并不能消除那个基本错误，所有这些尝试都以这种基本错误为基础。事实的语言是令人信服的。还有一个例子，而且是一个有世界历史意义的例子：1914 年以前世界贸易在外交政策的、贸易政策的和币制政策的一个秩序范围内进行；而在那场战争以后，这个秩序的重建没有成功。这个秩序的破坏是各种国际经济关系衰败的一个根本原因，而这种衰败又是 1929 年开始的那些严重的萧条的一个根本原因。国际政治秩序的崩溃决定性地决定了这些个十年期间世界的整个经济发展。但是，经济形势理论想对这些形势的进程提供普遍适用的解释，应当如何在这种理论中考虑到这样一个重大的、一次性的政治事实？

人们自问道：怎么可能产生这样的尝试——提供一种对于所谓必然的、具体的经济发展的普遍适用的陈述？为此提供基础的是这一事实：今日的人在几十年中习惯了分裂地观察历史。历史科学分裂为政治史、经济史、精神史、法律史、宗教史、艺术史，这起了灾难性的作用。这样我们就不再会从它们的全部历史的联系上去察看历史事件。此外，还有两个别的、特殊的错误也在研究日常经济生活的各种变化中起作用。

首先是对国民经济学理论的逻辑性质的错误认识。如果人们认为，理论描述具体的过程，那么动态的理论和经济形势理论的思想就可想而知。在叙述一种静止状态时所给出的那种描述看来并不合乎实际。因为在实际中，经济过程恰恰不是年复一年地以同样的方式重复着。静态的理论似乎是不够用的，而经验则似乎要求人们去找到“动态理论”，它们描述具体的经济变易。因此，动态理论的构思者们相信靠近了实际，这是可以理解的——虽然他们实际上远离了实际。一旦人们认识到，理论原理对于事实的存在没作任何陈述，而是它们具有假设的性质，它们是认识具体的经济的思想上的工具，而且因此正如我们指出过的，就是静止状态也是一种想法，它虽然服务于认识实际，但是却没有描述它——情况就弄清楚了。

此外，动态理论的创立者们相信看到了，经济生活常常改变它的资料本身。这样他们就得出了结论：就这点而言，所谓的“静态理论”也是不够的。因此“动态的理论”应该以经济过程对各种至今为止的资料的破坏和以经济的发展（就它取决于此而言）作对象。许多经济上的现象（尽管它们是由各种资料决定的）以后不是从它们那方面反作用于各种资料的形态吗？我认为，从马克思以来力图创立动态的理论的大多数理论家想到的都是这种事实状况。——事实上经常有这样一种联系。各个厂家的扩大能够导致形成卡特尔，从而导致实现另一种市场形式。猛烈的黄金流失可能对中止金本位制给予推动。我们在接近上一章末尾的地方（第241—242页）谈到过两种别的情况：低工资给了国家的干预和改变各个劳动市场的秩序以诱因，而煤炭市场上降低的价格则给了技术发明以推动。但是在那里也表明，在这样一些经济上的事实（低工资或下降的价格）与资料的变化（别的劳动市场秩序和新的技术知识）之间不存在必然的条件联系。必须同样满足许多各种各样的、非经济的先决条件，以便反作用每一次得以实现。在那里

以两个例子说明过的东西是普遍适用的：全部经济的资料在它们那方面总是同时由许多别的非经济性质的事实造就的。因此，绝不应当主张经济上发生的事情与资料的改变之间的一种必然的联系：煤炭价格的下降在一个国家中给了煤炭开采领域中的技术发明以诱因，而在科学—技术的积极性比较小的另一个国家中却没有产生这种作用。各个厂家的扩大事实上是否导致形成卡特尔，取决于企业家们的精神气质、司法和立法以及别的事情。有关经济过程对各种资料的影响的普遍适用的、动态的—理论的陈述是不可能的。

然而，对这个结论还应该补充一个论断。有“不稳定的秩序”，它们具有转变的倾向。例如，在一个市场上存在着两方面垄断、两方面的部分垄断或供给的寡头垄断，这种市场并不罕见地改变它的市场形式。经济过程在这些市场形式中的无均衡性产生了向一种比较稳定的市场形式过渡的追求。例如，供给的寡头垄断并不罕见地变为集体垄断；从少数商号的寡头垄断式的权力斗争中发展出了卡特尔。或者想一想 20 世纪许多国家中的各个劳动市场的发展。哪里形成了雇主们和雇员们的两方面的部分垄断，哪里因此而使用封锁（也就是说开除和罢工——无均衡性的这些有力的表现）来进行斗争，国家就会一再觉得受到了推动去居间调停，或规定工资，或者甚至以集中管理的经济形式控制各个劳动力的使用。那时两方面的垄断就给集中管理的经济形式让了路——而因为这样一些不稳定的市场形式经常实现于工业化了的世界中，就由此而给予了一种推动去迅速地改变各个经济秩序。这就是说，经济过程在这里通过它的无均衡性而作用于经济秩序的塑造。

但是，就是在这里也不存在发展的必然性。从供给的寡头垄断中不是必定产生卡特尔，而且有这样一些国家，它们没有被罢工和开除推动去改变各个劳动市场的各种形式。而且就是这种事实状况——也就是不稳定的市场和经济秩序的存在——也没有这样给一种动态的理论提供场地。

3. 批评就是这么多。但是，哪个是正面的回答？怎样能够成功地研究具体的经济变易以及怎样能够首先是成功地研究具体的经济形势波动？适用的又是在其他情况下也适用的东西：钻研各个个别现象的各个特点(3)为历史的和理论的探讨创造了前提条件(4)并且导致了揭示所探寻的各种联系。经济形势的研究不能使各个个别的经济形势运动的特点后退，这发生于那些构思"正常的周期"的尝试中。相反地，它必须明确地强调这种特点。

作为例子，我们把1903—1907年德国的经济高涨与1933年直到战争爆发的那个高涨相对照。从1933年起，德国的经济秩序越来越多地具有了集中管理的经济的特征。这个事实赋予了经济形势过程以一种直到个别之处都不同于1903—1907年的历程。虽然在两个高涨中，投资速度都比过去加快了，这对它们是共同的；但是，它怎样增加，包括收入的形成在内的整个经济过程如何变化，在有些地方却是完全不同的。在1933年以后的那些年中，各种价格和工资都是由国家掌握的，而在1903—1907年的高涨中就不是这样。还不止于此：这时价格的形成所具有的意义与那时有些不同，要小得多。因为那时，在一种交换经济的要素占统治地位的经济秩序中，价格的形成是经济过程的调节器；而这时却不是。集中领导的经济的各种要素越是占优势，价格就越是变成了一种单纯的计算数值；而集中管理体则以它的经济计划、评价、命令和指派来实施经济过程的控制。这适用于所有的价格，也适用于利息。在1903—1907年的高涨中，利息的运动就像它在各个不同的资本和货币市场上发生的那样，对于投资过程的规模和进程同样是决定性的；但是，在1933年之后，利息所具有的意义就很小；而各种投资越是变得取决于集中管理体的刺激或批准，以及利息越少地依据实际的资本稀缺性来形成，它的作用就越来越变为次要的。就是各银行和银行政策在两种情况下也意味着完全不同的东西。那时，各银行一起连同它们的私人贷款接受者是各个投资的控制者；1933年之后，它们在另一种经济秩序的范围内越来越甚地交出了它们的职能。

在各种经济关系的国际秩序上的差别同样影响了这两个经济形势过程。金本位制和长期的贸易协定连同微小的贸易障碍在本世纪之初还创立了一种国际性的经济形势共同体，它从根本上对德国的高涨及其结束发生了作用。在第二个时期中就完全不同；在这个时期中缺少这种国际性的经济形势共同体，而且在这个时期中，各个个别的政府的自立的经济形势政策从根本上影响了各个个别的国家中的经济过程。

可是，那两个高涨的不同过程的根源不仅仅是第一个10年和第四个10年的经济秩序的差别。别的特别的事件也同样造成了各种资料，并且对于德国的那两个经济形势过程来说成了根本的。例如在1903年和1907年之间的时期中：许多好收成、人口的猛烈增加、日俄战争。在第四个10年中这样的是别的、众所周知的事件——首先是扩充军备。因此，比较过的那两个高涨不是表面不同的同样的现象，而是1903—1907年的“高涨”根本不同于30年以后的“高涨”。不允许以词句的相同来欺骗人。

4.突出每个具体的经济形势运动的各种特别的特征，需要使用形态学的装置。以这种突出达到了什么？——决定性的东西。而且是向着两个方向。在一个方面它导致没有困难地认识了经济的和全部历史的变易之间的联系。例如，本世纪10年代和40年代中德国经济秩序的差别是与国家的不同结构最紧密地联系着的。一旦认清了当时经济的秩序结构，就能看到这种联系。旧的外交政策秩序与它在经济上的作用之间或40年代中的外交政策的形势与它同各个经济过程的关联之间的联系也是如此。

第二，这样突出特殊的东西向着一个完全不同的方面发生作用——而我们由此又接近了那个主要之点：正是因为这样充分突出了每个经济形势波动和它发生于其中的经济的秩序结构的个别性，人们就把它引向了理论的探讨，这种探讨使得有可能认清各种经济上的变化的联系。因为由此而且仅仅由此才为富有成效地运用国民经济学的理论装置创造了前提条件。如果我们研究1903—1907年的高涨，那么我们就采用交换经济的理论。价格理论是有现实意义的，交换经济中生产的时间结构的理论分析和交换经济的利息理论同样是如此。在国际贸易理论中以及在货币理论中，那些把金本位制作为基础的理论原理是有现实意义的，并且必须得到运用。但是，在研究1933年到1939年的高涨时，我们就更换各个理论工具。从这时起，各个中央机构的各种评价就对经济过程是决定性的，因而价格理论丧失了现实意义，而由一种集中领导的经济所获得的价值理论各原理则取代了它的地位。研究集中领导的经济的时间结构理论成了有现实意义的。而在国际贸易理论中以及在货币理论中，那些有现实意义的部分也同样变换了。以这种方式就成功地从它们的相互制约性上和从它们对各种资料的依赖上看清了各个个别的经济形势现象，从而看清了具体的日常经济生活的各个个别的变化，并且这样就不是从一种单纯的并列上，而是从它们的联系上去察看各个事实。由此而打开了一个特别生死攸关的问题领域，它需要运用各种理论原理：它正是具体的经济形势问题的总和。只有在运用理论原理中才看清了经济实际的这个方面，看清了具体的经济过程的每一次的推移。

但是，只有在满足了一个重要的先决条件时，这样运用理论才会成功。因为，要使理论装置适宜于一般来说这样运用到各个具体的经济形势现象和经济变易的各个问题上去，必须以特殊的方式安排它。理论仅仅试图表现一种现存的静止状态，这是不够的。相反地，如果要它在它的运用中说明具体的变化，它就必须也在足够的范围内包括关于资料变化的各种作用的假言判断。这也就是说，有必要运用“变动法”。

变动法这样起作用：通过变动一个全部经济的资料而从思想上破坏一个假定的静止状态，并且这样研究，在经济的全部联系中出现了哪些推移，它们以哪一种次序而发生以及哪些摩擦变成了起作用的——直到出现一种新的静止状态。最后，把结束的状态与人们由此出发的那个静止状态相比较，就可以用这种方式查明资料变动的各种全部经济的效应。这就是说，例如我们从交换经济的这样一种静止状态出发，它有着垄断的和竞争的市场的一种一定的混合并且有着一个一定的货币体系，假定其他情况不变而作出了一项技术发明，我们研究出现了哪些变化，然后把新的静止状态与旧的相比较，并且这样去看清，通过发明及其应用如何改变了生产的数量、生产方向、收入、生产的时间结构、生产的各个区位等等。在开始和结尾可能已经存在着完全一般均衡的静止状态，或者也可能存在那样一些状态：在其中部分的各种生产设备、各个劳动力和存货没有得到充分利用，因而在其中缺少一般的完全均衡。也可能是资料的变动把一种缺乏均衡的静止状态转送到了这样一种完全均衡的静止状态以及相反。二者都必须由变动过程的理论分析来证明。但是，在变动的开始和结尾，总是有一种静止状态。凯恩斯、庇古以及其他人代表了一种看法：在一次扰乱之后不可能再达到一种新的静止状态；这种看法缺乏靠得住的经济学上的根据。但是，抛弃“静止状态”的观念意味着放弃对经济发展的认识。

在经济实际中，向着一个新的静止状态的运动通常被新的资料变化所打断，这是确实的。但是，不能由此推导出反对这种方法的异议，因为只有靠着它的帮助才成功地认识到，一种资料的变动从一开始起就将在哪个方向上起作用。我们假设这种情况：在一个国家中，由于不利的天气情况而发生了一次歉收，而且它改变了国际贸易以及国际收支的平衡；在这个国家中，走向一个新的静止状态的趋势被关税的提高所打断，而关税提高的作用又被同一个国家中信贷政策的变化所破坏，等等。尽管如此，在一场歉收之后，在较长期持续地没有别的干扰的情况下，将会出现一个新的静止状态；虽然它由于别的具体的资料变动而事实上没有出现，它还是最令人感兴趣的。因为人们由它而获悉，从资料变化的第一个瞬间起（也就是歉收），运动就向哪个方向进行。长此下去一个一定的新的静止状态就会习以为常——不能容许误解这种论断，就像它事实上被误解了那样：这一论断并不意味着，如果没有达到新的静止状态，它就没有意思。相反地，重要的是在资料变动之后所立即发生的向着它的运动。如果我靠着变动法的帮助而从理论上认识到，支付一场战争的赔款必定会怎样作用于一个交换经济的日常经济生活，那么，把这个成果运用到 1929 年以后的德国的情况上去，就会使我有能力去理解各个不同的现象（例如像外汇兑换率的恶化、失业的增加、商品价格的降低、贸易差额的突变）之间的各种联系；就是在为数众多的具体的资料变化阻碍了达到一种新的静止状态时，也是如此。

然而，如果不以正确的形式实施变动法，它就会失灵。例如如果它只是从一种完全的一般均衡状态出发（在经济实际中，哪怕只是接近实现这种状态也确实是极为罕见的）以及如果它根本不理会缺乏一般均衡的静止状态的话，它就会失灵。此外，如果不是详细地研究直到新的静止状态的各个个别过程的序列，而是简单地在旧有的静止状态之外提出新的，它也会失灵。这是一种错误，李嘉图已经犯过这种错误（顺便提一下，他自己在一封致特罗尔的信中对此表示过态度），而现代理论研究的洛桑变种则极为经常地犯这种错误。因为日常经济生活的每个推移都是过渡，并列的静止状态的图像就不可能足够地说明它。例如，在从理论上分析 A 国付给 B 国的一笔一次性的大宗战争赔款所造成的各种经济的后果时，如果简单地把静止的结束状态与静止的起点状态相对照，那么就会因此而忽略了极为重要的东西：因为没有从它们的联系上以及从它们的持续时间上来研究各个外汇市场、资本市场、劳动市场上的和各个物品流中的各种变动。这样在具体的情况上运用理论的一静态的模式怎么能作出成绩？因为重要的恰恰是在它们的方向和它们持续的时间上的各种变动，以及在这时出现的各种摩擦。但是，这里失灵的根本不是变动法，而是不完整地运用的变动法取消了正确地和完整地实施的变动法。

第三，如果理论体系不完全，变动法就会失灵。例如：如果经济学理论不从各种经济计划出发，并且没有看到计划资料与实际的资料的差距，以及也没有看到（在交换经济中）个别经济的和全部经济的资料的区别的话。那时在理论中就没有注意到错误、不确定性和风险这个基本的因素，或者没有把应该给予它的那个中心位置指派给它。或者是理论体系不够用，因为它没有提出某些问题。那些缺乏时间维的理论体系特别地不适宜于说明现代具体的发展和经济形势现象。它们缺少投资过程的理论分析。在一个经济上以巨大的投资为标志的时代中，这样造成的“非时间的”理论得到了广泛的传播，这使理论研究与经济实际相疏远。

5. 得出的是：让我们不再徒劳地去努力构思高涨、危机和萧条的一种正常的周期——以那样一种希望：这样就会得到一种经济形势理论，并且由此得到一种对经济形势的说明。实际的经济以这个方式消失于一种模式的后面。就是面对着经济形势的运动，必需的也不是这样疏远各个事实，而是钻研各个事实。比较不同的经济形势波动是很有用的，但这不是为构思一种正常的周期，而是为了使每一个波动的特点都清晰地显露出来。突出每个经济形势波动的这种个别性是第一步。正如我们的例子所表明了的，它特别是在运用形态学体系上得到了成功。由此就不仅在历史方面、而且在理论方面为进一步的研究奠定了基础。当时给定的无所不包的历史联系变得可以看清了，而运用当时有现实意义的各个理论部分导致了揭示各种具体的经济联系。

在这个地方也许会提出下述异议：虽然不能否认，1933—1939年德国的高涨与1903—1907年的高涨具有完全不同的外貌，但是同样的东西并不适用于别的高涨。据说好些高涨的确还是彼此极为相似，好些萧条和总的来说经济形势周期也同样如此。据说只是还必须概括属于同一整体的各个周期，并且这样就确实可以各为一个时代确定一种正常的周期，并且形成一种解释这种正常的周期的受时代约束的经济形势理论。例如，据说在1914年以前的那个世纪中，各个经济形势波动彼此是相似的。而且不是偶然的相似，而是由于近于恒定的经济秩序。因此，为这个时期构思一种正常的周期和一种受时代约束的经济形势理论据说是可能的和适当的。

面对这样一些以及类似的思路，两个确认是必要的：首先，在好些别的时期中，特别是在我们今天生活的这个时期中，完全缺少对1914年以前那个世纪所声称的那种接近恒定的经济秩序。因此，今天在每个国家中，每个个别的经济形势波动的特点是如此清晰，以至于从一开始就不可能对所有的都同等对待。因此，较老的做法正是在今天必定导致失败，而这种失败唤起了不愉快的印象，似乎经济科学根本就不可能解决各种经济形势问题。

第二，就是在1914年以前的那100年中，各个经济形势变化也不像通常认为的那样彼此相似。比如说，如果把1903—1907年的高涨与1869—1873年的高涨相比较，那就会显示出不容忽视的事实区别。光是经济秩序在某些地方就不一样。虽然在两种情况下都是交换经济秩序形式占统治地位，但是1870年前后主要是在农村还比20世纪初有力得多地实现了集中领导的经济的各种形式。更重要的是，这个期间在交换经济的各种形式内部发生了的改造。20世纪初，在煤炭和钢铁工业中以及在其他的重要工业中，卡特尔的形成获得了成功，而在1870年前后则几乎完全没有形成卡特尔。因此，在大的市场上实行的是不同种的市场形式。有争论的是，这个区别如何作用于经济形势过程：过去和现在都确定无疑的是，它发生过作用。此外再算上1870—1871年的战争和法国的战争赔款给当时德国的高涨和它的终止打上了它们的印记（从而是这样一些事件，1903—1907年没有与它们一样的东西），那么两个高涨就极为清晰地相互形成反差。因此，被运用来说明1869—1873年的高涨的那些理论工具，不完全相同于对于1903—1907年有现实意义的那些理论原理：例如，垄断的特别是集体垄断的理论有一次是没有现实意义的，但是在第二种情况下就很有现实意义。国对国的各种单方面授予的理论一次是有现实意义的，另一次则没有。每个个别的经济形势运动的唯一性产生于两个原因：产生于每个个别的经济秩序的唯一性以及产生于改变了各种资料的那些非经济的事件的特点。

请读者作出检验：请他研究他在阅读的这个时刻所处于其中的那个现在的经济形势状况。他仿佛把它置于显微镜下——而这个显微镜就是形态学的装置，因而是集中领导的经济的各种形式的、各种市场形式的和货币体系的体系。

6.这种必要的转变使各种经济形势理论或各种动态的理论失去价值了吗？没有。但是必须改变它们的含义。不能像它们的创立者们自己通常解释的那样来解释它们：似乎它们说明了一种正常的周期。相反地，应该把它们全部看成假设了不同的条件状况时的假定的变动。这样解释和改变了含义之后，它们就是运用变动法的理论研究并且作为这样的东西而很有价值。

例如，完全免除了货币的经济形势理论的这一功能：从内在关联上去描述和说明上个世纪的各个实际的经济形势运动或所谓的经济形势的周期。如果把它解释为对一种资料（比方说货币数量）的假设的变动的研究，并且把它视为一种理论工具，它只是在实现了那些假定的条件时才能够使用，那么它就会做出良好的工作。可以用这种方式来说明一定的具体的经济形势运动的某些现象。可是，如果各个具体的经济形势波动是在这样一些经济秩序的范围内发生的，在那些经济秩序中集中领导的经济的秩序形式占统治地位、从而货币和货币利息在那些秩序中起着一种与在这种经济形势理论中不同的、远为小得多的作用；或者即使是发生在这样一些经济秩序中，它们虽然是交换经济的，但是在它们当中却存在着一种不同于货币的经济形势理论所假设的货币体系；那么货币的经济形势理论就在很大程度上失去了它的现实意义。应当以类似的形式改变各种收获理论或各种心理的理论的含义；应该把它们看做是对一种资料的可能的变动的以及它们的后果的研究，这样就通过运用于合适的地方（也就是说在接近或者完全实现了这样一种变动的情况下）而使它们有用。（如果出现了歉收，那么它们就在这个或那个经济体制中以这种或那种方式对经济过程发生

作用。如果企业家们判断未来的前景较好，并且他们因此而改变了他们的投资计划，那么，在交换经济中，在某些市场形式和货币体系占统治地位的情况下就会产生这样一些后果，在别的市场形式和货币体系下则会产生那样一些后果。应该这样理解这两种理论。）在持续一段时间之后，反应跟着资料的改变和价格的推移而来；有关这段持续时间的各种重要著作也同样是对模型的研究。它们需要运用，并且只是然后才表明，反应时间的长短每次都具有怎样的重要性。而在这种情况下得出的总是：资料的变化在不同的秩序形式的范围内也非常不同地发生作用。

7. 人们进行过这种观察：在最近几十年中，消费者们对经济过程的影响下降了。由此刻画了最新的经济发展的一个基本事实。从门格尔起，现代国民经济学的理论就指明了，有购买力的各个家计的各种需要、从而消费者们如何以他们的需求而统治着生产过程直到它最遥远的分支。这种理论现在过时了吗？还是它不正确？有必要想出一种新的理论吗？凯恩斯试图这样做，他想以他的学说以及其他东西说明，企业家、而不是消费者如何并且为什么形成了现代的经济过程的中心。或者应当尝试以一种特殊的动态理论来理解重点从消费者移开？

重点的转移如何发生？它发生于两个阶段中。在20世纪初，显著地赢得了权力的是企业家们。他们的地位过去依赖于市场和它的价格形式；随着竞争的被抑制，随着别的市场形式的扩展，随着集中过程的向前推进（它在康采恩、托拉斯、卡特尔以及其他的权力集团的形成中进行），他们的地位改变了。现在他们推行了市场战略并且在重要的市场上例如作为垄断者而统治了市场。货币业中的变动同样增强了企业家们的地位：现在货币（以钞票和转账货币的形式）以不断增大的程度通过各个银行向企业家们发放贷款而产生，因而第三种货币体系移到了中心地位。由此而显著地增大了各种投资规模和速度，而强制的储蓄则赢得了重要性。占据了垄断式的或者寡头垄断式的市场地位并且得到大笔银行贷款的工业企业家们成了经济过程的重要部分的指挥者，而不再是准确地遵循消费者们的各种指示的代理人。但是，在这种双重的变化没有或者没有这样剧烈地得以实现的那样一些经济领域中，例如像在农业中，各个供给的厂家们仍然在较高的程度上依赖市场以及消费者们。

但是，重点继续从消费者们移开，而且开始了发展的第二个阶段。集中管理的经济的秩序在好多国家中传播开来，而在那里，集中管理机构的各种领导移到了经济过程的中心。在 20 世纪的各个战争经济秩序中，或者在今日的俄国或在 1933 年以来的德国就是如此。在这种情况下，卡特尔和康采恩以及别的权力体还在继续传播；但是，正像指出过的那样（第 252—253 页），它们在另一种经济秩序的范围内改变了它们的性质并且成了集中管理的工具。集中管理的经济越是彻底，消费的人们的各个计划对于经济过程所具有的影响就越小。定量配给和配给体制使消费者们的各个计划失效。集中管理的经济推进到哪里，哪里的市场就消失或者完全退居次要地位。消费者担任着比前一个阶段还要小的角色；但是，在行政机关通过它们的没收、退还和生产指示等手段控制经济过程的范围内，企业家和银行同样交出了它们的主角作用。由此可见，重点从消费者的移开源出于经济秩序的变化，它们绝不是纯粹由经济的条件决定的并且因此而不能用动态的经济理论来解释。完全竞争这种秩序形式越是在实际上向后缩，论述以完全竞争来控制经济过程的那些理论原理就越不足以说明经济形势。它们失去了现实意义。但是它们并没有变为不正确。理论装置需要扩大，但是并不需要用另一个来代替。

如果不再是由上百万有购买力的消费者们以他们的匿名的指示来决定，应当生产什么和生产多少，而是如果由集中的管理机构的计划和命令来部分地或者主要地承担这种功能，那么全部的经济形势过程也就改变了它的性质。各个经济过程不再根据消费来安排。消费者不再是一个主动的要素，而是成了共同体的一个消极的成员。如果集中管理的经济的秩序形式占统治地位，各个经济形势运动就表现于消费的而不是就业的波动中。为了准备并进行投资，中央管理机构可以通过安排投资来强制放弃消费，从而不是把劳动力和物质生产资料使用于生产住宅、食品和其他消费品，而是指引到建设渠道、机器工厂和生产装置的其他部分上去。带有失业的萧条不再需要出现，因为每个劳动者都可以靠集中管理机构的命令而被雇用，不管他生产的是哪些价值。集中管理的经济的生产过程的各种比例失调成了主要是在消费品的短缺和在消费品供应的波动中可以感觉到的。

8. 可以从它们对经济形势过程的行为的角度区分三种类型的经济秩序。这是现实的类型：

在那些自给经济的要素占统治地位并且众所周知在历史上实行过很长时期的经济秩序中，通常只发生简朴的投资过程。在一个这样小的经济宇宙的范围内，建设较大的设备或者使用机器都是不可能的。因此,投资的波动在这里是不重要的。但是,日常经济生活的推移也许会产生于人数的变化、气候的波动、战争等等,它们有时迅速地并且彻底地改变了各种资料。

在第二种类型中,交换经济的形式占统治地位。在这种类型中,安排了一种更为广泛的经济过程,它的劳动分工伸展的要宽得多。正如我们所知道的那样,价格体系在这里使许多个家户和厂家的各个个别的计划和行动彼此相协调。这在多大程度上成功,取决于各种市场形式和货币体系。有这种类型的"不稳定的"和"稳定的"经济秩序。当不均衡的市场形式,如供给寡头垄断、两方面垄断或两方面的部分垄断占优势时,或者当实行的是那些使信贷总额的显著扩张或收缩成为可能的货币体系时,那时它们就是"不稳定的"。那时就可能例如由于有力的投资出现严重的比例失调。但是,首先是在这样一些经济秩序中缺乏一种极为有效地补救现有的比例失调的机制。例如,在1929—1932年的世界经济危机中就缺乏这种机制。当时实行的各种主要的市场形式和货币体系没有能力克服存在的各种比例失调。这场萧条严重并且持续存在的主要原因就在这里。——在这种类型的"稳定的"形态的经济秩序中,经济形势过程的发展就不同。在这些经济秩序中,完全竞争的市场形势占优势,因而竞争的价格形成的著名调节者在它们当中起作用;而且在它们当中,银行机构并不倾向于猛烈的扩张或收缩。在这样一些经济秩序中,起作用的是一种使经济过程接近于一般的完全均衡状态的倾向。

在第三种类型中,集中管理的经济秩序占优势。在这种类型中,情形又完全不同。如果集中管理的机构想要的话,它可以强行

实施各种投资。它也可以没有重大波动地进行长期持续的投资。但是，这种投资活动在这里碰到了一定的界限：不能把现在的消费品供应压低到某种最低数值之下而不损害各个必要的劳动力的劳动能力。在没有可能以计算数值将集中管理的机构的各种评价客观化并且进行可靠的成本计算的情况下，虽然以巨大的方式发生着对劳动力和物质生产资料的错误指挥，但是正如指出过的，这种特殊的无均衡性表现得与在交换经济类型占优势的经济秩序中完全不一样，也就是表现在每次的现在的消费品供应中。

对这样构造类型不能评价过高。扩充之后，它可能使各种经济形势问题的研究简便一些；但是它不应该诱导到忽视那些特殊的特性：它们是每个个别的经济秩序所具有的，它们使它成为一个个别性，而每个个别的经济秩序主要是通过各种各样的“补充的”形式要素的种类和规模来获得它们。只有对个别的具体的经济秩序的形态学分析才打开了通向经济形势问题的通道。[58]

Ⅴ．经济权力

1．雅各布·布尔克哈特说过：“在中世纪，意识的那两个方面（向着世界的和向着自己的内心的）就像处在一块共同的面纱下做梦或半醒着一样。这面纱是用信仰、儿童的羞怯和幻想织成的。”随着近代的开始，这块面纱消失了。主要是现代的、纯粹世俗的国家连同它对内和对外的广泛的权力要求、连同它的国家利益至上的原则和它的肆无忌惮的权力斗争，它把一股刺骨的穿堂风带进了历史。但是，尽管近代这样与中世纪形成反差，中世纪的历史同样充满了权力斗争；而如果人们在布尔克哈特的话中寻找对这种事实的无视，人们就会误解这些话。不仅教会的与国家的两种权力彼此碰撞。此外也没有缺少过权力集团的激烈斗争：各个城市与各个宗教的或世俗的领主的，各个城市相互之间的，城市贵族们与手工业者们的，各个不同的行会为了在城市中的统治的，领主们相互之间的。在这种情况下，进行斗争不仅是为了教会精神上的独立或者是为了政治权力，而且（常常与政治的和教会的斗争相交织）是为了占据或破坏经济上的权力地位。经济上的权力集结不是近代的或者“资本主义”的特点。相反地，在中世纪并且此外还在全部历史中都有它。因此，了解全部过去的和现在的以及可能是全部的将来的经济实际要求了解经济的权力，并且同时看清经济上的权力集团的引人注意地同样形式的各种斗争方法。这种认识如何是可能的？

2. 重要的是问题。历史的书写和国民经济学反复地受害于这一危险：丧失了对权力斗争以及对它的冲击力和残忍性的知觉。首先是平静的或者信仰进步的时代（就像 19 世纪较后期和 20 世纪初期那样的时代）那样倾向于把历史上和经济上发生的事情说成是无害的。经济上发生的事情如何大量地充满了残忍的权力斗争，对此许多国民经济学家今天仍然缺乏眼力和理解。但是，谁不具有看到这个的能力或者力量，谁磨掉了棱角，谁就理解不了经济。

泰纳研究法国革命的历史的 12 年努力，给泰纳留下了一个印象，他不同寻常地、扣人心弦地复述了这个印象。他援引亚历山大的著名的教会法规教师克莱门斯。克莱门斯写过："在埃及的各个神庙中，内殿是用神秘的、交织着金的帷幕遮掩着的。但是，当你朝它走去，打算观看神的立像时，祭司就会拉你，用埃及语唱一支圣歌并略微揭开帷幕，好像他要让你看那个神。而你看到的是什么？一只鳄鱼或一条大蛇，或另外的一种危险的爬行动物。这是埃及的偶像：一只在紫色的盖布上打滚的猛兽。"泰纳接着说："人们不是必须到埃及去漫游，也不必回到那些古老的时代去……。至于我，那么我想在近处看看这些。我在上个世纪的后半期前往并且在那里生活了12年。就像亚历山大的克莱门斯那样，我从最近的近处观察的首先是神庙，然后是神。"我们国民经济学家也必须揭开那个由利益者的各个意识形态在经济上的各种权力集结和权力斗争前面拉上的帷幕。我们也从最近的近处观察它们，而我们在那里所看到的东西常常与亚历山大的克莱门斯在帷幕后面所注意到的东西相适应。国民经济学是一门非常清醒的科学。更确切地说：它应该如此。因此，我们这样问道：我们怎样能够认清经济权力的现象？

为此，需要两个东西。第一，国民经济学家必须在他的活动中亲自认识了经济权力。他需要观看和经历权力斗争。例如，如果施穆勒本人一起亲自经历了卡特尔与局外人们的权力斗争，如果他不是仅仅从书本和调查中以及本人与工业家的或较高级的官员们的会谈中开始了解卡特尔和卡特尔政策，那么他就会学会懂得，绝不是像他认为无害的那样，在它们当中，发生的是"某些共同的利益对固执和目光短浅的利己主义的胜利，"而在这里，利己主义以集团利己主义的形态而获得了胜利。那时他就会谨防接受各卡特尔的"合作社性质"的利益意识形态。简言之，他就会获得对于经济权力的理解力。对他适用的东西，适用于他的和我们的时代的许多国民经济学家。他们缺乏对日常经济生活连同它的斗争的简单了解，这些斗争是以诡计、掩饰和残忍来进行的。而且光是现在的这种生活认识就使得有可能正确地理解过去时代的权力斗争，比如说，历史地理解中世纪的各个行会和行会政策，它们被许多历史学家和国民经济学家无害化和理想化了。被自己的生活经验所清醒和训练之后，人们也就能够更正确地理解过去时代的那些权力斗争。

第二，就是把形态学的和理论原理的装置运用到具体的历史形势中去。不存在经济学理论与经济权力现象的原则上的不可一致性。只有不充分地、不是从分析历史上的事实状况中得出的或教条的经济学理论才必定会失灵。正确地得出的经济学理论不仅可以与经济权力的各种现象相一致，而且它与形态学的装置一起，是为看清经济权力现象所完全必不可少的手段。通过运用形态学，可以标明当时具体的权力状况(3)，而通过运用理论就能够更详细地确定它的范围和它在经济上的后果(4)。

3. 已经指出过(第 132 页及其以下)，在完全集中领导的经济中，实行着经济权力的确实可能的最大聚集。在这里，一切权力都集中于中心处所；它单独拟定经济计划并且控制着共同体的所有成员的各个行动，这些成员在他们那方面被剥夺了权力并且是不自由的。在这种集中管理的经济中，表示特征的劳动关系是奴役和依从。在 1450—1525 年之间的印加帝国中就是如此。在那里，不仅以印加人的强有力的军事组织，而且也同样以集中管理的经济的严厉的秩序压制各个被征服的部落。在法老的各个巨大的神庙经济中存在过类似的权力集结。在它们当中，同样在很大程度上缺少个人的活动自由，尽管在那里也可以发现个别的交换经济的特征。不应该陷入那种仅仅在大的共同体中寻找经济权力的错误。这样的经济权力是在小的集中领导的经济的社会体中也有，也就是说在那种地方，按照我们的术语，在那里集中领导的经济不是集中管理的经济，而是“简单的”集中领导的经济（自给经济）。如果公元前5世纪的一个希腊人在他的家里叫10个奴隶工作，那么他就对他们具有极为广泛的经济权力，就像早期中世纪的一个徭役庄园的领导对它的奴隶们或不自由的佃户们那样。但是，在集中管理的经济中涉及的是公共的经济权力，在简单的集中领导的经济中涉及的是私人的经济权力。

在经济秩序的基本性质是交换经济的每个地方，从而在个别经济依赖于市场并且使它们的计划和行动向它看齐的地方，经济权力就以另一种形式起作用。就是在这里也能够形成极强的权力地位，它们并不罕见地受到公共权力的支持，并且它们又在它们那方面施行政治权力。此外，在交换经济中发展起了不同的权力集团之间的经济斗争。现在，在阐发了形态学的思维装置之后，我们就能够理解这一切。在这方面显示出，市场形式越是接近供给的或需求的垄断，个别经济的权力地位就越强。此外适用的是，假使其余情况均相同，则个别垄断者具有比集体垄断者更强的地位；内部的对立常常削弱了集体垄断者的权力。第三，在两方面封闭的市场上，或者在封闭市场的一个方面时，交换经济的权力地位就比在开放的市场上容易形成得多。第四，权力地位的强度各按市场的重要性而不同。在一个吃小麦面包的民族中，小麦垄断者具有比同一个国家中的缝纫丝线的垄断式的销售者强大得多的权力地位。

一些历史上的例子：在13世纪转向14世纪的前后，吕贝克的以及所谓的索布的波罗的海各城市的那些牢固地联合起来的远地贸易商和船主们就懂得了，设法在挪威获得统治经济的权力地位。卑尔根的汉萨总店具有第一等的权力地位。支撑它的是：与挪威的全部航行都处在吕贝克人和他们的朋友们的手中。卑尔根的办事处对挪威来说是进口的谷物、面粉和啤酒的供给垄断者以及作为鳕鱼和别的鱼的唯一买主的需求垄断者。它把这些鱼加工成鳕鱼干，以部分垄断在整个欧洲销售。"德国商人怎样成功地(特别是通过渔民不断地对卑尔根的商人负债)把罗弗敦群岛的北欧渔民束缚于他在卑尔根的总店，也属于中世纪经济的那样一些特征，它正是绝对不能与关于这些事情的某些根深蒂固的浪漫的想象相一致。"(罗里希)。在这里，我们面临着一种"权力交织"的情况，它由此而获得了它的特点：3个垄断以特有的方式交错连接并且互相依赖：在挪威的某些特别重要的食品的"供给垄断"，对挪威的鱼(它们是该国的主要产品)的"需求垄断"，以及欧洲的对鳕鱼的"供给的部分垄断"，此外鳕鱼是一种极其重要的食品。在这种情况下，需求垄断在很大程度上(尽管不是在法律上)是"封闭的"恰恰是由于渔民们的负债，以至于不可能出现竞争者。正是靠着应用垄断理论，就能够理解吕贝克和它的同盟者们的经济权力对挪威、对欧洲的销售市场以及还有对吕贝克和其他的各个城市的收入和财产的形成的作用。

众所周知，中世纪晚期巨大的拉文斯堡贸易公司和博登湖地区的其他公司的经济上的权力地位在阿劳伊斯·舒尔特那里找到了它的描述者。1400年前后，康斯坦茨的和别的博登湖城市的许多亚麻布织工还能够把他们的亚麻布卖给为数众多的竞争的远地贸易商，后者在整个西欧推销它。但是，当有着需求的部分垄断式的地位的贸易公司形成时，在贸易公司和亚麻织工行会之间就爆发了斗争。"在1429年的革命中以及在事先产生的那些敌对中潜伏着经济因素。康斯坦茨的亚麻织工们看到了蒙特普拉特(Muntprat)公司攫取的那些巨大的利润，并且相信，就是没有该公司也能行。只要有一个巨大的数目的商人在追求织工们，他们的打算就得到了保障；在这种情况下，联合公司减少了竞争，而一个分布在许多城市中的公司必定会完全做到这一点。我们不知道蒙特普拉特们以哪种方式采购；但是从事实中透露出来的是：那里可能是一个德国的行会反对一个贸易公司的正在发展起来的垄断地位的最古老的有据可查的斗争。"它是这样一场斗争，在其中织工们失败了。蒙特普拉特们和许多其他贸易商号合并为拉文斯堡公司，它把博登湖北面地区的所有大城市的商人们联合到一个企业中，大约一个世纪之久地统治了一整个地区的进口和出口，并且当然在政治上也有巨大影响。通过运用各种市场形式，不仅成功地更详细地重写了这个历史上的事实状况，而且可以更为深入地把握历史实际，在这里就是更深入地把握一方面的权力集结，另一方面的剥夺权力和依赖性。

16和17世纪富格的和别的奥格斯堡商号的权力地位又有不同的基础，并且不同地发生了作用。众所周知，正在产生并且斗争

着的专制主义的王侯们为了进行战争而需要许多钱，并且只能在少数几家商号那里找到它。这些商号在给予借款方面对他们是寡头垄断者、部分垄断者或者甚至是垄断者。他们为此向各商号提供只有王侯们能够提供的东西（王侯们由此而是需求的寡头垄断者）：也就是专有的批发权——贸易特权。这样就发生了例如1514年和1515年蒂罗尔的那些臭名昭著的铜和银的买卖，各商号挣得许多暂时的和长期持续的、国家支持的和封闭的垄断地位。富格家的权力地位的基础是：在借贷生意上的垄断或垄断性质的地位与在批发贸易上以及部分地也在采矿上的封闭的、多种多样的供给和需求垄断的一种特有的“权力交织”。如果真的要理解富格家所享有的经济权力与拉文斯堡贸易公司所支配的经济权力以及汉萨的商人们在挪威所具有的经济权力的区别，就只有运用各种市场形式的工具才会成功。正是在这里弄清楚了的是，形态学的分析如何为达到历史的理解所必要。

欧洲的一个中央发行银行1910年前后的权力地位显得又不一样。这里涉及的是一国银行券的一种简单的“封闭的供给垄断。”权力地位由此而变得如此显著，因为它涉及那一种物品，它在这些国家和这个时代的日常经济生活中具有极其重大的意义。

以同样的方式也可以确定1927年前后德国各个工会的权力地位或同一个时代的雇主联合会的权力地位。在这些劳动市场上，“两方面的部分垄断”或类似的市场形式占统治地位。在这里展开了权力斗争，在这些斗争的过程中，个别集团的权力作用被别的集团所减弱。可以通过两方面的部分垄断的理论来显示，这在多大程度上是可能的，以及在这种情况下，在多大程度上一种均衡会习以为常。也可以精确地看清以“供给的寡头垄断”服务于一个港口的两条或三条航线之间的各种权力斗争，或者德国各水泥辛迪加对局外人的各种斗争，这些局外人生活在或者想生活在各辛迪加的阴影之下，部分垄断者“水泥辛迪加”常常对他们卓有成效地尝试过变为垄断者。

只是在唯一的一种市场形式中，经济权力的现象才完全退缩了：这就是在实现了完全竞争的时候。比如说我们选出1925年前后德国的针织品市场或者1880年前后东德意志的各个黑麦市场。没有哪个供给者和需求者通过他的行动这样地影响供给、需求和价格，以至于他会去考虑他的购买或销售在市场上的反应。价格在他的经济计划中是一种资料。针织品和黑麦的供给者并不依赖一个特殊的需求者，而且相反地，个别的需求者也同样少地依赖一个特殊的供给者。在各个劳动市场上情况相近，在那里完全竞争接近于占统治地位。例如在1924年柏林的家庭佣人劳动市场上。没有哪个雇员依赖于一个雇主或雇主们的一个联合会，反之亦然。

但是，在完全竞争的范围内，较大的权力地位不是确实能够由于个别人支配着比较大量的财产而产生吗？根据经验，大的工厂厂家或大的农业厂家对于它的顾客们或者对于它的工人们经常具有比小的厂家更大的权力。从中不是得知：在交换经济中，个别厂家的权力不仅以它的市场地位、而且也以它的大小为基础吗？应该对这个问题作否定的回答。例如，在竞争中出售它的粮食和牲畜的大的农业厂家并不拥有值得注意的经济权力。只有当它们由于它的巨大而部分地或者完全地统治了某些市场时，从而只有当它不是处于竞争中，而是处于另一种市场形式中时，它才具有这种权力。例如，农业的大企业可以是一个村庄的那些劳动力的需求的部分垄断者或需求垄断者。那时它就对村子的居民们享有经济权力；村子的居民们处于对这个大企业的依赖之中，但是，当出现了劳动力的其他需求者时，这种依赖就会消失。因此，厂家的巨大并不会没有困难地造成经济权力，而是只有当它导致形成了垄断式的或寡头垄断式的或处于完全竞争之外的其他市场形式时，并且只有在这个范围之内，它才创造权力地位。厂家越大，在这样一种市场形式中购买或销售并且以这种方式来实现经济权力的机会就越大。更多的就没有了。因此在交换经济中，其实正是市场地位决定权力地位。而保持不变的是：在完全竞争中，就是各个大厂家也在很大程度上被剥夺了权力。

在完全竞争中，单个的人几乎被剥夺了权力，但不是完全被剥夺了权力。因为完全竞争的参加者们绝不是像完全集中领导的经济的那些不属于集中的领导的成员们那样被剥夺权力的。一个在实践上非常重要的区别在这里发生了作用。在一切市场上的完全竞争和集中管理的经济甚至是极端的、彼此对立的边界情况。在接近于实现完全竞争时，每个供给者和需求者事实上都起着一个微小的作用。所有的人一起决定各种价格并且从而决定全部的经济过程，而单个的人并不知道这一点。因为缺少任何权力集结，也就不存在人身的经济依赖，但是却确实存在着对一个匿名的市场的依赖。而如果在一个国家中的所有市场上都存在着完全竞争，那么该国的所有厂家和所有家户并且从而所有的居民就都在很大程度上被剥夺了权力。或者——不同地表述：每个人都将有很小的一份权力。在这样一个国家里，将很少能够看到经济权力问题。

4. 在运用形态学来刻画了具体的经济权力地位之后，从现在起就可以运用理论原理来更详细地描述它当时的范围并看清它的后果。

例如，应当研究一个煤炭辛迪加所享有的权力地位。权力分析的基础是查明：它具有一个供给垄断者的、而绝不是一个部分垄断者的或一个寡头垄断者的地位，供给是封闭的，而且这里涉及一个集体垄断者。但是，在这种市场形式中，无烟煤辛迪加的权力可能是不一样地大的。为了确定这一点，就有必要运用理论分析的各个成果。此外，在这种情况下还显示出需求弹性越大，供给者的权力就越小。例如，无烟煤需求的弹性可能会由于石油或褐煤替代的可能性而是大的，由此就有力地限制了无烟煤辛迪加的权力。顾客们通过使用别的燃料，可以容易地避开任何价格上涨。但是，如果这样一些替代可能性被消除了并且由此而减少了需求的弹性，辛迪加的权力就上升。其次适用的是（用习以为常的表述）：供给者的权力在需求曲线向右边移动时就上升，向左边移动时则减少。因此，如果比方说由于信贷膨胀，在同样价格时需求更多的无烟煤，无烟煤辛迪加的权力就增加；在相反的情况下——如果比方说由于一次通货紧缩，在同样的煤炭价格下需求的煤炭少了——辛迪加的权力就减少。就是在存在着别的各种市场形式时也容易查明这些联系。

很明显，相应的原理对于供给方面具有效力。然而在这里是在相反的意义上。供给的弹性越小，供给者的权力就越小，比方说，如果当工资下降时，在一个劳动市场上的劳动力供给不变或者甚至上升（第 324—325 页及下页），那么一个需求垄断式的厂家对它的工人们的权力地位就比如果工资稍微下降劳动的供给就猛烈降低时要强得多。最后，在需求不变时，供给曲线向右移动减弱了、向左移动则增强了劳动者们的权力。

5. 权力是一个词。在某些地方使用这个词是不够的，宣布权力在经济中就像在政治中那样有许多意义，也是不够的。以有些神秘主义的方式谈论那些资本主义的“权力”以及它们神秘的活动，说明的也不多。宁可说，主要的事情是使经济权力现象的核心明显可见。不这样就不能理解实际。

我们的简略速写正是指出了，在所有世纪中以及在一切地方都在“权力”这个词的后面隐藏着不寻常地多种多样的事实状况。在“权力斗争”这个词后面也是如此。科学的任务是：向这些事实进军，确定它们彼此的界线，揭示经济权力的各种经济的和政治的后果。由此它就同时赋予经济权力这个词一种实际的内容。经济权力一点也不是非理性的东西、神秘主义的东西；经济权力是个可以理性地把握的、可以理性地理解的东西。同样如此的是权力的对立面：经济上的依附和不自由。恰恰由于各种事实状况的多样性，由此而提出的才是一个繁重的任务。我们所研究的那些权力位置，从埃及的各个神庙的管理机构、从14世纪汉萨同盟的卑尔根办事处、从佛兰德商人们的各个同业公会起一直到19世纪中期西里西亚的中间商们，或者一直到现代的各个中央发行银行和铁路管理机构以及到集中管理体的各个领导，没有哪个与别的相同。

探索经济权力的现象并且认识经济的和政治的权力（它们通常互相依赖）的联系，要求一种特殊的科学的做法。简略地描述过

如何能够完成这个任务：对于历史维的直观和目测必须与运用形态学的和理论的装置相结合。这里，各种经济体制（从集中领导的经济一直到交换经济的那许多形式）的工具恰恰表明，它的运用为认识历史的多样性作出了决定性的贡献。例如，宣称在1914年以前的德国，帝国银行、某些卡特尔、雇主联合会、工会、各个铁路管理机构等等占有了权力地位，这是不够的。必须运用市场形式和货币体系来清楚而简要地说明各种个别的权力地位的基础和作用，确定它们在当时的经济秩序中的位置，揭示"权力的交织"和较大的权力集结，并且指出被剥夺了权力的个别经济的各个领域。只有这样，才能够确实把握那些哪怕是表现的完全不同的权力斗争：不管是个别的大供给者们的彼此斗争，还是一位供给垄断者反对一位需求垄断者。或者想想1939年德国的经济秩序，在那里各个集中管理体的权力位置与各个卡特尔的私人权力集团或者与部分垄断式的大企业达成了协议，或者想想例如在石油市场、氮肥市场或白炽灯市场上的世界经济的权力斗争的多种多样性。

但是，可以发现的不仅仅是大量变动的现象。在过去的和今日的权力地位的多样性中以及在经济上的各种权力斗争的杂乱无章中，人们发现了重复的各种同样的秩序形式和各种事实状况的同样的联系。个别情况的分析越是深入地向前推进，经济权力现象的一种一定的一致就越是清晰地暴露出来。就是经济上的各种权力地位和权力斗争、经济上的依附和经济上不自由的各种处境也的确以一切多种多样性显示了这种特殊样子的"全部风格的不变性”，我们已经在各个秩序的结构以及在各个日常的经济过程中找到了这种全部风格的不变性。[59]

第五章　进行经济活动的人

这个地方是着手探讨一个重要的问题的时候了。我们自己已经提出了这个问题，但是后来我们把它又放下了，而在此期间，读者心里一定已经一再地不由得产生了这个问题：我们说明了，在正确地采取了行动的情况下，可以掌握那似乎无法看清的大量的经济**形式**，它们过去和现在都是由历史提供的，并且可以把它们化为数目可以点清的经济体制和它们的形态，并且由此而获得了认识经济实际的基础。

但是，现在出现了一种异议，它包含着一个真正的问题。人们可能这样批评道：就算掌握各个**制度**的多种多样性获得成功，**人**不也在变化吗？它在中世纪不是与今天完全不同吗？它当时的行动不是出于一种完全不同的精神吗？而如果把不同的文化圈的，比方说欧洲的、中国的、印度的和南美的文化圈的人们相比较，经济上的态度又有何等的差别！19 世纪的科学不是教导过我们，把人看成是一种在历史的变易中不断地彻底变化的生物吗？历史是生命。因为一切历史上的生命都不断地处于流动之中，就似乎没有常量“人”。但是，如果觉得是这样，那么怎么能敢于试图为全部历史想出**一个**理论的一国民经济学的装置？确实，只有当人在他的经济计划和行动中显示出一定的恒定性时，这才是可能的。但是，如果他的行为在各个不同的时代和民族中不是同样形式的，那又如何？人在历史中的差别如何对经济过程发生作用？所有这些个别问题导致的都是这个基本问题。

Ⅰ

为了给回答这个重大的问题让出道路，有必要首先与占统治地位的看法进行争论。

因为这种看法是普遍熟悉的，只需要简略地概述它。它与统治19世纪后期和20世纪初期的历史主义相近。人们这样认为：作为从事经济活动的人，人的行为在不同时代中互不相同。人们这样相信：进行经济活动的人的历史可变性最明确地显露在：他过去按照“满足需要的原则”行事，但是在资本主义时代却按照“赚得原则”行事。这两个原则的对照和它们更换着的统治构成了有关经济精神的占统治地位的学说的主要部分。桑巴特曾经写道：“不同性首先产生于各个经济主体不同地设定的目标。在这里，我们首先可以区别根本不同的两个种类的目标设定。也就是人们或者力求搞到一笔在规模上和种类上都固定地规定了的消费品的存货，也就是说他们力图满足他们的自然的需要；或者他们追求盈利，也就是说他们力图通过他们的经济活动赚得一笔尽可能大的货币量。我们说，他们的经济行动在第一种情况下被满足需要的原则所迷住，在另一种情况下则被赚得原则所迷住。”而且正是他断言：所有前资本主义的经济——各个原始的亲族联合的那些早期的自给经济、古代的家族经济、中世纪的手工业——都处于满足

需要的原则之下。他和他的继任人们主要重视的是标明中世纪的经济的精神。据说中世纪的欧洲人——农民、领主、手工业者、商人按照满足需要的原则进行经济活动。他们全都被“生计”的观念所统治，撇开那些证明了该规则的例外情况，他们全都只想满足一种在种类和规模上都是既定的需要，不想更多的。后来常胜的资本主义以它的赚得欲望与这种态度形成了最强烈的反差。不过，据说资本主义正在完结：那些后资本主义的、社会主义的经济体制将重新把满足需要原则导向胜利。据说那时将又不是为了赚得货币的缘故、而是为了生产使用的物品而进行生产。桑巴特达到了这种程度；这里列举他，把他当做一整个思想流派的代表。这样一种观念就是在公众的看法中也得到了广泛的传播，这不是偶然的。

“满足需要的原则——赚得原则”这种对照法只是在这个观察角度上使我们发生兴趣：用它是否正确地把握了人们的经济行为，说明了它过去和现在是怎样的。如果是这样，那么两个理论工具就是必不可少的：在一个中，需要是一个资料；在另一个中，不是需要，而是赚得目的是一种资料。

这种对照法含有两个想法。首先是原则性地提出了这一命题。接着说：在某些时代实行了的是一个原则，在某些别的时代实行了的是另一个原则。因此，它包含的首先是一个原则性的命题，第二是一个历史学的命题。

A. 我们从第二个命题开始。让我们首先假定，这个对照法在逻辑上没有问题。让我提出历史学的问题：在所谓的资本主义以前的时代中，经济生活事实上处于满足需要的原则之下吗？

几乎还不需要否定地回答该问题，它**已经**被否定地回答了。

首先，对中世纪来说：只要人们相信中世纪经济生活的那幅从前的小市民的—城市经济的图画，认为生计的观念在中世纪不折不扣地占着统治地位就是容易想到的。中世纪经济的新的图像让我们看到了它的了不起的地区间的劳动分工、远地贸易的中心地位、高度发展的贸易和信贷形式的多种多样性，这幅图像使人认识到，中世纪的人们实际上以哪一种精神进行过经济活动。不是以同样的一种精神。这里首先是远地贸易商与中间商。他们具有极其强烈的赚得本能。而且并不是那样："致力于在生产、物品的运输以及甚至部分地在物品的交易的关联之外满足自己的一切赚得的兴致、一切货币的贪欲"（桑巴特）。完全相反。科隆的、吕贝克的、纽伦堡的、布鲁日的、威尼斯的以及其他许多大城市的远地贸易商们是盛期和晚期中世纪的本来的经济上的组织者。他们的冒险的、由强烈的赚得欲望和权力追求所产生的企业家精神创造和保持了那个时代的巨大的欧洲经济。当然，那时在细节上有许多区别；就是在同一个城市里也有。15 世纪晚期吕贝克的商人和城市贵族们不再近似地具有 14 世纪初他们的祖先们的那种冒险精神和那种活力了。就是在同一个时代中，领导阶层在经济精神上的这样一些差别也在不同的城市中间起作用：比如说 1500 年前后在布鲁日和安特卫普之间。尽管这些差别如此重要——一种强烈的赚得的追求统治了这些商人和中间商。绝不总是那样肆无忌惮和厚颜无耻，就像佛兰德的料子商人和城市贵族耶汉・波伊纳・布洛克的情况那样，埃斯皮纳斯为他勾画了一幅可怕的图像。但是推动这些商人的总是赚得的追求。在中世纪的商人中，表现出一种强大的力量发挥，它对生计的观念是陌生的。在许多地方在手工业

者们的圈子里无疑存在过另外一种经济精神。生计的观念在这里可能起过一定的作用。但是又正好不是那样：似乎总是把一种一定的需要看成是固定的而不需要更多的东西。手工业者们在与商人—中间商们的那些争执中至少要求传统的餬口的生计，但是他们同时也为生计水平的改善而斗争。大多数城市的历史充满了这样的斗争。“作必要的修正后也许可以把行会成员与最近几十年欧洲的一个组织起来了的工人阶层相比较”(古那尔·密克维茨)。因此，在手工业者们的(通常不是领导的)阶层的圈子中同样找不到人们称为满足需要的原则的那种东西，而生计的观念则与较老的那一代历史学家所认为的不一样。

完全相应的东西适用于古代的经济。古代的经济生活实现于大量丰富的、各种各样的经济形式中。经济风格和经济阶段的塑造者们为自己创造了这种经济生活的一幅虚假的、单调的图像。我们在这里想撇开这一点。现在我们想只观察所谓的家族经济，它虽然绝没有表现古代经济的类型，但是却部分地实现于某些国家和时代之中，比如说在荷马时的希腊或在公元2世纪的罗马。推测在这样一种家族经济中没有表现出赚得的追求来，这是根本错误的。它经常并且以高级的程度这样做。许多次最肆无忌惮地榨取奴隶，用他们的劳役使主人致富。如果我们阅读关于晚期罗马的大庄园的描述，那里成百上千的其伙食很坏的、带着镣铐的奴隶干着繁重的劳役，而且是为着他们的主人的实际上没有止境的赚得的追求，那么对于满足需要的原则的那些田园诗般的叙述就使我们有了最为特别的感觉。而据说满足需要的原则在当时也占了统治地位。在这里有一个十分严重的、确实是灾难性的错

误——那种认为在这样一些家庭经济中仅仅满足了参加者们的各种餬口的生计要求的看法。似乎在集中领导的经济中只能实行所谓的满足需要的原则。历史表明了这种见解的不正确。在集中领导的经济接近于实现了的地方，恰好是而且极为经常地毫无顾忌地表现出一种没有限度的和残忍的赚得的追求。例如，在古代东方的各个大王国中，在聚集了巨大的财产的那些印度的土邦中，或者还有在印加人那里（他们利用他们的集中管理的经济来使自己在金和其他贵重物品上致富）就是这样。并不总是和在一切集中领导的经济的要素占统治地位的经济构成物中都这样发挥了赚得的追求：绝不是普遍地在古代的各个家族经济中。或者正如我们确实知道的那样，不是普遍地在19世纪欧洲的那些家庭经济中，也不是在美洲的某些集体经营的基督教团体中。这取决于领导的道德的和宗教的状况。但是，历史的经验表明，在这样一些经济构成物中，大多数参加人在很大程度上的没有影响确实可以促使领导恬不知耻地施展赚得的欲望，这种赚得的欲望事实上极为经常地强烈地发挥了出来。

它驳倒了亚里士多德和许多较新近的人的这种看法：赚得的活动随着货币以及随着经济的交往才发展了起来，但是它在集中领导的经济中不可能展开。“给一切前资本主义的经济形态打上了它的印记”的是生计的观念——这种观念在历史面前不可能持久。但愿国民经济学最终的确会摆脱过去的经济的这样一些无害化的并且脱离实际的图像！

B. 但是由此只是回答了历史学的问题。原则性的问题还是继续存在：这种对照法确实是可以使用的吗？

我们否定的正是这个。因为它不清楚地表达了一些正确的东西，万不得已时可以暂时用它来工作。但是，一旦钻得更深，它就会失灵。

1. 笼统地把赚得货币和满足需要对照式地相对比是错误的。因为赚得货币总是为了满足需要而发生的。的确应当观察各种事实：今日的工人或今日的职员到底为什么必须挣钱？为了满足他的需要。货币的确只是达到目的的手段，是交换的手段。但是，现代企业家的情况又如何？就是对他来说，赚得货币也从来不是目的本身。较小的企业家——零售商、较小的工业家、农夫——构成了远为大的多数，他们需要货币同样是为了满足他们的日常需要。此外，突出的个人的狂欲和权力的追求推动着有大笔收入的企业家们向前。正如我们已经指出过的，就是这些也是需要，它们经常被以巨大的强烈程度而感受到并且同样提供了经济活动的冲动。不能过于狭隘地领会需要的概念。人总是想使用挣来的钱。"尽可能大的货币量"这样的东西本身从来就不是经济活动的最终有效的目的。就是对病态的吝啬鬼来说也不是。病态的吝啬鬼贮藏货币是出于对未来的恐惧，因而是为了满足他的安全需要。

2. 这种对照法有时极明显地、有时不明显地包含着这个命题：在集中领导的经济中按照满足需要的原则、而在交换经济中则按照赚得原则行事。主要是对马克思和他的学生们来说简直是不言而喻的：满足需要的原则随着交换经济的消失而得到胜利。桑巴特不假思索地把"满足需要的经济"与"交换经济"对立起来。如果断言相反的东西，那就会更正确一点。特别是集中管理的经济恰恰不是满足需要的经济。正如指出过的，在集中管理的经济的控制方法占统治地位的那些经济秩序中，中央管理机构对经济过程作出决定。在这里，它在多大程度上顾及满足消费者们的需要，这取决于它的斟酌决定。例如，它可以实施巨大的投资或者军备计划并且与此同时最大限度地限制消费品的供应。我们由历史中知道，过去和现在这种事情是如何经常地发生。但是，在它想顾及消费者们的各种需要的范围内，从它们的多种多样性上去查明它们并且把生产过程引向满足它们就是极为困难的。在交换经济中，消费者们的影响总是更大，它在这里在细节上是随着市场形式而变更的。它在完全竞争下最大，例如在供给垄断下则小得多。就是在这方面，供给垄断也在完全竞争和集中管理的经济之间占有它的位置。

3. 可能会这样提出反对意见：然而说过的东西还不完全令人信服。例如，据说有这样的农夫，他们只想满足并且满足了传统上已经存在的需要，因而他们放过了挣更多的钱的机会。与此相反，别的人们却利用了赚钱的每一个可能的机会。据说，情况是这一种还是另一种，这显著地影响着经济过程，而应当在满足需要—赚得这种对照法中表达的就是这种区别。

对此应当这样回答：由此而以日常的语言不准确地表达的这种区别，事实上是显著的；它必须得到考虑并且由科学来精确地把握。很快就将读到这一点。但是用满足需要—赚得这个对照法没有贴切地标出这种区别。一个农夫，他种植和出售的只有为满足他有限的传统需要那么多，他也在赚得货币。并不罕见的是，恰恰是赚取货币与仅仅满足有限的、传统上已经有的需要的意图相联系。而另一方面，那些利用每个机会以挣得更多、从而根据所谓的赚得原则行事的人们，想的是满足他们的“需要”，这种需要是非常大的。

总的说来有必要放弃满足需要的原则和赚得原则的对比。人们觉察到了过去和现在人对经济的行为都存在着一定的多样性，而且这种行为在变化。但是并不是这样就成功地描述了这种多样性。宁可说，这种不确切的对照法掩盖了它，而没有使它突出。[60]

Ⅱ

因此，必须重新提出这个问题：人的历史多样性如何影响经济过程。不能指望简单地继续通常的各种解决的尝试得到成功。我们必须从其丰富性和多种多样性本身上查问历史的实际。

但是，一旦实现了这一点，就不由得产生了问题的另一种说法。比方说，如果研究早期中世纪的一个徭役庄园并把它与今日英国的一个铁工厂相比较，而且问道：这两个经济的领导人的态度不同，这种态度如何以其特点影响这里和那里的经济过程，那么就会首先碰到一个预先提出的问题：这里和那里的行为在多大程度上是同样形式的或者是不一样的？这个预先提出的问题证明是极其重要的。

将会证明，经济行为同时是两个东西：恒定的和可变化的。在个别的人的一个一定的层次上是**恒定的**，而在人的其他层次上则是**可变化的**。

A. 恒定的：人日复一日地在任何地方并且在一切时代都处在这种处境中：必须克服它的需要与满足需要的各种手段之间的紧张关系。在这方面，从历史一开始就没有过任何原则上的变化。

不仅人的处境在这方面原则上总是同样的，而且就是他在解决稀缺性的这个问题上的行为也在最根本的方面保持恒定不变。因为人们总是并且到处都试图在他们的经济计划并且从而在他们的行动中以尽可能少的价值花费来达到一个一定的目的。因此，他们总是遵循所谓的“经济原则”。

也许是对“经济原则”意味着什么的无知，也许还有对历史的无知，而且通常是二者一起引致了这一看法：人只是在所谓的“资本主义”的时代按照经济原则行事。据说过去和在别的文化圈里则是不一样的。不能从历史中为此提供一个证据的影子。比方说，我们观察19世纪晚期和20世纪初期的中国农民。他生活在他的家庭经济中，这个经济通过联合扩大为一个宗族团体。他平日被迷信鬼神以及以迷信鬼神为基础的崇敬家庭所控制。但是尽管他这样厉害地被信仰、迷信、风俗和传统所束缚，在这个范围内（我们可以说：在这些资料的范围内）他按照经济原则而行事。他的祭祀部分地出于伦理的—宗教的义务意识。那时祭品就是目的本身。或者他祭祀是为了摆脱不然就发生的歉收；那时祭品就是达到目的的手段。在两种情况下，他都按照经济原则行事。在准备祭品时按照它行事并且以尽可能少的价值来达到目的。另一次祭品本身对他来说是达到最大收成的手段。

以神秘的想象为根据的神秘的思想和行动在人们的历史上通常统治了他们。但是不应当推测，它们因此就没有遵循经济原则。当皇帝时代的罗马农民供奉播种之神、农神和其他诸神，并且此外在坚持自古流传下来的原始的技术时，他们这样却完全是根据经济原则行事。他们期待着诸神的回报，祭品是作为经济上的各种费用的一部分而出现的。罗马的船主也没什么不同，为了使风神们具有友好的心情并且平息各种波涛，他的船是以费用巨大的方式雕刻鸟嘴形船头的。旅行者们报道说：今天在新几内亚的某些村子里，在盖房子的时候还委托一位巫师去驱走云雾，而巫师则为此获得一笔相当高的报酬。这样一笔费用对我们来说似乎是不经济的；我们把它看成是一种与经济原则相矛盾的无用的支出。但是，对这个新几内亚的部落来说，它涉及的是必要的费用，它们的花费是在经济原则的意义上发生的。因为根据在那里占统治地位的信念，没有这些费用就不会以尽可能少的费用支出达到目的——即盖房子；而它将必然会由于倾盆大雨和风暴的妨害而造成过多的并且可以避免的费用。

可以毫不费力地举出数目许多倍于此的例子。从生活在荒野里并且按照经济原则为自己搞到蝗虫和野蜜的圣徒，一直到儿童，他被有力地神秘地规定着而按照同一个原则行事。不可以把它与追求尽可能大的赚得或者与“资本主义的准则”相混淆。根据经济原则计划和行动也不局限于是“商人”的或者甚至于是欧美近代的商人的特性。“它归根到底是理性的行动的一项准则”（茨维迪耐克—苏登郝尔斯特）。

但是，在某些时代，例如在现代，由于度量衡制度的详尽的秩序，由于书面地领导厂家和家计，由于书面的往来，此外由于单式簿记、复式簿记、结算、作出盈利和亏损核算、精确地预算和事后计算，从而总的来说由于合理化而发生了一种根本的变化；这时不是**确实**引入了人们以前所不知道的另外一种精打细算的经济精神吗？历史记载指出了这种发展是多么艰难，而随着经济计算的持续的精致化，厂家的领导如何改变了它的性质并且由此也影响了经济的发展。例如复式簿记的知识是16世纪初南德意志繁荣的一个先决条件；而在缺乏这种知识或者它只是迟迟疑疑地得到认识的地方（就像在汉萨各城市中那样），发展就落在了后面。从这样一个以及其他许多经验中不是必须得出结论：随着经济计算及其方法的改善，人与经济的关系就会发生完全的改造吗？

区别无疑是存在的并且是显著的。今日黑林山的一个农民至多只作少量的有关买和卖的不连贯的记录，在他与使用各种最新的企业经济的方法的一个商人企业之间，或者也在罗马时代晚期的一个彩陶手工工场和今天美国的一个工厂之间，在这方面存在着巨大的区别，而且这种区别在各种经济活动上发生着作用。但是，这种差别并不在于：只有现代的厂家才按照经济原则行事，而较老的则不这样做。而是人想出所有这些使经济计算精致化的方法，都是为了能够以更大的精确性来遵循经济原则。他想要这样，而不是别的。就是那个对簿记一无所知的黑林山的农民，以及古代的彩陶手工工场的那些领导者，也根据经济原则计划和行动。他们这样做所获得的成功比那些完全精通理性的企业经济技术的人要少。这些人没有超出不精确的估计，别的人则较精确地知道各种价值。区别就在这里。

以货币和重量制度的系统化秩序、以簿记、结算和列举过的其他各种发明，人并没有占有过一种新的经济原则来作准则。相反地，他设法获得各种手段，以便能够更好地奉行一切经济活动的这个基本原则，他从一开始就力图奉行这个原则。人类到处并且在任何时代都按照经济原则行事，并且甚至是在人们认为，跟着柏格森和其他的生命哲学家们把它称为灵巧的人是正确的之时：如果他不遵循经济原则，他就不是灵巧的人。在这一限度内，人们也在经济上显示出一种特别的“全部风格的不变性”。[61]

B.但是，除了在经济活动中一切人的全部行为的这种一致性和恒定性之外还有多种多样性，它在实行经济原则时起作用。经济原则的恒定性为得出和运用一种说明一切具体的经济联系的理论装置提供了基础，而在经济原则的范围内，行为的多种多样性却迫使在不同的地方扩大这个装置并且在运用它的时候小心行事。

问题是这样的：经济活动中的人的态度的各种差别在什么地方以及如何表现出来，这些差别如何对经济的实际过程发生作用？

1.虽然人在主观上总是按照经济原则行事，就是那个今天还在德国坚持3年轮种法的农民也是如此。他这样做是因为在他看来，旧的传统的农业技术似乎是最好的，而且因为他觉得，最近150年的一切革新（在他一般来说知道它们的范围内）风险都太大。而在客观上这个农民违背了经济原则。因为今天普遍知道，田野的三分之一部分休闲是不经济的。在中世纪，当3年轮种法在欧洲的许多地区是唯一已知的并且被使用的农业技术时，运用它的农民就是客观上也在经济原则中行动。今天，在深刻地改变了农业技术的面貌之后，就不再如此了。

经济学的理论考虑到，厂家的领导者们总是力图那样地使用各种生产资料，这种使用根据所有资料当时的状况是最有利的。因此，它考虑到的是客观上（不仅仅是主观上）奉行经济原则。由此它就与历史的长远路段处于完全的一致。例如，可以没有困难地把它运用到中世纪农业的各个问题上，因为当时是根据当时的技术状况(3年轮种法)而从事耕作的。但是也有重大的例外,而且恰恰是当今——在这个时代中技术知识和其他资料特别迅速地变化着。经济学的理论没有考虑到这个事实:今天,许多农民不是像按照在他们的国家中已知的技术或者按照各种价格的状况对他们最有利的那样实施生产资料的结合、使用他们的耕地。因此,在这里没有完全实现在理论中假定的一个条件。必须在运用理论时考虑到这种事实状况。[62]

在我们的时代中,主观上的遵循与客观的实现经济原则之间的距离还在另一种关联中变成了有现实意义的和重要的。因为它在集中管理的经济中起作用,这种经济今日作为秩序形式而具有显著的意义。在集中管理的经济中,问题是:在给定的满足需要的手段下,以及在给定的技术知识下,中央管理部门或者它们的机构如何能够每次都造出那样一个经济计划,它相对充分地满足了设定的需要?例如,为了满足中央管理机构设定的需要,是建筑一条铁路还是建造一座发电厂更有益?或者:应该在什么地方建造那座发电厂以及应当使用哪一种技术?

集中管理的经济并不拥有工具以便从惊人数目的各种可能的计划中每一次都挑出那最有利的经济计划。它缺少“稀缺测量器”,这种测量器为客观上实现经济原则所必不可少。因为像微小的“自给经济”所实施的那种自然评价由于集中管理的经济的巨大而带来了错误的评价。而规定价格同样不可能成功,各种价格本应正确地表达各种物品的各种稀缺关系。[32]因此,集中管理的机构以某一种任意性来选出应当实现的那些计划。它砍断它不能解开的戈尔迪之结。——应当从哪里为新建一座发电厂的土方工程搞到那 5 000 个人？中央管理机构把它们从该行政区的农业中调遣出来，而不能够算出，物品的损失是否在这里最小，从而是否在客观上符合经济原则。

因此，就是集中管理的经济的领导也想根据经济原则来制订计划和控制经济过程。它尤其想以尽可能小的价值耗费来达到它的目的。但是，它每次选择的各个计划是离最有利的计划较近、较远还是很远，则是偶然的事。那些集中管理的经济的要素在其中占统治地位的经济秩序（例如 20 世纪的各个战争经济）表明，实行了的各种经济计划离开经济原则是多么之远，在实际的经济中问题又是多么严重。对于科学来说，得出的结论是：它只能以十分的谨慎来把从分析集中管理的经济模型中得出的各种理论原理运用到那种具体的过程上，这种经济过程运行于集中管理的经济的性质占优势的一种经济秩序中。它应当注意：实际上，对于一切过程的集中的理性的计划与偶然的因素一起标志着对这个经济过程的控制。

2. 如果依据“人们对物质物品的需要的全部状况的灵活性”去考察他们，那么就会查明，他们根据两个原则行事：不是把各种需要的水平看作是“可动的”，就是它对于较短的或较长的时间是接近于“始终不变的”。（因此，这里重要的并不是个别的需要的变化。）两种行为彼此向对方转化。同一个人有时以这种、有时以另一种方式行事。但是差别存在着。它表现在各个经济计划和各个经济活动中，并且它因此而在国民经济学上是令人感兴趣的。

根据第一个原则行动时发生的是下列的情况：厂家的领导者以扩大生产来对价格上升作出反应。例如大的农场主。更好的农业价格促使他强化种植、连较坏的土地都耕种，投入更多的劳动，这样来提高他的收入并由此而更充分地满足他的需要。价格下降时他相反地行事：粗放化、减少产量、降低供给并且总的降低他的需要的满足。

但是，如果厂家的领导者按照第二个原则行事，那么他就会做得如下：他的产品的价格上升并不促使他去扩大生产。因为他只想满足物质物品的始终不变的需要，并且为此而需要始终不变的实际收入，他甚至会在他的产品的价格上升时减少生产。没有疑问，例如在19世纪和20世纪的农业中，特别是在农民经济中并不罕见地出现过这样一些情况。歌德讲述的那些手工业者也以这种方式行事；他们"通常有着理智的意识，不比他们为争取快乐的生活而最多需要的工作得更多"。更好的价格促使了他们更少地工作。现在他们花费较少的劳动就挣到了他们的生活费。他们绝没有像可能错误地推测的那样由此而违背了经济原则，因为就是他们也试图以尽可能少的价值耗费来取得他们的这种被看作始终不变的生活费。

那些想满足水平始终不变的对物质物品的需要的厂家领导者们对价格的下降作出相反的反应。就是这个事实也值得注意。在19世纪中期，当在工业化的运动中家庭手工业者的各种织品价格下降时，许多家庭织工就是这样增加了他们的商品供给。而在1927年爆发的严重的世界农业危机中，许多农民试图通过扩大现有的那些劳动力的功效并且通过这样提高产量来对付各种农产品价格的下跌，以便使他们的家庭的收入和需要的满足不降低到一定的水平之下。然而这种行为也遇到一个限度：如果各种价格（比方说在追加的供给的压力之下)总是继续下降,那么这样一些厂家就会在耗尽劳动的各种储备时,变得不可能长此下去地凭借更多的劳动,哪怕只是接近于保持住旧的生活水平。

两种原则的差别在家计上表现如下:在需要可变动的情况下,工资水平的上升促使工人更多地劳动或者让至今为止没有从事职业劳动的家庭成员们去工作。这确实比过去更值得。因此,这个家计需要的满足水平既由于工资的提高也由于更多地投入了劳动的各种服务而提高。随着工资的上升,家计供给的劳动力增加了。当工资下降时则相反。

但是,如果家计的领导者根据列举的第二个原则行事,那么他就会做出不同的反应:供给随着工资下降而扩大,以便不让压低物质物品供应的水平。工人自己和他的家属们寻求更多的工作。(当各种需要的消费品价格上升时,就会得到同样的结果。在不变的货币工资下,实际工资因此而下降。那时工人就力求通过更多地从家计中投入劳动力来抵挡生活水平的紧缩。)——正是这个例子可以表明,同一个家计可能部分地按照第二个原则行事。工资的下滑起初可能推动减少家计的劳动供给。但是,如果工资总是继续下降,那么反应就会从某一点开始发生变化:这时劳动的供给重新上升,以便至少维持物质物品供应的一个一定的低水平。

两个原则的区别也出现于这样一些经济构成物之中:在它们当中集中领导的经济的各种要素占统治地位。例如在那里,如果按照第一个原则做计划和行动,那么一种技术上的发明就会导致更大地满足对物质物品的各种需要。但是,领导也可能把共同体各个成员对物质物品的各种需要看成一种接近于始终

不变的计划资料，并且在这时把发明使用于向它的这些成员们要求更少的劳动小时。

无论如何，在任何时代的实际的经济中都实现过两种行为方式。因此，国民经济学不能限于比方说把各种需要的一种可变动的水平简单地看作规律，而是它必须（特别在从理论上研究交换经济中的供给时）同样注意人按照第二个原则的经济行为。否则就会像在最近的世界农业危机期间表明的那样，理论的装置可能在它运用到某些具体问题上时失灵。

为什么人们对物质物品的各种需要具有一种可移动的或者始终不变的水平——只有在当时的全部历史状况的范围内才能够为各个个别的民族、为各个阶层以及为一定的时期回答这个问题。[63]

3. 另一个区别并不是更不重要：集中领导的经济占优势的一个共同体的或一个厂家的领导者，要么他的目的是为自己获得“尽可能高的纯收入”，要么他力图给那样一些人“尽可能好的供应”，这些人在他那里工作或者他供应他们。他要么按照“尽可能高的纯收入的原则”，要么按照“尽可能好的供应的原则”来行事。在实践中也常常寻找在两个原则之间的一条中间道路。（也许几乎不需要再一次特别地强调：在两种情况下都应当满足需要。）

一个主要是属于集中领导的经济的类型的共同体，就像比如说早期中世纪的徭役庄园那样，可以用双重方式来领导。它的经济领导可能主要是根据领主和他的家属们的各种需要来安排的，或者它也可能更强烈地考虑到奴隶、半自由民和所谓的自由的有劳役义务的农民们的各种需要。在这里和在任何集中领导的经济中，对于经济领导来说都存在着设立经济目标的一定的自由。当然，领导者必须至少给下属们分配那么多东西，以便使他们在经济上的效率能力不至于降低。但是，他常常能够在限制自己需要的满足的情况下通过更大量的分配而显著地超过这个下限。对种植的各种作物的选择和一般说来的经济计划，各自遵循的是“尽可能高的纯收入的原则”，还是“尽可能好的供应”的原则，而在其所有部分上都显得不同。从埃及、古罗马或中世纪早期的历史中已经知道，埃及的农民、奴隶或有劳役义务的人们的状况是多么厉害地取决于主人们的那些较大的或较小的要求。

这两个原则的这种差别在交换经济中以另一种方式起作用。而且它是否和怎样发生作用在这里取决于市场形式。根本的首先是完全竞争与供给或需求垄断之间的区别。让我们设想一个厂家，它在所有市场上处于完全竞争下，因而它把各种生产资料和各种产品的价格都看成是计划资料。正如不必在这里更详细地说明的，它的产量这时是如此之高，以致边际成本等于价格。当它生产这么多的时候，它根据“尽可能高的纯收入的原则”行事。但是（而这个恰恰是重要的）：它由此而恰好生产了那么多，就像它在给定的生产装置下以遵循“尽可能好的供应原则”所能够生产的那样。因为如果它再更多的生产，那么追加的各个单位的成本就会增大到实现了的价格以上，由此消耗的价值就比生产的更多，从而违背了经济原则。因此，在完全竞争的市场形式下，是按照尽可能高的纯收入的还是尽可能好的供应的原则来行事，这是无所谓的。在完全竞争的压力下，在两种情况下生产和出售的同样多。然而在供给垄断的市场形式下，则根据这个还是那个原则行事，差距可以是显著的。在这里显露出竞争与垄断之间的一个理论上令人感兴

趣的、经济政策上极为重要的区别。——我们看到了，垄断者把他预期的市场另一方的各种反应作为资料而投入他的经济计划中使用。如果他遵循尽可能高的纯收入原则，那么在给定的生产装置下他就会生产那么多，以致他达到了古诺点：实现了的、强加于市场的价格总是高于生产的边际成本；对顾客们的供应总是少于它（不违反经济原则）所能够达到的。但是，如果使"尽可能好的供应的原则"发挥作用，那么垄断者就会将价格规定得如此之低，以致它等于边际成本，而对顾客们的供应则比他按照另一个原则行事时更多。例如，一个作为垄断者向一个城市的居民们供应煤气的煤气厂是按照尽可能高的纯收入的原则还是（自愿的或被迫的）按照尽可能好的供应的原则来经营，这绝不是无所谓的。在后一种情况下各种煤气价格更低，该城市的煤气供应更好，这是一个在经济宪法政策上也是重要的结论。

就是在需求垄断的情况下也表现出这种区别。一个光学器具工厂是对一个小城市中的工人的需求垄断者，它的厂家领导在遵循尽可能高的纯收入的原则时能够把工资压到一个不能精确说明的下限。但是它不是必须这样。它可以根据对它的工人们的尽可能好的物品供应的原则行事，而这时它支付的工资就会那样高，以致它们大约相当于边际工人的产品。在某些情况下，特别是当这个工厂本身是光学器具市场上的垄断者时，差别就可能是显著的。那时对于厂家的或国家的社会政策来说就存在着一个显著的余地。[64]

现在，回顾满足需要—赚得原则这个对照法就是可能的和必要的。在这里表明：它徒劳地试图把握的人的行为上的那些事实状况和差别，都被我们刚才谈过的那两个对照，也就是运用号码 2 和 3 描述了。

4.19 世纪后期和 20 世纪初的人为长久的时期（比如说为几十年）制订经济计划。他储蓄是为了照顾未来。他在青年时候就已经想到了晚年的需要并且根据它来安排他的经济计划和他的经济行动。最初的基督教徒们则不同地从事经济活动。他们相信天国即将来临，不为以后的时期而操心，用国民经济学的语言来说：他们的经济计划是短期的；他们没有想过较远的未来的需要。应当从这个角度在整个历史中区分两个类型的进行经济活动的人：长期的和短期的做计划的人。

在一切时代都有过这两个类型：除了有着他们的深远的经济计划的 19 世纪末的市民之外，也有过带着他们的少数几天的经济计划的放荡不羁的艺人和流浪汉。但是在某些时代中，这一个或者另一个类型占优势。

我们已经在我们研究的不同地方发现，日常的经济过程是多么厉害地取决于：人是仅仅考虑到当前的需要，还是他或强或弱地考虑到较近的和较远的未来的需要。由此而一起决定了生产的装置的结构和物品供应在现在和在将来的分配。例如，突尼斯的柏柏尔人在一般情况下只做十分短期的计划。他只劳动这么多，以挣得他少数几天的生活必需品。他几乎不储蓄，并且几乎不投资；如果他有一点钱，那么他就不工作，而只有当钱差不多用完时，他才又开始工作。如果所有的人都这样短期地做计划，那么在地球上就会只有一个极小的生产装置，而物品的生产则会很小。与此相对比的是，在欧美文化圈中的企业和家计的领导者们投资并且储蓄，他们更长期得多地做计划。这样就产生了现代的生产装置。集中管理的经济体的那些领导通常根据极为长期的计划来工作。在印加帝国中已经如此。在这种类型的现代的经济秩序中的各个集中的管理机构也是如此；它们以这种方式在建设发电厂、高炉等方面计划并实施极为巨大的投资，相反地却让居民的当前供应退居次要地位。

因此，对于经济的事实上的进程以及对于物品的供应来说，各个经济计划在时间上影响的范围是极其重要的；而各个投资的大小就取决于这种影响范围。在研究所有的具体的经济问题时都必须注意这个事实状况，不过，概述过的那种理论装置已经考虑到了这种事实状况。

5. 20 世纪初的德国农民就是在各种产品价格下降，他的全部经济状况恶化时，也仍然留在他的庭院里。他忍受收入的损失或者试图以更多的劳动来抵抗它。只是在农业与工商业中的收入可能性之间的差距变得很大时，他才背弃农业。合众国的大多数农场主的行为就完全不同。一旦各种价格关系变得不利并且看来好像不再值得继续经营农场，他们就为他们的农业企业寻找别的更好的土地，或者到工业中去，也就是撤出。

从传统中生长出来的有力的约束把德国的农民束缚在他的庭院上，而美国的农场主则还具有某些灵活性和不安分，这些是北美大陆最初的白人移民们所具有的。就是态度上的这个差别对两个国家中的经济过程来说也是重要的。必须了解它，以便从差别上理解德国和美国的农业和物品供应。

当然，科学也必须充分地考虑到这样的和类似的无法估量的事物，它们决定性地一同塑造了各个民族的经济生活。我们这样做是通过我们在构造具体的经济秩序上把它们看作一种资料，也就是看作经济活动的一个条件。对于理论分析来说，它们在我们的顺序中属于第六种资料：法律的和社会的组织。

C. 从所有这些中得出：类似于在研究各式各样的经济形式时那样，我们必须排除有关经济人的那些通常的、磨损了的模式，以便察看经济中的人过去和现在都是什么样子的：13 世纪后期在于培恩或佛罗伦萨的或 15 世纪在纽伦堡的商人，或 18 世纪德国的行会成员或同一时代的普鲁士农民，他是如此地不同于 19 世纪后期的农民。或者是 18 世纪北美的教派成员或今日日本的农民。必须从其特殊的精神的、自然的和政治的环境上理解他们所有的人以及他们的经济行为；而我们必须谨防以迅速构思的现实类型（例如像按照满足需要的原则进行经济活动的“中世纪的人”，或者被赚得原则统治着的“资本主义的人”）来塑造侏儒。必须“也在这里自觉地放弃任何划时代的一元论”（A. 吕斯托夫）。如果我们面对历史上的那些实际的人，那就会表明：我们对个别的人的历史个别性的观看越是直观，就越是能够强烈地看到，他在经济上作计划和行动方面的行为既是恒定的，又是多种多样的。任何一个忽略了这一面或者另一面的描述都是错误的。因此，科学必须把两个方面都搞清楚。它这样做是通过它指出，所有的人们——只要他们在精神上是健全的——总是并且到处都是按照经济原则行事的，而恒定的东西正在于此。（历史主义的观点是：人在历史发展的进程中完全改变着自己。这种观点与各种事实相矛盾。）另一方面，应该确定那样一些标志，它们造成了人们在他们的经济行为上的差别。突出

五对对立做到了这一点。它们合起来(在组合之中)可能足以刻画历史上的具体的人的特征,只要人的行为在经济上是关系重大的。

还应该以少数几个例子表明,必须如何进行这种组合。众所周知,在古代末期,古代的人们的宗教的和精神的态度发生了深刻的变化。这是世界历史的那些十分重大的宗教的—精神的革命之一。从经济上看,与过去相反,极其众多的人这时不想无限度地赚得,而想满足一个始终不变的、简朴的水平的需要,以便为礼拜赢得时间并且为上帝之城做准备。从而是在我们的序列的第二点上的一个变化。与此相联系的是(第三点):人们在经济上不想再达到"尽可能高的纯收入",而是想达到"尽可能好的物品供应"。同时(第四点),各个经济计划涉及得不像过去那么远;新的无法估量的事物的各种束缚比过去更强烈地发生作用,而只是在第一点上行为几乎没有发生过什么变化。但是,人们没有改变地按照经济原则行事。另一个例子:今日美国的一位企业家 A 如何不同于一位法国的农民 R?(1)A 客观上按照经济原则行事,(2)具有无限的需要的一种可变的水平,(3)按照"尽可能高的纯收入的原则"行事,(4)制订深远的经济计划,(5)此外很少扎根于经济的纽带中;(1)法国的农民 R 只是在主观上按照经济的原则行事,(2)有一种始终不变的需要水平,(3)但是,通过他同样按照"尽可能高的纯收入的原则"行事,他得以满足这些需要,(4)他同时又为较远的未来操心——虽然是以别的、风险少的方式,(5)并且此外又有力地受着无法估量的事物的支配。

绝不应当用这样一种精确的标记激励历史的生活。由此将会完全误解了国民经济学的任务。例如,绝不应当用这样一些标记

来从其整个的范围上描绘古代晚期所发生的那个巨大的精神上的转折。这简直是一个可笑的要求。也不应该用那另一个例子来从其多种多样的无所不包的历史根源上去描述法国人与美国人的区别。应当而且必须达到的是别的东西：把握各个个别的人、个别的时代或个别的阶层和民族的精神的—心灵的特点对当时的具体的经济过程所发生的各种作用。

现在让我们看看，这如何是可能的：经济计划和行为的恒定性在一切时代和民族中都按照经济原则而发生，这种恒定性允许并要求构思和使用唯一的一个理论装置。但是，与此并列而变得可以在经济行为中看得到的多种多样性，部分地要求扩充这个理论装置（就像从 B. 2—5 所得出的那样），或者还要求在运用它时要慎重，像从 B. 1 中得知的那样。具体的经济形式的极为巨大的多种多样性是以形态学的体系来掌握的，而通过突出这几对对立则使科学地把握人的行为的多种多样性得以成功。

这样就有了可能去把对宗教的、精神的、政治的、道德的和心灵的变化（就像比方说在基督教产生和进行斗争的时期中那样）的历史的理解与精确地认清这样一些变化对具体的经济过程的各种作用联系起来。[65]

第六章　结束语

许多作者都在一本书的结尾作一个概述。我必须放弃这种做法。因为我不能比正是用一本书更简短地表达这本书的那些主要思想。尽管完全承认那巨大的差距，还是应当说，我的情况与叔本华相似；正如他自己说过的，他在他的主要著作中也只想表达唯一的一个思想：他这样说过，"尽管有一切努力，我仍然没有能够找到比整个这本书更简短的途径来告知它。"因此，谁如果没有时间或者没有兴致来阅读这整本书，谁希望在某个地方找到一个概述或者允许在一刻钟内了解主要内容的简短的重述，那我必定会使他失望。

但是另一些东西是必要的。为了排除误解，还应该打上一些强光。同时，还应该从这本书的那些思想中得出好多结论，虽然在开头已经说明了它们，但是还必须强调和发挥它们。

1. 围绕着国民经济学是否可以"用数量表示"这个问题产生了长期持续不断的讨论。常常否定地回答这个问题。据说经济不是由数量、而是由目的构成物组成的。据说，谁在国民经济学上以数量来思考，谁就是"自然科学地"或"唯物主义地"思考，并且没有认清国民经济学作为精神科学的性质或经济的历史性质。这时就对它反驳说，经济的本质或概念并不排斥以数量来思考，而是甚至使它成为必要。

如果从概念、公理、定义或某些思维成规出发，就将永远不会在这场争论上得到最终的裁决。用逻辑学的语言来说：根本不能通过出自一定的前提的推理，而只能通过显示对象本身来作出裁决。这也就是说：经济实际提供的并且我们在生活本身中看到的各种事实问题的性质，决定了问题。

但是，这时表明：有关经济的秩序结构的问题不是数量的问题。像例如今日德国的币制是如何建构的问题，德国农业的秩序是什么样的问题，也就是有关各种部分秩序以及有关当时的经济的全部秩序的问题并不要求数量的回答。然而，只有那些与经济的生活和斗争相疏远的人，才能够认为那另一个国民经济学的主要问题也不是数量的。每个工人都更好地懂得这一点。他的工资是一个一定的量，而他为食品、住宅和衣服而支付货币金额——数量。他知道，一切经济上的计划和行动都意味着：用数量来计划和行动。每个厂家的领导者对于他的成本核算、簿记、结账、盈亏核算、他的财务计划、经营计划和销售计划也同样是如此。在别的时代中计算得比较不精确，但是总是并且在一切经济秩序中都是根据数量从事经济活动的。18世纪的俄国农民主要是以集中领导的经济形式来满足他的家庭的各种需要，他很清楚地知道，各种需要及其满足之间的紧张关系是以面包、肉、衣服等等的数量来表示的，需要并且应当搞到这些数量。每个集中管理的经济同样必须考虑到数量。因此，就是科学也必须问，为什么生产了一定的数量，物品之流如何从数量上分配于各个消费者集团和消费者们，为什么发生了一定的投资，以及各个物品数量在空间上的分配取决

于什么。因为在一切科学中各个问题的解答都总是必须适应于各个问题，就是国民经济学也必须对这些数量的问题给出数量上的回答。例如，如果说有关美国货币业今日的秩序结构的问题也不需要数量上的回答的话，那么这种问题却需要：在这个秩序的范围内如何进行货币的创造以及它如何影响今日美国的全部经济过程。

那些拒绝从数量上提出有关日常经济生活的问题的知识分子们甚至落到了日常经验之后。此外他们还陷入与他们自己的矛盾之中，因为他们毕竟还是发觉了，他们的收入在数量上是有限的，他们平日支付的各种价格都是数量，而他们不断地把他们收入的与他们支出的数量相互比较。恰恰是在这种讨论上以及特别是在这样一种不通世故的命题上，显示出任何概念的国民经济学的没有成果和回想起简单的、直接的、直观的必要性。

2. 只有正确地提出问题才从其联系上展示了现实。单纯地描述事实走不了多远。重要的是提问题，而且是提出本质的问题。前科学的人难得提出这样的问题。大多数人只是对他们的直接给定的周围世界感兴趣：农民的田庄、工厂、家计和它的周围。他们的眼界达到的并不更远。他们并不觉得受到了推动去提出有关经济秩序或者有关全部的经济过程的各种联系的那些问题，国民经济学就是从这些问题出发的。

但是，怎样正确地、从国民经济学的角度提出问题？因为各种问题是从生活中生长出来的，它们就好像取决于人们的心愿。“我们可以问，我们想要什么；而我们将会问，什么使我们发生兴趣”（A. 阿蒙）。一切科学的历史不是都教导说，问题的各种提法是由实践的兴趣和变化着的精神潮流决定的吗？人们这样认为：不是经济实际强加了某些问题，而是人向实际提出他个人的问题。这样，据说个人的立场在提问题中已经表现了出来。如果这种观点是正确的，那么整个国民经济学就会都依赖于主观的斟酌决定，因为它从主观决定的问题出发，这必然会导致各种研究安排乱七八糟地并列。

事实上科学的历史确实教导说，它的问题的提出常常是由当时的实践的要求和占统治地位的时代潮流所激发的。恰恰是对于形成国民经济学的问题提法来说，可以容易地为此提供证据。直到这一点都必须赞成。但是，话还不能说到此为止。同时还适用的是：只有证明是可以富有成果的那样一些问题才能够持久。确实可以证明，古典作家们所提出的有关经济过程的全部联系的问题是由18世纪的精神的和政治—经济的全部状况所引起的。但是，它经受住了考验。已经表明了，不解决它就不能够说明人们的经济存在。尽管今天的精神的和政治—经济的全部状况如此悬殊地不同于18世纪的后期，科学必须继续提出这个问题，并且它必须继续为回答它而努力。放下这个问题，意味着放弃对经济过程的认识。对于国民经济学必须提出和解答的另一个主要问题，即有关经济秩序的问题，也适用同样的原则。无论这个问题是由什么激发起来的——在探讨时，它被证明是富有成果的和不可缺少的；它作出了许多成绩，因此必须把它提出来。

因而，两个问题统治着国民经济学：有关在其中进行经济活动的那些形式的问题和有关每天在各种给定的形式中运行的经济过程的问题。这些主要问题的不同结构赋予国民经济学以它

的性质。

从那两个本质性的主要问题和对它们的探讨中必然产生一长串个别问题。例如在提出了有关各个具体的经济过程的全部联系的问题之后，它的研究必然导致巨大的二律背反，以及导致这一问题：如何能够克服它。向着克服这个二律背反的每一步都导向新的问题，而道路就这样越过进一步地解决问题而走向其他的任务。只是在把形态学体系和理论用于具体的现象当中，问题、回答和进一步的问题的这个长长的系列才达到它的终结。而最后，在这样提出国民经济学的那些主要问题和各个个别的问题时，就的确不是必须由主观的估量和任意性、而是由向事物和合乎逻辑性看齐占统治地位。在国民经济学中，正如在其他任何一门科学中一样，我们恰恰不能够跟着阿蒙去问“我们想要什么”。相反地，我们必须排除那些证明是假象问题的问题。而且我们只可以提出和坚持这样一些问题，它们的研究使得有可能探究实际，也就是说它们经受得住考验。

3. 一切都围绕着那两个主要问题。虽然它们是在日常经验中产生的，但是——撇开不谈绝大多数的工厂主、商人、农民、工人们等等并不提出这些问题——日常经验的帮助没有成功地解答它们。因此，从充满矛盾的和一点一点的日常经验而达到科学的经验，就证明是国民经济学的主要任务。

但是，成问题的是，国民经济学究竟能否达到科学的经验以及它是否可以由此而把自己作为科学建立起来。

我们肯定地回答这个问题。但是，导致积极成果的做法是最为特别的。许多国民经济学家畏惧探究个别经济；必须完全克服这种畏惧。这种反感常常由这一担心中得到解释：由此失去对整体的洞察力，个别的家计和个别的厂家只是这个整体的极小的一部分。但是这种担心是没有根据的。恰恰是并且只有通过研究具体的个别经济的秩序的内部结构以及通过“着重强调的”抽象，才成功地获得了那样一些理想类型，它们不仅有可能被运用去认清历史上的各个经济秩序的内部结构，而且也为理论的原理、并且由此而为认识各个具体的经济过程提供了基础。通过减弱对于各个历史事实状况的直观和把理论限于一定的历史时代，并没有使历史的直观与理论的思维接近和合作。通过这样做而失去了二者：历史的直观和理论的分析。导向目的的路经过的是相反的方向：与最初的外表相反，想通过理论的思维发现经济的各种联系的国民经济学家，必须把观察具体的实际推向极端。

4. 对于实施认识过程以及对于获得科学的经验来说，决定性地重要的是在适当的地方使用恰当的抽象操作法。这样指出过：“着重强调的抽象”必须处于中心地位，它是在研究个别经济中实施的，而且它使得有可能科学地渗入具体的经济。（忽视这种抽象操作法已经从根本上助长了国民经济学的脱离现实。）与此相反，“概括的抽象”必须退后一些，在这种抽象中发生的是疏远真实的实际。但是，在“运用”中，即在科学地确定各个具体的经济秩序时，也就是在明确各种“占统治地位的”和各种“补充的”形式要素时，它起着一定的作用。

根据着重强调的抽象，国民经济学得出了“理想类型”；正如指出过的那样，它们完全不同于各种通常的“现实类型”。[66]、[66a] 这种做法走了一条迂回的道路，也就是通过在实际的经济中得出组成它的那些基本形式。因为这些基本形式过去和现在都存在于完全可以点清的数目中，就达到了一种简化，它使得能够科学地认清各个经济秩序的和各个经济过程的难以估量的多种多样性。“如果想为各种可能的条件状况的总和而扩充理论，那么这就是一个巨大的、可能甚至是乌托邦式的冒险，它可以与那种印刷术相比，这种印刷术为我们语言的每一个单个的词汇都随时准备好了特别的铅字。与此相反，如果我们以形态学体系的形态为各个个别的字母准备了各种铅字，那么，每一次根据需要研制出那些为运用到具体问题上所必要的混合，就不存在什么不可克服的困难”（F. W. 迈耶）。

5. 因此，形态学和国民经济学的理论产生于分析具体的经济之中，并且是达到科学的经验的工具。它们为科学地深入经济实际服务。这样它们就解决了那个任务，这个任务是科学的中心任务：在幼稚的思维看到偶然和任意的地方找出必然的联系和统一。

抱着纯粹经验的思想观点的人们惯于从一开始就对理论工作感到反感，而且他们既不准备、也不能够获知它们。他们必须清楚，他们由此就离开了能够认清经济实际的人的圈子。——由此也就同时消除了对国民经济学理论的任务和逻辑性质的许多误解，这些误解就是在理论家的圈子中也传播得很广。比方说这样的误解：理论包括了应该“描述”历史的和具体的存在的各种公式，它总结了所有的经验。而且它的位置可以说是在科学的终点上。或者还有：经验简直是与理论对立的，而人们则谈论那样一些“理论”，它们与经验或者与“实践”不相符。理论同样很少能够从定义中演绎出来。它也不是一般性的、像雾一样笼罩着具体的经济的意识形态。真正的理论产生于为了科学地说明具体的经济而在研究各个事实中严格地使用理性。正如指出过的，意识形态产生于意志的冲动，并且常常是经济斗争的手段遮住了向着实际的经济的视线。最后，理论也不是概念或定义的这样一种体系：它必须走在研究各个事实之前，而且它既没有基础也与历史的实际没有联系。真正的理论既不像概念的国民经济学家们相信的那样处于研究实际的经济的开头，也不像经验主义认为的那样处于末尾，也不像极端的“二元论者”们想要的那样处于各个事实的研究之外，而是它处于认识过程的中间；它是一种工具，创立它是为了使科学的经验成为可能。

理论恰好像形态学一样，它出现时所带有的要求是微少的同时又是巨大的。微少是在这样一种范围内：它仅仅提出作认识的一种工具、而绝不作为目的这个要求。但是，当它要求用作普遍适用的认识工具时，它的要求就是巨大的。通过运用这种工具能够科学地认清一切经济实际。不是在这个意义上：总是同样的那些组成形态学的纯粹的形式，或者同样的那些理论原理是有现实意义的；而正是在这个意义上：总是有一个一定部分的思想装置适宜于根据它的运用而从结构和过程上说明一定时间和一定地点上的经济实际。[67]

6. 在获得经济世界的科学的、国民经济学的图像上，一种重要的作用归各种定义所有。它们概括了事物分析的成果，并且由此使利用这些成果继续工作成为可能。国民经济学最初必须以日常语言的那些不精确的概念来工作，通过事物分析的继续发展就有可能以科学地定义了的概念来逐步地代替日常语言的那些不精确的概念，而这种代替同时又促进了事物的分析。

让我们选取一个概念，即价格的概念。在事物的分析之前，也就是在开头科学地定义它是不可能的。在分析开始时，国民经济学对于价格知道得不比平日更多。但是，如果在顺利进行事实的分析时获得了各种“经济体制”，国民经济学的问题探讨本身就会碰上价格，而且它必须并且能够精确地限定价格概念的范围。现在表明，价格在“交换经济”中意味着的完全不同于在“集中领导的经济”中。在有着它的许多的厂家和家计的交换经济中，有必要协调各个个别的计划，这种协调是借助各种价格而进行的。价格的形成因此而处于全部经济体系的中心，有着广泛的、可以精确地指出的职能，而一切行动都必须向价格看齐。在集中领导的经济中则完全不同。在那种经济中，一个地方以它的计划控制着经济上发生的事情，而在那里价格（只要它们确实出现；正如指出过的那样，不是在这种经济体制的所有形态下都是这样）则有些不同。如果在分析事物的这个阶段上有可能而且也有必要去定义什么是价格，那么下个阶段，也就是各种市场形式的研究就会导向“垄断价格”、“竞争价格”等等的定义。在定义中集中在一起的每次都是一步一步地赢得的认识。现在价格概念获得了真正的内容和精确的范围限定。同样的转变发生在别的一些概念如经济秩序、厂家、价值、资本、货币等等上。它们最初被用于日常的不确定的语言中，在分析的运动中变成了妥善定义的和科学上有用的概念，而各个定义的顺序则表明，科学怎样从日常经验中逐渐解脱出来。

在国民经济学中常常给各个定义指派另一种位置。它们常常被推到开头，而许多国民经济学家从各个基本概念的定义开始，他

们的工作简直就是以此为标志。促使他们这样做的是不同的动机。

一些人认为，科学之所以必须从经济、生产、价格等等的定义开始，是因为它从一开始就用概念来工作，而且确实必须在运用这些概念之前澄清它所使用的那些概念。对此可以这样回答：我们当然总是用概念来工作。就是国民经济学在最初观察对象时以及在最初的那些次提问题时也已经需要概念。对此不存在任何一点疑问。但是恰恰不允许由此得出结论：国民经济学必须或者可以从定义开始。它在研究事物之前怎么能够说，经济秩序是什么，或者厂家、价格、价值或资本等等是什么？如果它试图这样做，那么就把科学上没有基础的看法收进了各个定义并且由此收进了科学之中。这样，由利益决定的并且变得模糊了的看法和意识形态就通过定义而潜入了国民经济学。

其他的国民经济学家之所以把定义放到首位，主要是为了确定他们继续研究的对象的界线。因此，他们试图例如在开始时就马上给“经济”这个概念下定义，以便确定国民经济学的对象。但是，这样用定义来确定界线是行不通的并且也是多余的。行不通的——因为科学不可能成功地划定它还不了解的一个领域的界限。多余的——因为从显露的并且应当解决的那些问题中产生了对象界线的限定。应当跟着马克斯·韦伯说：确定了每一门科学的领域界限的，是一定的问题以及每一门科学为解答它们所要求的那些特定的手段。科学并且从而还有国民经济学的产生，不是靠着确定这样一个对象，它首先由于定义的帮助而确定了界线并且然后得到更详细的描述，而是靠着提出问题和阐发研究方法，以便解决问题并且获得成果。

最后，定义还由于另外一种即第三种原因而被放到了首位：许多人向科学提出的是他们从一开始就确信的命题，而科学对他们来说不过就是阐明这些命题。在这些情况下，思维进程由之开始的那些定义服务于把那些前科学地确定的命题导入到科学之中。这是我们熟悉的那些本来的概念的国民经济学家们的态度。[68]

7. 国民经济学在准备并从事解决各个问题的努力中碰上了这一决定性地重要的事实：人们到处并且总是根据经济计划行事，以便克服各种物品的现有的稀缺。这个事实使得这一点成为必需的：不仅是对一切具体的经济的秩序结构的、而且是对各个日常经济过程的研究，都首先从有着它们的计划资料的具体的经济计划着手。仿佛可以在这里找到一个大门，国民经济学通过它而探究经济实际。就是我们对两个问题的探讨也必须从这里开始（第 89 页及其以下，第 199 页及其以下），而这个开端决定了下一步的道路。

8. 国民经济学的科学首先必须是系统的。“这里绝不是表现我们的自然的一种单纯的美学上的特征。科学不想也不可以是建筑学游戏的场所。我们没有发明科学（当然是真正的而且是恰当的科学）所独具的那种系统性，系统性处在各个事物之中，我们不过是在那里碰上了它、发现了它。科学是手段，为我们的知识去征服真理的王国，而且是以尽可能大的规模；但是真理的王国不是无秩序的混乱，在它当中规律性的统一占统治地位”。[69]

因为每个家计和每个厂家都是一个广泛的秩序的环节，而每个经济行动都是一个全部过程的一部分，因此就有必要从它的联系上去理解全部秩序和全部过程。我们不是将系统性用于各个事实状况，而是我们在各个事实状况中找到了它。因为正如本书一再指出的那样，经济上发生的事情体现着一个互相依赖的整体，国民经济学就必须提供认识的一个内在联系的整体。它这样做是通过阐发一个“形态学的体系”和一个“系统的理论”。在科学的体系内部的联系必须符合各个事物的全部联系，即秩序结构和过程的联系。否则科学的认识就是不完全的。系统意味着：统一地排列顺序并使之有联系。

在经济学的整体的范围内、也就是系统地察看经济学上的每一个个别的问题，这个要求反对的是两个时代潮流。各种理论的方法变得越精致，许多国民经济学的理论家就以越强烈的程度偏爱对某些数量关系进行细节的研究。而产生了影响的是这种意见：经济学的理论应当分解为个别的定理。与此相反，必须指出理论的主要问题的完整性。所有个别的问题，比方说关于生产的控制的、关于各种工资的形成的、关于储蓄的各种作用等等的问题，都是一个基本问题——关于历史上的经济的那巨大的互相依赖的日常经济生活的全部联系的问题的各个方面。由此产生了一种系统的、对事实上的全部联系作出正确评价的理论的必要性。

第二，我们反对那种普遍地、也远离科学的占统治地位的看法：系统的思维根本就是有害的。据说生活比任何体系都更强；有生命的生活与安排秩序的生活的对立在任何地方都不像在理性对体系的追求中那样强烈地表现出来。据说体系是过去时代的事情，而生活则是现在的关切。可以容易地从精神史上解释对系统的思维的这种现代的否定。它产生于非理性主义和唯意志论的广泛流传。如果是从不合乎实际的前提出发构造体系的话，那么从这个方面对在国民经济学中的、在其他科学中的以及特别是在哲学中的体系所作的批评就不是没有道理的。固然，那时这种危险就很大：体系造成看不到实际并且诱致教条主义。但是，如果对系统的科学的批评本身变成了教条的，并且如果它没有看清，在各种实际上的联系需要的地方必然构造体系，它就陷入了过失之中。在国民经济学中，放弃体系意味着放弃对完整的经济生活的认识。

9. 在克服利益者们的各种看法和意识形态中，我们认识到了国民经济学的一个基本任务。只有这样解答那两个主要问题才是在科学上很有价值的，这种解答做到了这种克服。但是，只有这样一种科学才能够从日常经验的烟雾中解脱出来：它以精确地观察各种事实为基础、并且以可以直接理解的、清楚的思维步骤向前工作。同时科学又需要严格地向真理的观念看齐。否则就存在着它听任利益者们的各种看法和意识形态摆布的危险。

从说过的所有东西中也得知：国民经济学家们为什么并不罕见地对他们的这个重大任务认识错误。他们经常缺乏有把握地探究经济实际的方法，缺乏直接体验：他们因此经常变得依赖内行的实践家们。此外还经常缺乏对经济的全部联系的认识，正如只有以理论的帮助才能得到这种认识那样。例如，谁如果在货币理论上不十分牢固，谁就不能对货币业的例如像贬值那样的事件独立地作出判断，而是依赖银行实践家们所表示的各种意见，这些意见通常都是由利益决定的。最后，国民经济学患病于：上个世纪的历史主义、实用主义、实证主义和精神上的其他运动，使真理观念相对化并且由此而掩盖了“日常经验”和“科学的经验”之间的巨大的、决定性的重要的距离。也许没有哪一门科学比国民经济学在这之下受苦更深。[70]

10. 最近时期历史生活的迅速变动使国民经济学落入了困难的境地。当各个经济秩序如同最近几十年在许多国家中发生的那样迅速地变化时，它似乎注定了要迅速地过时。人们可能这样问道，如果竞争消失了并且由垄断或直接的国家控制取代了它，研究各种竞争价格到底有什么用处？10 年以前，当实行的是完全不同的货币秩序的时候，那时所从事的货币理论的分析对今天的人们有什么用处？——正如指出过的，国民经济学家们通常试图这样来帮助自己：他们尽可能迅速地适应当时的现有的形势并且每一次都想出一些似乎符合那一时刻的理论。这里又有了一种表面上似是而非的状况。国民经济学家们越是仅仅注意当时的形势，他们越是使目前在他们的国家中存在的经济秩序绝对化，他们越是拼命地想成为时髦的，他们就越迅速地过时。那时，经济政策的每一个转变，比方说竞争法和货币宪法的每一次较大的改造，都会推翻他们的学说大厦。因为过去的那些分析涉及一种现在已经改变了面貌的状况、涉及一种过去的经济秩序，而国民经济学家们现在则必须尽力谋取新的受时代约束的理论，这种理论一直适用到经济政策又发生一次新的变化时。如此等等处于持续的变化中。国民经济学就以这种方式最终丧失了任何立足点：它在各个事件后面跑；它从一个危机落入另一个危机。

然而，以着重强调的抽象而创立的形态学的和理论的体系经受住了历史变易的各种变化。可是为此需要两种东西：第一，这个体系必须足够广泛。不能仅仅以研究当前的事实来获得它。比如像卡尔·门格尔说过的那样，考虑到“发生的事情的一个唯一的时间上的切面——现在的切面”，这是不够的。一切时代和一切民族的经济在国民经济学上都是重要的。国民经济学家们的历史眼界必须是宽广的。只有在研究不同式样的经济秩序中才会产生一个广泛的并且有用的形态学的和理论的体系。眼光在过去和在别的经济文化中达到得越远，这样所得出的各种纯粹的形式的形态学的体系和理论原理的体系就越好地适合于经受住将来的各个变化。第二，必须理解各个经济体制的和理论的逻辑性质，认清“真理”和“现实意义”之间的基本区别。随着各种制度的变化而变更的只是各个个别部分的现实意义。没有更多的东西。在少数几年之后，今天没有现实意义的理论陈述就可以又是有现实意义的了。

例如随着新的、至今还不知道的货币秩序的产生，也许会再三证明，在货币体系的数目上或者在思想装置的其他地方的某些补充是必要的。这个装置将永远不会是“完成了的”。此外，它的运用不断地提出新的任务。但是，这一切都丝毫没有改变这个事实：如果国民经济学的思想装置是从全部广泛的历史经验中（但是根据的是对各个个别的构成物的深入分析）得出的，国民经济学绝不可能完全感到意外。面对历史的变化它获得了平静和安全；它成了一门比较能够抗拒危机的科学。

11. 认识经济实际的先决条件是：虽然把各个经济问题强调为特别的问题，但是同时又从它们的全部历史的联系上来察看它们。例如，只有在既解决了有关德国经济的秩序结构的和有关日常经济过程的各种联系的那些特殊的经济学问题，但是同时又看清了各个经济现象与民族的整个生活与政治上和社会上发生的事情以及与各个精神运动的联系时，对今日德国的经济实际的认识才得以成功。

向着一个或者向着另一个方面的片面性都是危险的。正像例如在各种经济阶段的构思上或者在各种通常的经济形势理论上所表明的那样，在忽视了一切生活领域的总是起着作用的联系的条件下，片面地一分离开地探讨经济学问题造成了这样一些结果：它们不适合具体的实际。但是，谁如果与此相反地仅仅看到了一切生活领域的全部历史的联系，并且认为根本不应该分离开地单独提出和研究经济问题，他就没有能力分析地进行探究，就仍然是业余爱好者，没有看到各种经济的事物联系并且只得到一个变模糊了的图像。较旧的和较新的时代的那些浪漫主义的国民经济学家们的情况就是如此。

在国民经济学谋求解决专业问题与无所不包的历史的理解之间存在着一定的不和，我们的研究不断地碰到了这种不和。这种不和是必不可少的和富有成果的，不可以消除它。[71]

12. 在开始时，在把握各个问题时我们必须对流传下来的阶段和风格的虚构进行批判。现在，在结尾上，可以提出这个问题：我们得到的那些成果是否又使我们接近了那些阶段和风格；比方说，是否可以把描述具体的经济秩序(a)或者是否可以把构造理想类型的和形态学的体系(b)看作是关于各种阶段和风格的以及现实类型的经济体制的学说的继续？

应该否定地回答这个问题。

a)各个经济秩序与各种经济阶段或经济风格并不相似。它们是完全不同的。

第一，经济秩序是一种个别的现象；然而经济阶段或经济风格却是一种类型。我们想研究伯里克利时代雅典的经济秩序、1 世纪意大利的完全不同的经济秩序或者数量巨大的其他的古代经济秩序;而我们并不试图用像比方说“家庭经济”那样的一个阶段或一种风格,或者用一些阶段和风格来捕捉这种多种多样性。有3世纪东德意志的一个经济秩序和1270年前后佛兰德各城市的另一种样子的经济秩序,而且有1350年前后佛兰德的又一种不同的经济秩序(第266页及其以下)。它们全都是个别的现象。与此相反,阶段和风格说则谈论“城市经济”或还有“早期资本主义”。1940年存在着一个一定的德国的经济秩序;正如指明过的,这种秩序显得与1900年前后的经济秩序根本不一样。然而阶段说却试图以“国民经济”这个类型描述这两个以及其他许多个历史的状况。

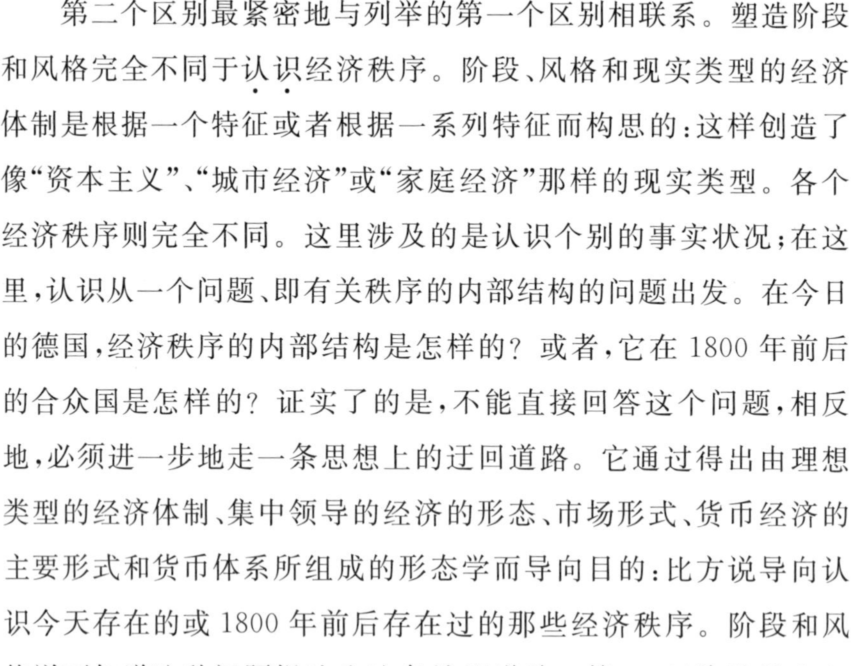

第二个区别最紧密地与列举的第一个区别相联系。塑造阶段和风格完全不同于**认识**经济秩序。阶段、风格和现实类型的经济体制是根据一个特征或者根据一系列特征而构思的:这样创造了像“资本主义”、“城市经济”或“家庭经济”那样的现实类型。各个经济秩序则完全不同。这里涉及的是认识个别的事实状况;在这里,认识从一个问题、即有关秩序的内部结构的问题出发。在今日的德国,经济秩序的内部结构是怎样的?或者,它在1800年前后的合众国是怎样的?证实了的是,不能直接回答这个问题,相反地,必须进一步地走一条思想上的迂回道路。它通过得出由理想类型的经济体制、集中领导的经济的形态、市场形式、货币经济的主要形式和货币体系所组成的形态学而导向目的:比方说导向认识今天存在的或1800年前后存在过的那些经济秩序。阶段和风格说不知道这种问题提法和这条认识道路。第三,经济阶段和经济风格应该是理论研究的基础——经济秩序则不是。我们知道，虽然至今没有创造出而且根本不可能构思出适合于个别的阶段和风格、比方说适合于城市经济或资本主义的这样一些“受时代约束的理论”;但是存在着这种意图,而且它是构造阶段和风格的一个根本的动机。对各个经济秩序的认识并不追求这个目的。同样表明过,这个种类的尝试将会失败。因为每次在一个经济秩序中实现的各种秩序形式的数目太大,而且它们是如此个别地互相结合着,以至于各个经济秩序并不表示那样一些条件状况,它们使各种理论的分析成为可能。例如,为 1900 年和 1940 年的德国经济秩序各创立一种目的在于说明 1900 年和 1940 年的德国的经济过程的特殊理论,那将是徒劳的。(相反地,各种理论是在各种纯粹的秩序形式、各种理想类型的经济体制和它们的形态的基础上获得的。)虽然为了把理论装置运用于具体的经济过程而需要了解各个具体的经济秩序和它们的占统治地位的秩序形式,但是这样一种运用又是在阶段和风格说中所没有的。

b)各种经济体制、集中领导的经济的各种形式、各种市场形式和货币体系,从而在研究具体的事实状况中发现的整个形态学体系,都和各个经济秩序一样很少与各种阶段和风格有共同之处。这里涉及的是纯粹的理想类型的形式,它们并不像风格、阶段或现实类型的经济体制那样,要在一定的横断面中概括地描摹经济现实。它们谋求的是另一种目的,是不一样地获得的并且具有另一种逻辑性质。因此,在某些构思的风格和阶段序列的个别标记与理想类型的各种经济体制的各个标志之间进行对比,这是令人生疑的。那样就会太轻易地忘记,阶段—风格与形态学的体系可以说是处于两个完全不同的层次上。如果再考虑到，就是理论在一种和在另一种做法中也意味着完全不同的东西——在阶段和风格说中受时代约束，然而在另一种做法中却不是在它们的真理的内涵上、而只是在它们的现实意义上才受时代约束——那么对于对立之大就会得到一个确凿的印象。

总而言之，这里并不是用同样的石头来建造与在阶段和风格说中不同的房子，而是这些石头在这里和在那里就已经是不同的。存在着与历史上给定的现在和过去的另一种的关系，而且既是与进行经济活动的人的，又是与各种制度的。同样存在着与理智的另一种的关系。之所以应当特别说到这一切，并不是为了引起对独到之处的资格的注意。鉴于科学及其任务的伟大，独到之处的资格总是可笑的。只是为此才必须明确地划出分界线——为了我们不去徒劳地继续建造这样一所房子：国民经济学已经太长时间地建造过这所房子，它不适于居住，而且就是在将来也不可能使它适于居住。[72]

13. 人们过去和现在都习惯于把各门个别的科学编排到一定的类别中去，以便根据这种编排而分派给它们一定的方法论。在这种情况下，常常把国民经济学分派给所谓的精神科学，与各门自然科学相对照，然后对它使用一种所谓的“精神科学的方法论”。或者相反地，人们推动它去接近各门自然科学，作出比方说用物理学的方法去从事它的尝试。无论情况是这一种还是另一种，这种行为总是不允许的。每门科学都必须仅仅从它的实际问题的特性出发，并且在对这些问题的工作中发展出它的做法和它的全部性质。现实提供的并且需要解决的各种实事问题总是强逼出做法来。

它们的两个主要问题要求以特有的方式进行历史一直观的和理论的探讨，从这两个主要问题的特性中产生了国民经济学的特性。据此也确立了国民经济学在各门科学的宇宙中的位置。

它必须维护它对其他一切科学的独立，这些别的科学正是必须解决别的种类的问题。而如果在它当中丛生着那样一些方法，它们起源于历史的或者自然科学的方面、并且不是在与那重大的二律背反争论中产生的，它就必定会失灵。因为没有别的哪门科学必须以与它同样的方式解决分裂的事实问题，在别的科学上获得的方法上的思索在国民经济学上的任何简单的转用就都是不许可的和引入歧途的。

但是，一旦充分地突出了国民经济学的特性并且因而尽可能远地推进了对实际的经济的认识，就恰恰产生了与别的科学的共同点。正是不能通过肤浅的分类仿佛是从上面、而是只能通过对各个事实问题本身的工作（也就是说从下面）来克服各个个别科学的个别化，有道理地抱怨过这种个别化。于是首先得出的是与经济史学的非常多的共同点。但是就是与其他的历史科学的联系也是非常密切的，如果真是普遍历史地从事它们的话。对此我们详尽地谈过。

14. 从全部的思维进程中得知，不能够保持企业经济学与国民经济学的分裂。这种分裂只有存在着特别的问题群时才是合理的。因为只有各个问题的独立性才造成了一门科学的独立性。国民经济学的和企业经济学的那些问题属于一个整体。厂家和家计是全部经济秩序的环节，而在各个厂家和家计中的那些过程是社会的全部过程的部分过程。国民经济学的那两个主要问题也是企业经济学的两个主要问题：只有在经济秩序和全部经济过程的范围内才能够理解各个厂家和家计的结构和领导。因此一切科学的企业经济学家都必然要进入对各个经济秩序的和交换经济的各个全部联系的研究之中。一门科学——企业经济学——停留在个别经济的各种资料上，而另一门科学——国民经济学——则对个别经济的各种资料置之不理，对此不存在最低限度的理由。企业经济学家更多地研究各个厂家和家户内部的各种联系，国民经济学家更多地研究各个个别经济彼此的各种联系——鉴于各个问题的重大，这是可以理解的和正确的。但是，强调上的差别不应当导致分裂为两门科学。

正像在历史的和理论的国民经济学之间的分裂上那样，就是在这里也适用这条原理：由于科学的分裂，各个问题没有得到解决，而是被甩开。如果国民经济学家关心全部的经济秩序或各个全部经济的过程而不了解这个经济秩序的各个承担者——各个厂家和家计，那么这就意味着脱离实际。比方说，如果不透彻地熟知所有等级的各个农家的企业结构，应当怎样理解一个现代的农业秩序的结构呢？而如果没有掌握现代银行的营业技术，不能很准确地察看银行的平衡表，又想怎样理解今日货币业的那些全部经济的联系呢？——相反地，一种固执于个别企业的企业经济学绝不能够把握个别企业的结构的和个别企业的活动的、甚至于结算的或成本核算的意义。它的眼界太狭窄，而且它陷入了对各个问题的一点一点的并且从而是不充分的探讨之中（也见第 219 页及其以下）。因此，如果国民经济学家们忽略不看各个个别经济、而企业经济学家们则停留在个别的企业之中，那么这两个群体合在一起就丝毫没有作出那一门经济科学所作出的成绩，这门科学从各个个别经济的结构以及从它们的各个计划和行动出发，并且从个别厂家的和个别家户的各种资料向前推进到各种全部经济的资料，以便这样从个别经济而达到认识全部经济。这样，就是对个别经济及其过程的科学认识也由于对全部经济的这种认识之故而得以成功。在这件事上得到证实的是勃肯的著名定律："谁想相当详尽地阐明个别，谁就必须熟悉整体。"但是，问题的统一在那里特别清楚地显露出来：在那里，就像在集中管理的经济中或者在自给经济中那样，一个领导控制着全部经济过程，因而在那里一个个别经济包含了全部过程。

企业经济学与国民经济学的分裂特别产生于：许多国民经济学家试图避开各个个别的经济去解决全部经济的问题。在这些流派占统治地位的地方，产生了一种真空。各个个别经济的构造和行为仍然是不清楚的。企业经济学试图填补这个真空。因此，一旦认识到了通过研究个别经济的秩序结构和在各个个别经济中的各个过程去发现全部经济的各种联系的必要性，就消除了真空和与企业经济学的分离。[73]

15. 在思维过程的结尾，就能比以往任何时候更确定一种事实情况和一对重要的概念。

"经济秩序"这个词表明，它是一种个别的、实证地给定的事实。它是实现了的各种形式的总和，在这些形式中，日常经济过程每次都具体地运行着（第 65 页、199 页及下页）。在人类的历史中，各个经济秩序以无法看清的多种多样性变更着。在各个经济秩序的这种多样性中发现那些构成它们的简单的基本形式，这被证实为科学的一个重大任务。这成功了。

不容许的是，不是这样描述各个实证地给定的经济秩序，而是把它们称作“结构”或者类似的东西，比方说今日谈到一种英国的经济结构。在这些经济秩序中，涉及的是具体的事实状况的同属一个整体和划分，从而涉及一种秩序。各个经济秩序过去和现在常常是不适当的；日常经济过程在它们当中常常没有达到均衡。或者它们是不公平的。无论这样还是那样，科学必须研究它们并且查明它们的秩序结构。而且正是各种秩序形式的分析使人认识到，为什么非均衡占统治地位（例如在那些持续地发生罢工或者开除的劳动市场上）——因为它们是在两方面的部分垄断中安排秩序的。

还可以如此厉害地谴责印加人的不人道的经济秩序——与耶稣会国家的人道的经济秩序相反。就像历史上的其他各个经济秩序一样，二者以同样的方式都是科学的对象。

但是，“秩序”还有另一种含义：作为符合人的和事物的本质的秩序；这意味着那种在其中存在着适度和均衡的秩序。古代的哲学就已经做过秩序概念的这种表述。它在各个事物的多种多样性中寻找世界的建筑构造上的塑造规划——在中世纪清楚地形成了奥尔多（ordo）* 观念，它对整个中世纪文化的构造起了决定性的作用。它意味着把多种多样的东西有意义地结合为一个整体。

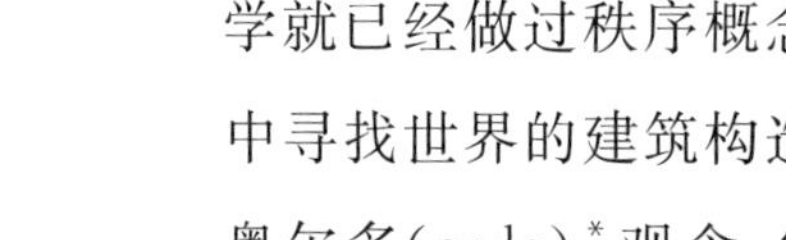

本质秩序的、自然秩序的或奥尔多的这种观念通常首先是在失灵的或者不公平的实证秩序的时代赢得巨大的力量。各个具体

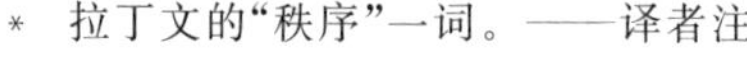

* 拉丁文的“秩序”一词。——译者注

状况的荒谬性对此给予推动。寻求的是那种与给定的各个秩序不一样的、符合理性或者人的和各个事物的自然的秩序。在从4世纪转向5世纪时，奥古斯丁在这样一种危难状况的期间阐发了这种思想。在17和18世纪中，曾经把自然秩序(ordre naturel)与实际的秩序(ordre positif)相对比；又是例如在法律和国家形成的以及经济政策的领域中有着强烈的作用。今天，这种观念又复活了——由于这一紧迫的必要性：为工业化了的经济找到经济的、社会的、法律的和国家的那种缺少的、有作用能力的和合乎人的尊严的秩序。尽管这个概念的各种表达在欧洲历史的进程中变更着，形成概念的意图仍然是同样的或者类似的。

秩序的两个概念——作为历史的个别的、变动着的事实状况的秩序和作为奥尔多的秩序——都是必不可少的。这些概念的这种区别是如此古老，因为它几乎必然地产生于同具体的实际的论辩中。人想知道，各个具体的秩序是怎样的，而且他寻求一种更好的秩序。但是两个概念彼此形成强烈的对照：人们必须在其中生活的那些具体的秩序，以及那种适用的和公平的秩序。

通过我们把各个具体的"经济秩序"(Wirtschaftsordnungen)与对"经济的秩序"(Ordnung der Wirtschaft)的追求区别开来，我们区分了这些概念。在我们的书中没有谈过经济的秩序。可是，对各个实际的经济秩序的和日常经济过程的各种联系的研究却不仅具有它巨大的目的本身。因为思想上对"经济的秩序"的工作以科学地透视各个具体的"经济秩序"和它们的形式为前提。

16. 在当前的时代中，"经济的秩序"涉及的如下：工业化抓住了越来越多的国家；现在就是在首先工业化了的各个国家中也总是在经历着新的阶段并且到处都破坏了那些旧的经济秩序。同时发生了巨大的精神的和政治的变革，它们同样改变了传统的秩序并使其解体。——到目前为止，在工业化的这个时代的进程中产生了为数众多的并且迅速变更的各种经济秩序，而且正像我们看到过的，在它们之中通常是交换经济的、但是最近也有集中管理的经济的秩序形式占统治地位；这些经济秩序导致了各个经济过程的进程中的各式各样的干扰，导致了权力的集结、权力斗争和社会的紧张关系并且加速了个性的丧失。

因此，一个重大的任务在于：赋予这个有着它的广泛延伸的分工的新的工业化了的经济一个有作用能力的和合乎人的尊严的经济的秩序，这个秩序是经久不变的。有作用能力的和合乎人的尊严的意味着：在它当中应当尽可能广泛地和连续地克服物品的稀缺，这种稀缺在大多数的家计中都日复一日地压制性地起着作用。而同时在这种秩序中，一种自我负责的生活应当是可能的。决定性的东西取决于这个任务的完成（而且不仅是为了人们经济上的生存），这个任务要求设立一个可用的“经济宪法”（第65页及下），它使足够的秩序原理成为现实。上个世纪的历史有力地证明了，这个任务在当前的时代并不是自行解决的。思考地塑造秩序是必要的。经济政策的各个个别问题，无论它们涉及的是农业政策的、贸易政策的、信贷政策的、垄断政策的、税收政策的、公司法的还是破产法的问题，都是这个重大问题的部分问题：应当怎样塑造经济上的全部秩序，而且是民族的和国际的秩序以及它们的比赛规则。——几十年以来，人们就习惯于判例式地选出经济政策的各个个别问题。但是所有经济现象的全部联系都要求从这种全部联

系上去查看并且据此来处理它们。如果经济政策忽视了这种全部联系，它就会在各个事实本身中使人不愉快地感觉到它。例如那些国家的情况就是这样：它们实行自立的经济形势政策，但却要坚持金本位制；或者它们在公司法中使股份公司的形成变得困难，但是却没注意到，通过它们的税收政策，它们过度补偿了这些法律的作用。

这些问题具有这样一种规模并且如此困难，以至于只有在运用科学的—国民经济学的研究的各个成果的条件下才能够解决它们。每个个别的经济政策措施都对全部秩序或者对全部过程发生作用。而只有国民经济学的科学在运用形态学和理论的条件下才能够正是认清这种全部的联系，这种全部的联系对于经济政策上的决定来说应当是决定性的。总的来说，国民经济学必须通过思维工作而开始为整个的现代经济创立一种经济宪法。就此而言，涉及的不是讨论教义或者意识形态，而是具体的秩序任务。[74]

17. 在 19 世纪和 20 世纪初的进程中，法学思想和国民经济学的思想走过了它们的特殊道路并且只是罕见地有过关联。在这个时期，占统治地位的是这种信念：虽然有必要达到并扩大一种法律秩序，但是一种适用的自然的经济秩序是在发展中自发地形成的。据说因此没有必要去塑造一种经济秩序；它是自行产生的。所以各个法律秩序没有包括这样一些原则，根据这些原则各个日常的合同缔结和法律事务、公司的设立等等应当结合成一个有作用能力的经济总过程。——但是在这期间认识到了：现代的工业化了的世界在它发展的进程中并没有自行产生适用的经济秩序，因而它需要一定的秩序原理或一种经济宪法。我们今日正处于这种转变之中。通过这种转变改变了法学思想和法律实践与经济和与国民经济学的关系。因为法学思想和法律实践将会在递增的程度上具有这一任务：在构思和实施这种经济宪法上进行合作。各个个别的法律领域（就像例如公司法、税法、垄断法、劳动法、专利法、有商标的货品法）将依内容和解释而根本地取决于经济宪法法律的总决定，而且将各按例如完全竞争的、别的市场形式的或集中管理的经济的那些秩序原则占统治地位而显得极为不同。

一些例子：司法和法律科学不得不再三辩论是否许可低价供给这个问题。司法通常试图参照低价供给的"不道德性"来作出裁决。但是它由此而丧失了任何坚固的立足点。因为通常是根据法官关于适当的价格以及尤其是关于经济的极不确定的想法来确定是否存在着不道德性的。但是，一旦法官由此出发：应当实行的经济宪法把例如效率竞争当做根本的秩序原则来使用，一旦区分了各种不同的市场形式——主要是供给寡头垄断、供给部分垄断和完全竞争——他就能够也把符合那些秩序原理的那些低价供给与垄断斗争的不能允许的低价供给区别开来。同样，只有当法律科学和司法把职业自由或无限责任看作是经济宪法的制度时，它们才能够理解职业自由或无限责任的意义。企业家们的无限责任在一个竞争秩序中具有这一目的：企业家们在无限责任的压力下小心地安排、仔细地考察，他们是否和怎样投资以及他们生产什么，而且他们在不成功时就自动地被淘汰。无限的责任从属于竞争秩序；以法律政策来消除妨碍这种秩序的功能行使。但是，如果作出了集中地领导经济过程的总决定，那么它就不具有功能；因为在这里，经济过程的控制和领导者们的选择不一样地进行着。如果法

律政策向其实行得到赞同的那些经济秩序原理看齐，从法律政策上处理各个个别问题就获得了它的意义，而各个个别的法律政策措施的协调就得以成功。

因为国民经济学今日做的工作是：对国际和个别国家来说是为构思有效力的经济宪法而阐明适用的秩序原理，并且使它们对于经济政策的所有部分都富有成效，国民经济学的思想和法学思想现在就能够相互结合——无论涉及的是卡特尔的处理，是各种一般营业条件的法律，是国际货币秩序的问题还是另一种经济的和法律政策的问题。[75]形态学的装置允许精确地陈述，各种法律准则如何随着各种经济秩序形式而改变它们的意义和它们的功能。

18. 不允许在国民经济学中消除直观与理智、具体与抽象、综合与分析之间的紧张关系。可以使它富有成果。必须使其发挥作用的是完整的直观和纯粹的理智、纯粹的具体和纯粹的抽象（在排除各种伪抽象的情况下）、无所不包的历史的综合和纯粹理论的分析。国民经济学生存于这些紧张关系之中，而且它正是由此而成功地科学地看清了经济生活。

它因此而凭借理论体系的统一把握了历史的多种多样性。在真正的、不是抽象推论的国民经济学中表达出来的思维与生活并不对立，它服务于说明生活，我们自己过着这个生活，它包围着我们，并且我们过去就过着这个生活。[76]

注　　释

①（第29页）不从各个事实状况以及不从各个实际问题出发，这是每一门经验科学的原罪。经常是词句排斥了事实，概念的分析排斥了事实情况的分析。极其多的人受难于：没有超越词、定义、不确切的抽象、口号和偏见而看到各个事实。伽利略的反对者们今天仍然声名狼藉，他们拒绝使用望远镜观察木星的各个卫星，因为根据他们的学说体系和他们的定义，不可能有木星的卫星，因而进一步详细研究星空就成了多余的。伽利略对此谈论道："这种人相信，不应当在世界当中或者在自然界当中、而应当在比较各种文本中寻找真实。"今天，人们习惯于对这样的不懂实际或者害怕实际看不起地一笑。这不正确。恰恰是国民经济学在患着这种病，因为人们一再看不到它真正的出发点——日常的经验和它的问题。

在第一届德国社会学家代表大会上，马克斯·韦伯在有关"经济"的概念的一次讨论中说过："在我看来，我们将必须完全普遍地由此出发：科学和它们所从事的东西由此而产生：一定种类的问题出现了，并且要求解决它们的特定手段。于是'经济'就是某种从一定的问题的角度由发生的事情的多种多样性中挑选出来的东西。"（德国社会学协会文集，第1卷，1911年，第267页。）此外对基本概念说的批评：H. 迪采尔：《理论的社会经济学》，1895年，第149页及其以下和下边第45页及其以下以及第355页及其以下。

像我们在这里所做的那样提出有关经济过程的各种联系的问题有时候碰上了反对意见。间或提出的反对意见说：这个问题——也就是说我们的第一个问题——根本就不像我以特有的"自我欺骗"相信的那样起源于直观具体的实际；而且作出了证明：我是从古典作家们那儿援引了这个问题（阿蒙，载于《国民经济学年鉴》第153卷，1941年，第15页及其以下；鲁屏，同处，第156卷，1942年，第106页；魏帕特，载于《社会国家科学杂志》，第102卷，1941年，第1页及其以下）——一个离奇的、但不是没有意义的异议。我自己坚决地、一再地并且详尽地表示同意：古典作家们提出了这个问题（例如本书第 19—20、29 页及其以下，第 53 页及其以下）。因此，本来不需要这种批评的证明。

但是，正是一些批评者的这种异议表明，对于好些国民经济学家来说，实行那种必须实行的东西是多么困难：转向现实，就像它今天在例如各个厂家和家计中在我们眼前发生的那样。要再一次引用伽利略的话：人们比较各个文本并且由此认为事情已经完结。这样人们就停留在纸张的、各种老框框的、各种唠唠叨叨的争论的世界之中。但是重要的是：自动地、亲自地、现在地、完全具体地、在它的影响范围内以充分的力量去把握问题。当然不应该贬低由我有力地强调了的古典作家们的伟大功绩——提出了并且以新式的方法论述了那个问题。但是，主要的事情是：我们完全“意识到”它本身。因为这个问题在研究实际的经济上证明是极其富有成果的，我们就必须提出它——之所以如此，不是因为古典作家们从前提出过它（又见本书第 334 页及其以下）。关键之点在于此。——那第二个主要问题，也就是有关经济秩序的问题，同样是根本性的——虽然古典作家们没有以这种方式提出过它。本来每个人都必须面对现实而自己提出这些问题，不管以前是否已经提出过它们。

②（第 30 页）关于理论国民经济学划分为三个或者四个部分：J. B. 萨伊：《政治经济学教程》，1828 年；最近特别是卡尔·迪尔：《理论的国民经济学》，第 2 至第 4 卷，1924—1933 年；H. 迪采尔，出处同上，第 128 页及其以下，它提供了一个有关国民经济学的三分法或四分法或者还有两分法的学说发展的确切的概要。在这种关联上迪采尔说过：“经济生活正是一个有机的整体。”极其正确。但是正因为如此，就必须放弃创立的关于生产、流通、分配和消费的独立的学说。为了批评还有：卡尔·门格尔：《国民经济学原理》，第 2 版，1923 年，第 4 章第 1 节。

③（第 31 页）因为并不罕见地只是不完全地看到了有关经济的时间结构的问题，并且好些理论家都把它完全推到一边（凯恩斯和他的门徒们就是这样），就应当以另一个例子来描述它：

让我们想象英国的所有矿山、钢铁厂、纺织厂、手工业工场，所有的运河、铁路、所有的农民的田庄，所有的土地，总之那整个巨大的生产装置，就像它今日存在的那样。并且再加上所有有职业的人，以及原料和半成品的所有存货。面对着这些劳动者群众、地下资源和生产出来的生产资料而出现了那个重大的问题：应该怎样从今天起在时间上安排英国的生产？这里显然有无穷多的可能性,它们在两个边界情况之间变动。一种边界情况是:把英国的一切种类的生产资料和各个劳动力都使用于扩大生产装置。那时比方说农业将用最大的力量扩大家畜的存栏量,各钢铁厂将生产用于建造新的高炉、马丁炉厂和机器厂的铁。将为了各个投资和较晚的未来的供应而尽可能有力地限制现在的和最近的将来的供应。现在的供应将很少,以便使未来的比较大的供应成为可能。另一种边界情况:把各种物质生产资料和各种劳动服务的绝大部分都尽可能迅速地导向消费,完全放弃生产装置的扩建。甚至为了强有力地现在供应的利益而缩小并且逐渐耗尽生产装置——屠宰牲畜,不再使机器和房屋充分地保持完好并补偿它们。在这种边界情况下,英国靠着让未来负担而在现在有着大量的供应。事实上选取的是许多可能的中间道路中的一条。问题是,决定事实上是由什么确定的。——明显的是,不提出和解决有关生产的时间结构的问题(它包含着有关投资和储蓄的问题),就完全不可能说明英国人民的物品供应。——如果国民经济学把这个问题推到一边,它就成了盲目的,看不到现实。

有关从这个角度对瓦尔拉斯和帕累托的批评:魏克赛尔:《帕累托的〈政治经济学教程〉》,《国民经济杂志》,1913 年。

④(第 38 页)面对着通常的各种看法和意识形态,国民经济学的任务是:详细地指出它们,认清它们的影响,摆脱它们而达到客观上有效的认识。后者是否以及如何是可能的,在这本书中以对象本身作了详尽的研究。

缺乏一门利益者们的各种意识形态的心理学和社会学。——关于 16 世纪的利益者—意识形态:施特瑞德尔:《资本主义组织形式史的研究》,第 2 版,1925 年,特别是第 2 卷;J. 海夫纳:《十五和十六世纪中的经济伦理观和垄断》,1941 年。

此外,必不可少的将是从教义史上指明,国民经济学如何在它发展的过程中接受了这双重任务——认识和克服各种看法和意识形态。在这种情况下将会表明,较老的思想家们通常比许多较新的更清楚地看到了这种任务。(舒尔采—格弗尼茨:《大企业》,1892 年,第 7 页引证福斯特〔1767 年〕的地方。——魁奈:《经济管理的一般原则等等》,大约 1748 年,1921 年译本第 43 页,在讨论各种垄断、特权等等时说:"人造的光亮在黑暗中闪了光,而特殊的利益则颠倒了自然秩序;总是秘密地、在普遍的幸福的外衣下谋求这些特殊利益。"尖锐地并且确切地论及利益者们和利益者意识形态对重商主义经济政策的影响:A. 斯密:《国富论》,第 4 篇第 3 章和第 8 章;E. F. 赫克雪尔:

《重商主义》,1932 年;CHR. J. 克劳斯常常研究这个问题复合体:《国家经济》,1808—1811 年,第 2 卷第Ⅰ册,第 243 页及其以下。)

对经济上的利益者意识形态的轻信和不保持距离,不仅出现于国民经济学家们那里,而且也经常出现于科学的和实践的法学家们那里。面对着经济上的权力集团的代表们,他们通常不具有必要的把握;这些经济权力集团的代表在卡特尔法、公司法、各种一般的交易条件法、竞争法等等中提出了一定的解释和要求。由此而显著地增大了经济权力集团影响公共生活的可能性。比方说,请阅读 1897 年 2 月 4 日帝国法院的判决(RGZ 第 38 集,第 155 页及其以下),它对于从法律和经济政策上对待各个卡特尔过去具有并且仍然具有原则性的意义而且被不加批判地使用于利益者们的文献和论证中(对这个裁决的批评:弗兰茨·伯姆:《作为历史的任务和法律创造性的成就的经济的秩序》,1937 年,第 150 页及其以下)。有必要从这个观察角度透彻地审查帝国法院在民事案件上的全部判决。

关于这里的方法论的任务:"自然的、混乱了的经验如何变成科学的经验,怎样能够确定客观上有效的经验判断,这个问题是每一门经验科学在方法论上的根本问题"(E. 胡塞尔:《作为严格的科学的哲学》,劳勾士 1911 年;此外,《逻辑研究》第 4 版,1928 年,Ⅰ.1)。——"我们的理论由'日常经验'出发,日常经验当然是一切经验的个别学科的共同出发点。它们中的每一个都想超出日常经验并且必定要这样,因为它作为'科学'的生存权恰恰正是以此为基础。只是在这方面,它们中的每一个都仅仅是以别的方式并向着别的方向去'克服'日常经验或者使它升华。"(马克斯·韦伯:《科学学文集》,1922 年,第 269 页)。——最后,还有叔本华在《作为意志和想象的世界》第二版的前言中的一些话。他在那里描写了一般的活动、写作和谈话并且说到:"是意图而不是洞察是这些骚乱者的指路明星,而在这里,真理肯定是最后被想到的。""或者人们也许相信,在这样一种追求中以及在这样一种混乱之下,在这里根本就不是目的的真理也会这样附带地显露出来?"

如果国民经济学的研究在它的开端上找到的不是白板,而是大量前科学的看法,那么它就与从政治史一直到天文学的一切经验科学分享了这种命运。但是,只有少数经验科学必须考虑这样一些前科学的看法;在它们的后面各个个人和各个集团的自我利益有着如此强烈的生气勃勃的力量。光是因此,对于国民经济学来说就在各个问题的日常性和为科学地解决它们所必要的非日常的努力之间存在着特别强烈的不一致。这里同时又碰到了国民经济学不讨人喜欢这个事实的一个原因：它要求摆脱慢慢地爱上了的错误，总是只有少数人才这样做——对此康德在例如他 1784 年的论文《什么是启蒙运动?》的开头已经说过了一切必要的话。

此外，关于国民经济学研究的这个基本问题，参见本书第 70—71、158 页及下页，第 293 页及其以下，第 344 页及下页。

⑤(第 41 页)历史常常既被理解为发生的事情本身，又被理解为书写历史(关于这一点见黑格尔的《哲学史讲演录序言》。)从这种广泛传播的、不一致的词的用法中产生了不寻常地多的、可以避免的不明确性。因此，我把"历史"仅仅理解为发生的事情本身，并且把历史科学称为"书写历史"或"历史学"(Historie)。如果在这本书中写道：中世纪盛期的历史说明……，那么我的意思是：中世纪盛期时代事实上发生的事情说明——而绝不是关于中世纪盛期的历史书写。

此外，历史不仅仅是过去所发生的事情，历史也是最近的时代、现在、今天所发生的事情。我在这个意义上使用这个词。我们自己在日复一日地经历着历史。

最后，E. 伯恩海姆说："同一个东西(也就是历史科学)根本不想知道家庭生活的各种细节、个别人的一天的命运和一天的劳动"(《历史学方法教科书》，第 4 版，1903 年，第 3 页)；他由此而说明了历史学家们习以为常的但是并不正确的重点分配。日常经济生活确实仍然还是历史的一个根本的部分。

⑥(第 47 页)关于国民经济学的理论的研究的任务，更详尽的也在我 1934 年的《资本理论研究》中的论文《国民经济学的理论做什么?》中。此外见本书第 63 页及其以下，第 67 页及其以下，第 246 页及下页，第 261 页及下页，第 276 页及下页。

⑦(第 49 页)关于"不变的总风格"，此外，第 268 页及下页，第 306 页及下页，第 332 页及下页。

⑧(第 56 页)关于启蒙运动的历史观以及反对有关它的非历史的思想方法的论点：A. 索雷尔：《孟德斯鸠》，1887 年；W. 狄尔泰：《18 世纪和历史的世界》(历史论文，第 3 卷)；E. 卡西雷尔：《启蒙运动的哲学》，1932 年，第 263 页及其以下。把启蒙运动的历史思想家们首先评价为今天还占统治地位的、个性化的、受发展观念指引的 19 世纪的历史写作的先驱(就是迈内克在他的《历史主义的产生》第一卷(1936 年)中也是这样做的)，这是不够的。有过这

样一些历史学家,他们从别的问题提法出发,而且他们对历史和对理智具有另外一种基本关系。关于这两种历史观点的还有我的论文:《施穆勒风格的科学》,《世界经济回顾》,第52卷,1940年,第468页及其以下。

反对历史学派方面的流行的古典国民经济学批判:叙勒:《古典国民经济学及其反对者》,1895年;H. 迪采尔,出处同上,第103页及其以下。

对古典国民经济学的理论体系的批评:魏克赛尔:《国民经济学讲义》,1913年,第1卷,第61页及其以下,第77页及其以下;庞巴维克:《经济财货价值的理论的基本特征》,1932年重印本,第130页及其以下和《论文集》,1924年,第481页及其以下;L. 瓦尔拉斯:《纯粹政治经济学要义》,定版,1926年,课程38—40;G. 卡塞尔:《理论的社会经济学》,第5版,1932年,第32节。

我把古典的理论理解为古典作家们的——也就是说从魁奈到J.S.穆勒和V. 曼戈尔特的那些国民经济学家们的——理论,不像新近常常说的那样,也包括现代的理论家们的理论。只有形式的、磨掉了经济学体系的基本思想的考察才能无视古典的理论体系与现代的理论体系(就像戈森、门格尔、瓦尔拉斯、杰文斯、马歇尔、V. 维塞尔、庞巴维克和后来的人们所创立的那样)之间的区别。这种区别是根本的。至少要列举两点:现代的理论家们试图从人们的各种需要出发来理解全部经济过程,而这在古典时期却正好没有发生。而第二,像成本现象那样的一种中心现象,在古典的和在现代的理论中得到了完全不一样的说明和全部经济的解释。因此,经济过程的理论图像今天在本质上不同于古典时代——一个不应当掩盖的事实状况。

⑨(第62页)概念的国民经济学家们的做法批判。别的科学比国民经济学更早地克服了概念的实在论。开普勒曾经对伽利略写道:“希茨蔑视可感觉到的世界,他自己不察看它并且不相信有经验的人,而且作为亚里士多德学派的成员以幼稚可笑的推论而在一个纸做的世界中漫游。”一句尖锐的、但是今天还有现实意义的话。——反对在经验科学中从定义开始的那种方法:J.F. 弗里斯:《逻辑的体系》,第3版,1937年,第298页及其以下;A. 特伦德伦堡:《关于哲学的历史论文集》,第3卷,1867年,第61页及下页,此外在那里写道:“与一种旧的方法上的规则——从一个对象的定义来开始研究和演讲——相反,康帕内拉从前说过这一名言:定义应当是科学的终点。实际上它不是认识的序言,而是它的结束语。因为认识在定义中集中在一起,定义最简短地表达了认清了的本质,而且在其中记下的是成果。只是在研究之后

才建立起与定义的各个标志的各种正确的关系。”而 W. 海森伯根据现代自然科学的研究：“我们比过去的自然科学更多地意识到……，我们总是必须在中间的某个地方开始，以那些只是通过它的运用才逐渐获得了更清晰的意义的概念来谈论实际”（万德，载于《自然科学的基础》第三版，1942 年，第 95 页）。此外，其他的有关对概念的国民经济学的批评：本书第 27 页及其以下，第 105 页及其以下，第 340 页及其以下。

⑩（第 66 页）除了其他许多人之外，代表了理论的和历史的国民经济学的“二元论”的：卡尔·门格尔：《各门社会科学的方法研究》，1883 年；H. 李凯尔特：《自然科学概念形成的各个限度》，第 3 版，1921 年。此外，卡尔·门格尔甚至指出了（例如 18 页），可以使理论能够对于理解具体的现象有用。但是，这种运用是“历史学家的任务”，“对于历史学家来说，在上述考虑之中的那些理论的社会科学是辅助的科学”。在门格尔那里，这样一些评注缓和了二元论的生硬，但是尽管如此，这种二元论继续存在着，因为要求的正是具有着两种不同的认识目的并且具有两种不同的思维方式的两种不同的科学。此外，认为纯粹的历史学家能够去运用理论，这是一个错误。相反地，只有这样的国民经济学家才能够做到这一点：他懂得理论地进行工作，并且从一开始（就是在取得理论工具时）就使自己适应对实际的世界的认识。方法上主张的二元论的失灵没有缩小卡尔·门格尔作为国民经济学的理论家所作出过的杰出成就。极端二元论的：A. 阿蒙：《理论的国民经济学的对象和基本概念》，第 2 版，1927 年，以及阿蒙的其他著作，例如他 1923 年关于李嘉图的书，他在那里的序言中区分了形式上的和物质上的分配问题，后者完全处于理论的考察方式之外。他最近的论文：《国民经济学和经济实际》，《国民经济学年鉴》1941 年，第 153 卷，第 1 页及其以下和第 130 页及其以下。

关于现代的理论的产生：F. V. 维塞尔：《论文集》，1929 年，第 35 页及其以下和第 110 页及其以下；J. M. 凯恩斯，载于《纪念阿尔弗雷德·马歇尔》，1925 年；J. 熊彼特：《社会经济学大纲》，Ⅰ，1924 年，第 113 页及其以下；L. 罗宾斯在 V. 威克斯第德的《政治经济学常识》1933 年新版的引论中；V. 哈耶克：《门格尔的〈原理〉》第 1 版重印序言。伦敦，1934 年；W. S. 杰文斯：他的《政治经济学理论》第 2 版的序言，1879 年。

⑪（第 71 页）为了解经验主义的立场：施穆勒对门格尔的批判（《国家和社会科学的文献史》1888 年，第 275 页及其以下）；施穆勒的柏林校长就职演讲：《变更的理论和固定的真理》，1897 年；他在《国家科学简明词典》第三版

中的词条《国民经济、国民经济学及其方法》以及他的《大纲》。在门格尔与施穆勒之间的灾难性的争论中，两个人都错了，而且真理也并不处于中间。施穆勒感觉到了门格尔的二元论的危险，门格尔预见到了施穆勒的经验主义的失败，门格尔的二元论和施穆勒的经验主义都胜任不了经济实际。一个新方向是必要的。

经验主义的广泛传播的统计学变种批判：W. 利克希斯：《关于人口和道德统计的理论的论文》，1903 年，第 240 页及其以下；F. 卢茨 ：《国民经济学中的经济形势问题》，1932 年，第 128 页及其以下。

⑫（第 76 页）关于社会和经济变易的各个"状态"或"阶段"的学说在古代、首先是在亚里士多德时就已经可以找到其开端。关于各民族的各种不同的社会形式，关于猎人们、牧人们、农夫们等等，人们在 18 世纪谈了很多（例如亚·斯密：《国富论》，第五篇）。不过阶段论在 19 世纪才移到了研究的中心。这个事实不仅与 19 世纪的经济实际所陷入的那些迅速的变化有关联（这些变化强有力地导致了这样一种阶段论的扩展），而且也与那个时代的两股不同样式的精神潮流有关联；这两股潮流彼此互不依赖地使科学的思维对准了阶段论：新的历史意识的突破，也就是说转向个别地把握历史的生活（就像在 18 世纪末和 19 世纪初发生的那样），要求甚至是对经济形式的世界的精确得多的观察和详细研究。而此外又从完全不同的方面来了第二个有力的推动：经验主义的发展观念在自然科学中的胜利。这个胜利是如此之大，以至于它也扩散到了别的所有科学上。那是那样一个时代，当时一个伊林那种级别的法学思想家在谈到他的法学史研究的全部成果时说，它以"最完全的程度"向他证实了达尔文的学说（《法中的目的》，1868 年，第 1 卷，IX。——关于发展观念的历史和各种形式以及对它的批评：鲁道夫·欧肯：《当代的历史潮流》，第 6 版，1920 年，第 132 页及下页，第 206 页及其以下）。自然科学的进化论的渗入各门社会科学常常与孔德以及他对欧洲思想的巨大影响有关系（《实证哲学教程》，1830—1842 年）。事实上，孔德以特别的气力做过：使国家和社会中的各个个别的事实作为按照一般的规律运行的、必然的发展的环节而可以理解。他的有名的三阶段论产生过惊人的、强烈的影响。部分是直接地、部分经由斯宾塞，孔德也从进化论的方向上影响了德国的国民经济学，并且由此而促进了经济阶段说的进一步形成。例如，这适用于施穆勒，他在精神上既是由达尔文，又是由斯宾塞和孔德所决定性地支配的。（对此：K. 迪尔：《理论的国民经济学》，第 1 卷，第 2 版，1922 年；W. 密

切利希:《关于各个灵活的和僵硬的概念的学说》,1936 年,第 142 页及其以下以及迪尔的学生弗兰茨·拉伯的弗赖堡博士论文:《古斯塔夫·施穆勒的进步观念》,1934 年。)关于自然科学的思维渗入社会科学,新近特别是哈耶克:《唯科学主义和社会的研究》,《经济学》,1942—1944 年。

每本教科书都报告了经济阶段说以及它的进一步形成。因此,我仅仅列举:K. 克尼斯:《历史观点的政治经济学》,1883 年,第 351 页及其以下;卡尔·毕歇尔:《国民经济的产生》,第 8 版,1911 年;桑巴特,他关于《现代资本主义》的著作以 19 世纪的发展观念为基础,而为了了解可见他的小论文《经济生活的秩序》,第 2 版,1927 年;J. 坡楞厄:《比较的经济理论的基本形式》,1919 年;A. 斯庇陶夫:《作为历史的理论的一般的国民经济学。各种经济风格》,《施穆勒年鉴》,第 56 年度,1932 年,第 891 页及其以下。——关于"直观的理论":E. 沙林:《盛期资本主义》,《世界经济回顾》,第 25 卷,1927 年,第 314 页及其以下;A. 斯庇陶夫:《施穆勒和国民经济学的直观的理论》,同上,第 62 年度,1938 年,第 400 页及其以下;W. 伍劳伊哥尔斯:《德国的效用价值论的成就、弱点和事实上的意义》,同上,第 61 年度,1937 年,第 275 页及其以下。——例如凯恩斯的态度表明,现代的理论家们多么郑重地把当时的经济形式作为他们的理论分析的基础;在他的著作中,在他眼前所有的总是当下的局势。——关于 C. 门格尔对此的态度见第 232 页。

⑬(第 78 页)经济阶段、经济风格、现实类型的经济体制和其他一切"现实类型"不仅意味着与各种"理想类型"不同的东西,而且它们也是用另一种做法得出的:也就是用"概括的抽象"而与各种理想类型相反,各种理想类型是在"着重强调的"或"孤立化的抽象"中产生的。(更详细的见本书第 110 页及其以下,第 118 页及下页,第 193 页及下页,第 250 页及下页,第 339 页及下页。)

卡尔·门格尔已经使用了"现实类型"这个术语(《关于各门社会科学的方法的研究》,1883 年)。——施穆勒(词条《国民经济》,载于《国家科学简明词典》第 3 版,第 468 页)已经正确地感觉到了,韦伯对各个理想类型的特征的描述不适合他的和毕歇尔的经济阶段,不过没有论证这个想法。更详细的关于两种类型的区别的,特别是见本书第 347 页及其以下以及注㉔和㊱。

⑭(第 79 页)关于史前史的历史图像的最新扩充:施密特—科佩斯:《人民和文化》1,1924 年;门新:《石器时代的世界史》,1931 年;F. 海希尔海姆:《古代经济史》,1938 年;为了入门:F. 凯恩:《世界历史的开端》,1933 年。

⑮(第 81 页)关于古代晚期经济的逐渐的、被个别的繁荣打断的衰落和原始化:M. 罗斯托夫采夫:《罗马帝国的社会和经济》,德文版,1929 年;F. 海希尔海姆,出处同上,第 7 和第 8 章。

⑯(第 83 页)关于中世纪盛期和晚期的经济的新图像以及关于城市经济论的克服:A. 舒尔特:《巨大的拉文斯堡贸易公司的历史》,1923 年;J. 施特瑞德尔:《资本主义组织形式史的研究》,第 2 版,1925 年;弗里茨·罗里希:《欧洲的城市》——载于《世界历史的柱廊式入口》,1922 年,第 4 卷;此外罗里希的演讲:《中世纪的世界经济》,1933 年;J. 库利舍尔:《普通经济史》,第 1 卷,1928 年;克莱门斯·鲍尔:《中世纪晚期和近代初期的企业和企业形式》,1932 年,以及《直到 14 世纪末的威尼斯的盐业贸易政策》,《社会和经济史季刊》,第 23 卷,1930 年,第 273 页及其以下;W. 阿贝尔:《从 13 世纪到 19 世纪的农业危机和农业行情》,1935 年;B. 库斯科:《信用经济和资本流通在'信用经济'中的产生》(科隆演讲),1927 年;H. 西维金:《经济史》,1935 年,第 63 页。应当从那些较老的、批判地面对过去占统治地位的城市经济说的著作中列举的:斯蒂达:《15 世纪的汉萨—威尼斯贸易关系》,1894 年。——我有责任感谢克莱门斯·鲍尔对中世纪经济的问题和经济秩序的一般问题的为数众多的个人的建议和指点。

剩下的还有这一问题:像贝罗、毕歇尔、桑巴特和其他许多人那样的经济史学家和国民经济学家们,怎么可能会不顾那许多现存的原始资料的明确的话语而完全错误地判断一个接近我们的时代的经济?他们怎么会相信看到了并存的无数的、自我封闭的城市经济,而事实上在那里存在的却是一种大地域的分工的经济;而他们又怎么能够完全忽略了中世纪的远地贸易的存在和中心的意义?除了占统治地位的发展意识形态(它忽视了就像 16 世纪以来所发生的那些退化)之外,也许还可以认为,下列因素对此负有责任:人们不正确地解释了托马斯·阿奎那和其他许多中世纪的社会伦理学家对远地贸易的反感,并且无视了社会伦理的要求与经济的实际之间的巨大距离。此外,中世纪经济政策的主要承担者是城市,而不是国家。在这种情况下,把城市和它的贴近的郊区错误地看成一个封闭的经济区域并且把它的法律裁决适用的区域同它的经济往来的区域相混淆,就是容易理解的了。

⑰(第 87 页)关于极为富于对立的古代经济史研究的状况:马克斯·韦伯:在《国家科学简明词典》第三版中的词条《农业史》;F. 奥尔特尔在派尔曼的《古代世界中的社会问题的和社会主义的历史》第三版(1925 年)的补遗

中；Ⅰ.哈色勃来克：《希腊经济和社会史》，1931 年，序言。

因为古代的那些原始资料对于有关经济秩序的问题只给了部分地足够的回答，研究者们就可以容易地发挥构思的快乐。人们或者是在古代寻找今日的那些经济状况，把现代的经济的和社会的对立投影到古代当中去，并且在这样一些斗争的过程中为自己在当代的角斗中的立场寻找依据。爱德华·迈耶、派尔曼以及最近（虽然慎重得多）罗斯托夫采夫就是这样。或者人们把古代看成是现代经济世界的对立物，罗德贝尔图斯、毕歇尔和最近的哈色勃来克就是这样。古代被现代化或反现代化了。在它当中寻找同样的和相似的或者完全不同的东西。——但是，必须从它自身来理解每一个时代。

⑱（第 88 页）关于中世纪经济的历史学的和国民经济学的文献所受的苦是：通常没有把有关经济的秩序结构的问题提到首位。例如，提出中世纪在多大程度上实行了自然经济和在多大程度上实行了货币经济这个问题，这是肯定不够的。“自然经济”的确包含了完全不同的经济秩序（见注㉟）。

除了在注⑯中列举的那些著作以外，关于中世纪的经济还应当列举：L. M. 哈特曼：《论早期中世纪的意大利经济史》，1904 年；A. 道普什：《欧洲文化发展的经济和社会基础》，第 2 版，1924 年；F. 吕特戈：《中德地区中世纪早期的农业宪法》，1937 年；R. 帕索夫：《在关于各种经济体制的各种学说中的各种领主经济关系》，《国民经济学年鉴》，112，1919 年；E. 凯尔特尔：《当局的价格调节史》，第 1 卷，1935 年；G. 米克维茨：《行会的各种卡特尔功能》，1936 年；G. 海夫纳，出处同上。

⑲（第 94 页）关于各个现代的经济秩序的各种问题：弗兰茨·伯姆：《竞争和垄断斗争》，1933 年，以及《作为历史的任务和法律的创造性成就的经济的秩序》，1937 年（带有一篇弗兰茨·伯姆、瓦尔特·欧肯和汉斯·格罗斯曼—道艾尔特的《经济的秩序》丛书导论）；F. 卢茨：《货币宪法的基本问题》，1936 年（该书还描述了英国的货币宪法和英国货币业的实际上的秩序，我们在正文中涉及过这些）；F. 卢茨：《金本位制和经济秩序》，《世界经济回顾》，1935 年；H. 盖斯特里希：《新的信贷政策》，1936 年，以及《信贷与储蓄》第二版，1947 年；H. 格罗斯曼—道艾尔特：《经济自己设立的法律和国家的法律》，1933 年；W. 欧肯：《国家的结构变化与资本主义的危机》，《世界经济回顾》，1932 年，以及《作为经济宪法的基本原则的竞争》，载于《法律工作团体经济科学小组论文》，第 6 卷，1942 年；A. 吕斯托夫，载于《社会政策协会论

文》,第 187 卷,1932 年,第 60 页及其以下;W. 罗柏凯:《当前的社会危机》(1942 年)和《人类文明》(1944 年)以及《国际秩序》(1945 年);F. A. 哈耶克:《通向奴役的道路》,1945 年;C. 迪策:《农业和竞争秩序》,《施穆勒年鉴》第 66 卷,1942 年,第 129 页及其以下;L. 密克施:《作为任务的竞争》第二版,1947 年,1948 年及其以后的《奥尔多年鉴》中的文章。

现代各民族的经济就像是一个巨大的车间,在其中千百万个个别经济最紧密地分工式地结合着。这种经济需要依据一定的秩序准则的秩序,以便有能力运行。就像最近半个世纪的经验令人信服地教导的,无限制地听任各个经济秩序生长以及经济政策的不系统的干预在长期中导致了这样一些经济秩序:在这些经济秩序中,现代的经济过程只是在严重的干扰下运行,而它们最终必定也会像在古代晚期一样导致原始化。因此,现代的经济需要"经济宪法"。——刚才列举的那些著作也定下了从思想上为这个经济宪法做准备这个目标(对此见本书第 357 页及其以下)。关于"经济秩序"与"经济的秩序"的区别,见本书第 354 页及其以下。

⑳(第 99 页)关于科学认识各个经济秩序,更详细地特别是在第三篇,第四章,第 210 页及其以下。关于法律秩序和经济秩序:见第 228 页及下页第 307 页及下页,和 M. 韦伯:《经济与社会》,1922 年,第 368 页及其以下,以及韦伯在 1910 年的社会学家代表大会上的重要的讨论文章(《德国社会学协会论文集》,第 1 卷,1911 年,第 265 页及其以下)。另外:R. 施塔姆勒:《经济和法律》,第 5 版 ,1924 年,特别是本书第 307 页及其以下。

㉑(第 102 页)关于随着构造阶段和风格而实行的非历史的简化:马克斯·韦伯:《科学学文集》,1922 年,第 195 页。不过马克斯·韦伯没有从他恰当的批评中得出各种必要的结论(见注�)。关于对阶段说的批判:贝希特尔:《德国中世纪晚期的经济风格》,1930 年,第 3 页及其以下。——不应当把我们的观点误解为,我们反对把经济秩序概括为更大的组。但是,为了保持接近实际,必须根据经济的秩序结构来这样地形成群组。例如,只要在古代的各个希腊城邦国家中实现过一种统一的秩序结构,就可以谈到那里的一种典型的经济秩序。但是不能忍受的是把两种完全不同的经济秩序(就像比方说奥古斯都时代意大利的经济秩序和埃及的经济秩序)概括为一个"经济风格"。

不仅在描述各种经济形式上,而且也在表现日常经济生活上,例如在经济形势的研究上都使人感觉到国民经济学中的过大的简化的倾向。过去和现在都作出过尝试，以确定经济形势过程的、从而日常经济生活的各种推移的一种真实的统一类型或“正常的周期”，以便由此为这种正常的周期创立一种解释的理论。在这方面同样太少地注意到各个个别的经济形势运动的那些差别，低估了非经济的、特别是政治的事情对日常经济生活的那些影响，并且总的说来没有看到经济实际是怎样的。没有经济形势的正常周期。（关于此：卢茨：《国民经济学中的经济形势问题》，1932 年；斯图肯、纳塞尔、卢茨和我在斯庇陶夫纪念文集《经济形势研究的状况和最近的将来》中的文章，1933 年；廷特纳：《商业周期中的价格》，维也纳 1935 年；哈耶克：《价格预期、货币干扰与错误的投资》，《国民经济学期刊》第 73 卷，第 186 页及其以下，以及下面第 4 章，Ⅳ。）

㉒（第 103 页）引人注目的是，在纲领上为“理解的国民经济学”辩护的同一个科学流派（报告了它的有例如桑巴特关于《三种国民经济学》（1930 年）的书）做了一切，来阻止在科学工作本身中的历史的理解：这也就是通过把它的工作奠定在这样一些阶段、风格或现实类型的经济体制的基础上。这里存在着一种（在科学史上并不罕见的）纲领与行动根本对立的情况——而且是以特别粗暴的形式。脱离全部历史的生活并且塑造这样一些横截面，进行不能容忍的简化，使历史的理解成为不可能。

有些著者——如贝希特尔（出处同上）和米勒—阿尔马克（《各种经济风格的族谱学》，1941 年）——把经济风格的概念用在例如与斯庇陶夫完全不同的意义上。他们正是靠着他们的风格概念的帮助而理解一个时代的生活表现的统一，从而理解即使是经济与其他的生活势力（比方说宗教或艺术）的当时的联系。在这里，风格应该刻画一个时代的生活风格的特点；它不应该为克服巨大的二律背反服务，因此它不应当去解决历史的直观和经济学的一理论的思维怎样能够进行必要的合作这个问题。所以，存在着与我们的思维进程之外的这些尝试的争论。对他们首先应该提出这个问题：这种形态的风格观念是否适合于认清经济上发生的事情与其他的生活领域的联系。

关于批判经济阶段和风格说以及关于国民经济学的理论与历史的联系，最近特别是：A. 吕斯托夫：《论经济科学的各个基础》，载于《经济科学院一般评论》，伊斯坦布尔，第 2 年度，第 2 号，1941 年，第 105 页及其以下。

㉓（第 108 页）众所周知，一般概念的拟人化在欧洲精神史上并不罕见地起过灾难性的作用。中世纪的极端的概念实在论者们的一个集团把像热或冷或颜色这样的一般概念看成是比各个个别之物更为现实的本质，认为各个

个别之物只配得到一种不独立的现实性。据说共相是实体，它产生和决定了各个个别之物。今日的极端的概念实在论者们（他们虽然是极端的概念实在论者，却不知道它）类似地把“资本主义”的概念看成是一种本质，它应当得到比各个事实更高的现实性并且产生了这些个别的事实。把资本主义看成是生效的原因——不仅是经济的，而且是一切历史上发生的事情的。这种魔术的神秘主义考察方式统治着一部分较新的社会学的和经济学的著作。

熊彼特的书《资本主义、社会主义和民主》（德译本 1946 年）提供了一个引人注目的例子。在那里不仅讲述了资本主义或者资本主义的过程（也就是说那个“人物”或那个“实体”）在技术的—经济的领域作出了哪些成就。我们还读到：上升的资本主义创造了现代的科学，它塑造了自乔托以来的绘画艺术，现代的和平主义和现代的国际道德是资本主义的产物，但是它产生了以及如何产生于一种反对它的普遍的敌意，而且它自己使支撑它的那些墙垣倒塌。熊彼特是实证主义者。他想描述事实而不表示态度。他想以孔德的、圣西门主义者们的和许多别的实证主义者们的风格“描述”那存在于各个历史事实中的发展规律。而且他反对谈论“力量”、“原因”等等，因为据说它们是形而上学的概念。但是发生的是什么？对于他来说，一种人神同形同性地设想的、超自然的力量——恰恰是“资本主义”——成了那叫作历史的傀儡戏的领导者。它赋予立法者们以他们的思想，赋予科学家们以他们的灵感，赋予道德哲学家们以他们关于各个价值的世界的想象，而且它引导着画家们的画笔。我们阅读着一篇有关一个有时候是万能的、现在则在衰老的生物和它的所作所为的故事。从孔德以来，实证主义者们就自夸超过了“神学的”和“形而上学的”时代而开始了人类历史的第三个、也就是实证主义的阶段。但是，就像孔德和其他许多实证主义者们一样，就是熊彼特也没有发觉，他多么厉害地远离了他自己的纲领以及他怎样重新陷入了魔术的神秘主义的思维。很少有形而上学者这样毫不猜疑地用一种人格化了的实体工作过，并且这样没有怀疑地相信过，在它之中找到了所有的历史的起作用的原因，就像熊彼特和其他的现代人在人格化了的“资本主义”中找到的那样。

今日的那些概念实在论者们本来可以从中世纪的共相论争中以及从拟人化的概念实在论的那些失败中学到许多，而这个论争的过程对他们本来应该是一个警告。有关于此的历史的：B. 盖耶尔：《教父学的和经院的哲学》（此外《大纲》第 2 部分，第 2 版，1928 年，第 205 页及其以下）；文德尔班—海姆索特：《哲学史教科书》，1935 年，第 241 页及其以下以及在那里列举的其

他文献。关于原则上的批评:洛采:《逻辑》,1874年,第340节及其以下;胡塞尔:《逻辑研究》,第2版,1914年,第2卷,第106页及其以下,第121页及其以下。——关于概念的国民经济学:本书第56页及其以下。

像"资本主义"或"社会主义"那样的概念不能代替对现实的形态学的研究。

㉔(第108页)人们想以"阶段"和"风格"来捕捉经济实际,结果却见不到事实上的经济实际的踪影了,这个事实部分地从不清楚人们用来工作的那些类型的逻辑性质中得到了解释。

在构思它们的时候人们相信,能够以一定的宽宏大量并且在忽略许多历史上的事实状况的情况下来构思这样一些"理想的情景"或"理想的类型",恰恰因为涉及的只是理想的情景。在构思它们之后却宣布,他们"捕捉"了或"描摹"了或"描绘"了具体的经济。首先声称,"城市经济"这个类型表现了一种理想的情景,而与这个情景不相符的那些事实是不值得注意的。以后则要求,承认"城市经济"反映了一个经济时代(比方说12世纪以来的中世纪)的经济。这样就在创作历史图景上为主观性和任意性开辟了道路。

在逻辑上—科学理论上存在着两个错误:第一没有把理想类型与现实的类型区别开来,理想类型各自只是纯粹的突出经济实际的一个方面,现实的类型则想再现真实的实际。第二没有看清,一种一定的、严格的做法必须既在得出各种理想类型上、又在得出各个现实类型上占统治地位,这种做法排除了或者的确限制了主观性。——只要还像今天这样轻率地使用类型来工作,它们所引起的损失就会是巨大的。如果正确地得出和使用它们,它们就是一种极其有效的认识手段。

㉕(第110页)关于古典的国民经济学与历史上存在的经济并且特别是与它的时代的经济的关系,见第53页及其以下。

关于国民经济学理论的逻辑性质和适用范围,此外可见第45页及其以下,第49页及其以下,第227页及其以下,第259页及其以下,第276页及下页、第337页及下页,注㊹和㊼。

㉖(第113页)经济的一切个别问题都是国民经济学的那两个主要问题的部分问题。如果今日问到一家化学康采恩的组织、或者图林根农业合作社制度的结构、或者德国农业机械工业中卡特尔的形成、或者德国的各个信贷银行的结构,那么它就是关于德国的经济秩序的全部问题的部分问题。也应当总是把它们当作这样的问题来领会。而关于化学工业的经济状况、或者图

林根的牛奶经济的状况、或者德国农业机械制造方面的售货发展和价格的形成、或者关于德国的各个信贷银行的偿付能力等等的问题,则是关于今日德国的经济过程的全部问题的部分问题。就是这些例子也表明,两个主要问题最紧密地联系在一起。

在这里就已经应当预先作出警告,提防那种可能是容易想到的、但却完全是行不通的解决尝试:试图为每个个别的经济秩序造成特殊的理论,以便这样来说明在每个经济秩序的范围内的经济过程。在这种情况下就会看不清:各个具体的经济秩序过于复杂,以至于不能够用作理论工作的基础。对它们的描述没有呈现简单的、一目了然的条件状态,没有这种条件状态就不可能得出理论。不能为今日德国的或今日美国的经济秩序造成两种特殊的理论以说明今日德国的或美国的日常生活。正是必须寻找一条完全不同的道路。更详细的可见第三篇第四章,特别是第258页及其以下以及第337页及其以下。

㉗(第117页)全部第三篇都是一个统一,并且正像这整本书一样,只能作为这样一种统一来理解。有些读者也许需要个别的观测点,以便总是清楚地记住这个统一。我建议,为此而利用各个单个章的(在它们当中特别是第四章的)那些开头。

人们可能会对本文中的表述提出异议:对各个简单的现象的意识不会发现像"农民的田庄"、"家计"、"鞋匠的作坊"等等的那样复杂的构成物。据说意识的各种基本内容要简单得多;只是在困难的概念的工作之后才会产生像农民的田庄、家计等等的那样的概念。对此应该着重指出两点:首先,这种反对意见不可原谅地把科学研究的不同层次混为一谈。经验到底怎样形成、概念究竟如何产生,个别的科学不必提出这个问题。它是哲学家的事(第20页)。个别的科学从日常经验出发并且试图由此向前推进,去争得有着其客观上有效的判断的科学的经验(例如见第363—364页)。为了认清一个村庄A的经济生活,国民经济学家们不必去思考那些从根本上建立了经验的原始的意识内容。相反地,他们从日常经验出发,利用日常的各种概念并且研究在这个村子里的F、R、T等等的那些农民的田庄。第二,列举过的那种反对意见没有认清,为什么有必要坚决地这样转向各个事实。因为许多人不去察看各个事实,而是去规定某些像资本主义等等的那样的概念,把它们推到开端上并且从它们出发来进行演绎,以至于他们仍然不熟悉那处在他们面前的和必须科学地认清的具体的世界。

㉘（第118页）关于那两种抽象的形式——通过“着重强调”的抽象和“概括的”抽象：洛采：《逻辑》，1874年，第40页及下页，第169页及其以下，第176页及下页；W. 冯特：《逻辑》，1906年，Ⅱ，第11页及其以下；特别是E. 胡塞尔：《逻辑研究》，第2卷，第一部，第2版，第106页及其以下，以及第216页及下页。令人感兴趣的还有：古诺：《关于我们认识的基础的论文》，第3版，1922年，第230页及其以下。只有近代的科学才成功地充分发挥了着重强调的抽象，而在这种抽象之下所发生的，是提高了一个具体的事实状况的各个个别的方面，以及像在本文中以一个家计、一个工业厂家、一个农民的田庄、一个徭役庄园所显示的那样获得纯粹的形式。而概括的抽象却是在概观许多具体的事实状况中实施的，这时以类概念来抓住这样一些事实状况的那些共同的特征。通过概观数目很多的古代的庄园而产生了“家族经济”这个类概念和现实类型，而通过概观数目很多的中世纪的城市而产生了“城市经济”这个现实类型。

更详细的可见本书第246页及下页、第255页及下页、第337页及下页和注⑬。

㉙（第124页）关于鲍比奥修道院和中世纪早期的其他领主统治：L. M. 哈特曼，出处同上；H. 毕克尔：《圣加伦修道院的各种经济关系》，1914年；A. 道普什：《加洛林时代的经济发展》。1913年。

㉚（第127页）关于中世纪制造业的秩序，可见注⑯和注⑱中指出的那些著作；而对于近代的最初几个世纪：A. 奥宾和A. 昆策：《同业公会变易时代中部德国东部的亚麻布生产和亚麻布销售》，1940年。——必须在与德国骑士团对初级品的琥珀经济特权和琥珀贸易垄断的联系中察看列举过的15世纪吕贝克的琥珀制品销售中的两方面垄断。（关于此事：《吕贝克证书》第Ⅰ卷，6，1881年，第448号和586号；W. 斯蒂达，载于《吕贝克历史协会的报告》，1886年，第97页及其以下；W. 泰斯道尔夫：《普鲁士的琥珀开采、加工和贸易》，1887年，第6页及其以下。）如果运用各种市场形式的装置去研究重要的、并且特殊地安排了秩序的中世纪的琥珀开采和主祷文的制造，那将会是富有成果的。

㉛（第127页）在海希尔海姆的《古代经济史》第2卷（1938年）中，可以找到一份史前时代的和古代地中海各文化的经济史学的图书目录（又见注⑭）。

此外，关于在它的经济秩序中“完全集中管理的经济”的各种特征占统治地位的印加帝国：H. 库诺夫：《印加帝国的历史与文化》，1937年；L. 鲍道英:《印加的社会主义帝国》,1928 年(德文译本 1948 年)以及那里列举的文献。供了解的:《不列颠百科全书》中的词条《印加》和《南美》。

㉜(第 132、322 页)关于集中管理的经济中的经济领导的各个问题:《集体主义的经济计划》,哈耶克编,伦敦,1935 年;L. 冯·米塞斯:《公共经济》,第 2 版,1932 年。在最近几十年中,在许多工业化国家中都必须从实践上解决这个问题,它由此而走向了一个新阶段。例如德国的那些经验就是重大的。在这里,从 1936 年起就试图通过运用不同的方法来解决该问题。但是,把一个足够的核算机器安装进集中管理的经济中(在实行了它的范围内),这没有成功。(在这一方面也有我在《国民经济学年鉴》第 159 卷,1944 年,第 176 页及其以下,以及在《经济学》,1948 年中的论文。)

范围广泛的盎格鲁-撒克逊文献(M. 泰勒、熊彼特、兰格、勒纳以及其他人的)以巴罗内 1908 年的著名文章为基础(注㊵)。巴罗内的作品想证明,一个集体主义的国家的生产部门必须而且可以就像存在着完全竞争那样地行事。它就像在完全竞争中所发生的那样,也就是说根据成本原则来首先分发对于消费品的指示,然后为满足消费者们的需求而调度各种生产资料。就是这里和那里的经济计算据说也基本上是同样的。这种思路产生于那种旧的、但是今天还是流行的观点——“经济行为的基本逻辑在商业的与在社会主义的社会中都是同样的,由此而没有困难地得出了解决办法”(熊彼特)。

但是这个根本的命题是不能证明的和站不住脚的。——巴罗内和他的继承人们从下述条件状况出发:消费者们制订他们自己的经济计划,而集中的管理机构则使自己适应消费者们的需求,这样来控制整个的生产过程。因此,不是集中的管理机构的各个计划,而是消费者们的那些计划和需求最终决定着各个消费品、劳动力和生产资料的使用。此外,对这个特别的模型还应当说:这种情况在历史的实际中从来没有成为现实过,而且最可能的是它将永远不会成为现实。一个国家生产出集体财产,以便把经济过程的控制交给消费者们,而它又用一定的货币资金装备了这些消费者们——这是一个完全脱离历史的假设。在集体所有制下得以贯彻的是集中管理经济的方法,而消费者们对经济过程的控制则被消除了,以便把它交给行政机关。——原则上适用的是,这个模型表现得不是集中管理的经济,而是一种有着集体所有制的交换经济,此外在这种经济中还根据尽可能好的物品供应的原则行事。(关于这一点:第 136—138 页、第 47 页及下页。)因此,不能允许把这个模型的理论分析运用到那些被称为“集体主义的”经济秩序的各个现代的问题上。

但是如果现实地研究集中管理的经济——而不是这个模型，那么就会显示出，它的世界完全不同于交换经济的世界——又特别是在完全竞争的情况下。仅仅指出若干类的问题：经济计算（见第319页及其以下）、投资和储蓄、经济形势运动（见第290页及其以下）、经济权力的分配（见第295页及其以下）以及国际贸易在这里和那里都是完全不同的。这种基本的区别在日常经济生活的所有过程中都表现出来了，不认识它就没有对现在和过去的经济实际的认识。

整个一个民族的集中管理的经济的领导所必须完成的任务之大，通常导致把对例如像煤炭、钢铁、木料、水泥等等的各个个别的经济部门的特殊管理委托给独立的机构。使所有这许多中央机构的各个经济计划彼此协调，根据经验证明是非同寻常地困难的——因为缺乏足够的经济计算以及由于别的原因。如果这种协调不成功，那么占统治地位的就是许多中央机构的"集团无政府状态"，而只在名义上是集中管理的经济。——在"简单的集中领导的经济"或"自给经济"中，通常找不到所有这些困难。

㉝（第145页）关于作为交换经济正常运转的必要先决条件的计算的尺度，可见例如G. 卡塞尔：《理论的社会经济学》，第5版，1932年，§40。

㉞（第176页）关于各种市场形式的学说是古老的并且已经由重商主义者们创立了：然而它当时没有超出开端。

因为古典时期想要发现和研究经济的自然过程和自然的价格形成（见第53页及其以下），它就较少对市场形态的各个个别的历史形式表示有兴趣。整个学说因此（而以后又由于历史的和理论的研究的分裂）而被搁置。像古诺（《财富理论的数学基础》，1836年）、卡尔·门格尔（《国民经济学原理》，1871年，第175页及其以下）和其他人的个别的突击不足以造成转变。

这样也许就可以得到解释的是，直到今天，对于重要的市场形式到底是什么这一点，既不是清楚也不是一致统治着科学和公众。例如：完全竞争。过去以至现在还把"完全竞争"与"开放的"市场相混淆，虽然在开放的市场上的确能够实现而且事实上也经常实现所有的市场形式。——但是，最糟糕的是"自由放任"与"完全竞争"的混淆。对于19世纪初来说这还是可以理解的。那时人们相信，通过清除各种公法的垄断、特权、强制和绝罚法，就能够导致完全竞争的状态。但是，不可原谅的是在19世纪后期还没有认识到这个错误并且直到今天还极为经常地把自由放任和完全竞争看成是一个东西。现在可以容易地确定，从一种自由放任的政策中产生的绝不是普遍的完全竞争，而是也有供给垄断、供给的部分垄断、供给的寡头垄断等等。这种混淆今天还属于经济学上的那样一些没有根除的基本错误，它们也严重地损害了经济宪法的法律工作。

较新的研究致力于精确地确定各种市场形式。我们在正文中详尽地谈过它所处在其中的那些危险。——常常是先验地构思各种市场形式的体系并将它搬到实际中去。因此，人们不是在经济实际中寻找和发现一种体系，而是“设置”它。这样一些先验地设置的市场形式并没有再现具体的实际的那种形式世界。例如，人们把完全竞争描述成那样一种市场形式，在那里个别的人的影响等于零。显然只有在供给者或需求者的数目无穷大的时候情况才是这样。垄断被构思成对立物：一个厂家供应所有的顾客，而因为必须排除所有的替代可能性，就只有一个厂家能够占据这个位置，它为世界提供一切商品。两种情况都是不现实的，而全部的实际都处于它们之间。几乎没有为把握多种多样的实际作任何事情，而竞争和垄断这两个概念已经是相近的，也就是说不再能够用于刻画一定的实际的事实状况。与此相反的是，必须在经济实际中赢得各种市场形式。应当在各个事实状况中找到它们，就像其他各种理想类型的秩序形式也应当的那样。应当“揭示”它们。这通过研究具体的个别经济的各个经济计划而得以成功。因为可以精确地弄清市场的参加者们在其基础上安排他们的计划的那些计划资料。（可以由它们、而不是由各种所谓的“行为方式”来查明各种市场形式：“行为方式”是一个被加进了极为不同的内容的概念。）这样在研究经济实际中得出的那些市场形式就可以解决向它们提出的那双重的任务：为认识各个具体的经济秩序服务（此外可见第248页及其以下，第349页及其以下），以及作理论分析的基础，这在运用中使得有可能从它们的联系上说明具体的经济过程（此外可见第258—259页）。

应当从大量较新文献中列举出：V. 庞巴维克：《资本和资本利息》后半卷，第3版，1912年，第357页及其以下；魏克赛尔：《国民经济学讲义》第1卷，1913年，第84页及其以下；帕累托：《政治经济学教程》，第2版，1927年，第3章，第40页及其以下；斯拉法，载于《经济学杂志》，1926年；张伯伦：《垄断竞争理论》，第2版，1936年，有图书目录；E. 施奈德：《垄断式的经济形式的纯理论》，1932年；琼·罗宾逊：《不完全竞争经济学》，1933年，以及她的文章：《什么是完全竞争？》，载于《经济学杂志》，1935年；R. 弗里切：《垄断—多极——在经济学中的实力基本概念》，威斯特伽德纪念文集，1933年；H. v.

斯塔克尔贝格的重要的书《市场形式与均衡》，1934 年；斯塔克尔贝格：《不完全竞争的问题》，《世界经济回顾》第 48 卷，1938 年，以及《国民经济学的诸基础》，同上，第 51 卷，1940 年；L. 密克施：《作为任务的竞争》，第 2 版，1947 年；E. 里夫曼—凯尔：《有组织的竞争—价格形成》，1936 年；汉斯·默勒：《计算、销售政策与价格形成》，1941 年。——表格式地描述各种市场形式：斯塔克尔贝格：《市场形式与均衡》，第 3 页；密克施，出处同上。——关于市场形式与权力，见本书第 295 页及其以下。

㉟（第 179 页）关于“自然交换经济”这个类型：魏克赛尔：《国民经济学讲义》，第 1 卷，第 61 页及其以下，第 2 卷，第 4 页及其以下；卡尔·门格尔：《原理》，第 2 版，1923 年，第 9 章。

历史学家和国民经济学家们经常谈到“自然经济”。一个很不出色的词，它不适于标明经济的秩序结构。“自然经济”既可以指家庭的或氏族的或一个部落的集中领导的经济，也可以指现实存在的自然交换经济的关系。由此就抹去了集中领导的经济与交换经济之间的（从而那两种经济体制之间的）决定性地重要的区别。

关于“自然交换经济”这个类型的启迪学意义，可见第 233 页及其以下。

㊱（第 193 页）大多数货币史研究的问题提法都给历史上的各个货币现象的分析造成了困难。这种分析通常是硬币史的或者（主要是在克纳普的影响下）法律史的。但是，只有对货币现象提出经济上的问题（关于货币的产生、关于在这方面实现了的那些市场形式以及关于计算单位与货币的关系）才把它也引向理论的探讨。

关于古代的货币史：艾伯特：《史前史的真实百科词典》，《货币》条；《鲍利—维索夫古典古代科学真实百科全书》第二版中的为数众多的词条；海希尔海姆，出处同上，带有图书目录。

对中世纪的货币业的那些描述通常都是硬币史导向的。这样得到解释的是：可以长期忽视私人的、城市的和国家的债据作为货币对中世纪的经济具有的巨大意义，从其重要性上低估了就像中世纪在很大程度上存在过的计算单位与交换手段的那种区别，以及没有真正把硬币也作为经济现象来研究。——在这种关联上，在有关中世纪经济史的较新的著作中特别应该列举的：库斯科：出处同上；G. 密克维茨：《来自雷维尔的账簿》，1938 年；M. M. 坡斯坦：《中世纪英格兰的私人金融工具》，（《社会和经济史季刊》，第 23 卷，1930 年）；M. 奇奥达诺：《交换的契约》等等（都灵国王科学院出版物，1931

年);H. 洛朗:《关于货币优劣的格莱辛定律》,1933年;J. 瓦克纳格尔:《13世纪作为支付手段的城市债据》,1924年。——在不同着眼点之下的关于较近和最近时代的货币业的发展:K. 海尔弗里希:《货币》,第6版,1923年;J. M. 凯恩斯:《论货币》,1932年;R. 斯图肯:《货币与信贷》,1949年;G. 卡塞尔:《金本位制的崩溃》,1937年(德文版带有B. 普菲斯特尔的序言);F. 卢茨:《新金本位制》,《世界经济回顾》第46卷,1937年;O. 怀特:《德国的货币政策》,1950年以及B.J.Z. 的各个年度报告。

如果货币不是以钞票和汇划货币的形式在银行提供贷款的行动中创造出来,19世纪和20世纪的各个投资的以及因而工业化的一大部分就不会发生。通过提供贷款与货币创造的(或者偿还贷款与货币的消失的)这种联系,根本改变了投资与储蓄的关系。关于这一点:A. 哈恩:《银行信贷的国民经济理论》第三版,1930年;H. 盖斯特里希:《信贷与储蓄》第二版,1947年。

㊲(第196页)关于那样一些交换经济,在它们当中的各个个别的市场上实现了不同的市场形式,可见斯塔克尔贝格:《市场形式与均衡》,第29页及其以下,以及在那里列举的文献。

㊳(第197页)此外,较旧的货币理论问题的提法的一个错误是,从一种平均值——一般的价格水平出发,它表达的是一种思想上的虚构,而从事经济活动的人并不考虑它,他熟悉的只是个别的价格。同样很少可以把"价格水平"当作起作用的要素投入到推导过程中去使用。只有"当有必要在分析的结尾概括出一个结果,用一个词或一个数字表示一种总的形势的时候",像"价格水平"这样一种平均值才是有用的。(K.F. 梅耶,出处同上,第18页。)此外关于这个问题:哈耶克:《价格与生产》,1931年,第3页及其以下;哈伯勒:《指数数字的意义》,1927年,第70页及下页,以及(从另一个着眼点)A. 洛施:《经济的空间秩序》第二版,1944年。

㊴(第197页)国民经济学的古典时期经常只是研究了那样一种交换经济体制:在这种体制中,在一切市场上完全竞争占统治地位,而且在其中同时存在着金属的流通货币。它因此而把握了市场形式与货币体系的一种最令人感兴趣的组合,但恰恰只是一种组合,只是一种边界情况。——然而较晚的古典时期在一定范围内超出了这一点,这是当它认识到了钞票的创造对全部经济过程的重要性时——一个重要的成就,它主要表现在奥维尔斯顿的那些著作(《小册子及其他出版物》,1857年,例如第411页及其以下)中。

魏克赛尔的《利息与物品价格》(1898年)开始了向新的问题提法的过渡。

㊵(第 200 页)关于集中领导的经济中的经济过程。——文献通常从这种问题提法出发:在一个与“市场经济”或“自由的经济”或“资本主义”相对立的“集体主义”共同体中,经济过程如何运行。(帕累托:《教程》第 2 版,第 6 章,第 52 页及其以下;E. 巴罗内:《集体主义国家的生产部》,载于《经济学家杂志》,1908 年;V. 维塞尔:《自然价值》,1889 年,以及在注㉜中列举的那些著作。)——但是,我重复这一点:“集体主义”与“集中领导的经济”不是同一的。“集体主义”应该标明一种具体的状况,它在某些时代完全找不到,而在过去和现在的另一些时代中则得以实现。而“集中领导的经济”却实现于一切时代和一切民族中。它过去和现在都总是存在着。虽然它常常只有一些痕迹,但是它也经常在各个经济秩序中占统治地位——通常是以自给经济的简单形式。(人们以“集体主义”来不精确地刻画多种多样地组合的那一类经济秩序,在它们当中“集中管理的经济”的因素占统治地位。)——我们突出集中领导的经济的这些实现了的、在实际中总是可以遇见的因素,并且发现了一种纯粹的形式、一种理想类型的经济体制,它被用作主要的模型:集中领导的经济连同它的两种形式——“简单的集中领导的经济”和“集中管理的经济”连带它们的变种(第 129 页及其以下)。与别的行动相反,人们以这种方式从一个方面把握了历史的多种多样性,而且同时获得了这样一些模型,它们精确地体现了一定的条件状况,并且从而使得出理论成为可能。

那样一种集中领导的经济的理论是必要的和可能的:它从其联系上看清了在这种经济体制之中的经济过程。必要的,是因为在集中领导的经济中,经济过程运行得与在交换经济中不同;因此那些集中领导的经济的特征在其中占统治地位的具体的经济秩序,显示出与那些交换经济的要素在其中占统治地位的具体的经济秩序不同的具体的经济过程。这样,生产与分配的秩序在这里和那里就极为不同;投资过程在这里和那里不同地进行;个人的各种需要的影响在集中领导的经济中就比较弱,或者被排除了;消费者们特别是在集中管理的经济中是没有权力的;生产在这里可以容易得多地集中于满足需要的(比方说军备的)一个一定的复合体;货币在这里和那里起着极为不同的作用;经济权力在两种情况下意味着不同的东西。这些区别强烈地显露于最近的时代中;理论的分析必须精确地突出它们。——但是,就像我们的概述也试图表明的,一种集中领导的经验的理论是完全可能的。从各种资料和各个经验规则中产生了领导的各个计划,它们有着它们的评价;由此产生了它的行动;而这样就能够确定经济过程以及它的困难。今日的一位理论家认为:"无论如何,那样一个领域随着交换经济而消失:在一切社会学的科学中,只有在这个领域中才可能查明恒定的和客观决定的联系。"如果他说得对,国民经济学就必须放弃对于经济实际的一个显著的部分的认识。但是他错了。而国民经济学家们不应该从这样一个领域中撤出来:在这个领域中,他们能够(而且必须)作出根本性的事情。

㊶(第205页)关于从双重的角度(作为经济上的问题和作为经济上的资料)去看待来自先前的生产的存货的必要性:欧肯:《资本理论的研究》,1934年,和《资本理论的主要问题》,《国民经济学年鉴》,1937年。——新近关于在这本书的范围内只能略微提及的各个问题:R. 冯·斯特里格尔:《资本与生产》,1934年;斯塔克尔贝格:《在静止的交换经济中的资本与利息》,《国民经济学杂志》第10卷,1941年;E. 林达尔:《货币和资本理论研究》,1939年;I.R. 希克斯:《价值与资本》,第二版,1946年;哈耶克:《资本的纯理论》,1941年。

㊷(第210页)关于第一个经验规则(所谓的戈森第一定律):戈森:《人类交换规律的发展》,1854年,以及在《国家科学简明词典》第4版上的词条"需要"(H. 梅耶的)中列举的其他那些著作。——把戈森定律修改成"边际替代率递减规律":I.R. 希克斯,出处同上,第11页及其以下;斯塔克尔贝格:《价值理论的发展阶段》,《瑞士国民经济学杂志》第83年度,1947年。

㊸(第215页)关于第二个经验规则:T.N. 卡弗:《财富的分配》,1921年,第二章;埃奇沃思:《有关政治经济学的论文》,第1卷,1925年;A. 密切利希:《确定土地的肥料需要》,1924年;E. 施奈德:《生产理论》,1934年。也有摩根斯泰恩处的图书目录,载于《国民经济学杂志》1931年,第4册。

关于第三个经验规则:E.v. 庞巴维克:《资本和资本利息》,第4版,1921年;博洽德,载于《世界经济回顾》,第34和35卷,1931—1932年;N. 卡尔多,载于《计量经济学》,1937年,第201页及其以下;斯特里格尔:《资本和生产》,1934年;E. 施奈德,载于《国民经济学年鉴》,第147卷,1938年;欧肯:《作为时间过程的经济过程》,《国民经济学年鉴》,第152卷,1940年,第113页及其以下。

㊹(第219页)关于风险的问题:庞巴维克:《资本实证论》,第4版,1921年;H. 马尔夸尔特:《农业生产向各种价格看齐》,1934年;马尔夸尔特写道(第128—129页):"但是,在我们的工作中,重要的必须是,把这个风险问题提升为独立的理论问题。不在意地把风险排除掉并且由此而冒这样的危险:

一再碰到实践家耸肩膀以及这句格言：‘是的。在实际中确实与在理论上完全不一样。’——这种状况的确是不行的。然而事实上却是这样的：一个接近实际的理论必须把风险因素包括在它的分析之内。在这之后它也就不再面对各种事实而继续束手无策了。这在我们研究的过程也越来越清晰地显示了出来。”

关于各种预期的问题：门格尔：《国民经济学原理》，第2版，1923年，第149页；庇古：《工业波动》，第2版，1929年；G. 米尔达尔：《作为货币理论分析的工具的均衡概念》，载于《货币理论论文集》，哈耶克编，1933年，第383页及其以下；凯恩斯：《通论》，1936年，第22章。

㊺（第193、219页）现代国民经济学的一理论的研究在其问题的提出上、在它的思维方式上以及在各个主要成果上都显示出一种显著的统一性并且绝不是没有联系的观点的并列。应当指点本书的那些寻找现代理论的入门的读者们参阅：W. 罗柏凯：《经济的学说》，第4版，1946年；R. v. 斯特里格尔：《国民经济学基础入门》，1937年；E. 巴罗内：《理论国民经济学的基本特征》，第2版，1935年；供进一步学习的：斯塔克尔贝格；《理论国民经济学的基本特征》，1943年；G. J. 斯蒂格勒：《价格理论》，1947年。在那些巨著中特别是：E. v. 庞巴维克：《资本和资本利息》，第4版，1921年；此外见注⑧和⑩。

在较老的那些人中，以分析个别经济的现金持有来探讨各个货币理论的问题的有C. 门格尔：《国民经济学原理》，第2版，1923年，第325页及其以下；L. 瓦尔拉斯；《要义》，巴黎1926年，第320页及其以下；A. 马歇尔：《货币、信用和商业》，1923年，第282页及其以下。从较新的那些人中我列举出：K. F. 梅耶：《金的游动》，1935年；J. B. 希克斯：《简化货币理论的建议》，《经济学》，1935年2月。

㊻（第230页）关于“静止状态”的观念以及关于对这个观念的批评，可见第四章，Ⅳ，第284页及其以下和在注㊽中列举的那些文献。

为了避免误解，还应该特别强调：一种静止状态是通过各种资料的恒定性来实现的，这种恒定性必须得到完全严格的贯彻，从而也有现在和未来的各种需要的恒定性。只有当在提出本年的各个经济计划上为以后各年预计了与本年同样强度的需要的满足，并且与此相适应地预先规定了代替物的筹措时，才达到这样一种静止状态：在这种状态中，生产出来的物质物品的、特别是耐久的生产资料的各个存货总是保持着同样大小。否则生产装置就会扩大或者缩小。关于变动法，也可见第 245 页及其以下，第 284 页及其以下。

㊼（第 235 页）关于那些鲁滨逊分析："如果想象由鲁滨逊式的个体联结出共同生活，那么这就比得上那种歪曲的看法：似乎一个还没受损害的花瓶原则上是由它此后被打碎而成的那些碎片构成的。"（哥特尔：《需要与满足》，1928 年，第 70 页。别的批评者：迪尔：《理论的国民经济学》Ⅰ，第二版，1922 年，第 4 页；卡塞尔：《理论国民经济学的基本思想》，1926 年，第 10 页及下页；桑巴特：《三种国民经济学》，1930 年，第 176 页及其以下。）这种看法无疑是"歪曲的"。但是，谁维护它？——用那些鲁滨逊分析所想要的完全是别的东西。继续停留在那幅不怎么出色的图像中：没有人需要担心打碎花瓶。我们首先研究一个小花瓶，它的构造能够比较容易看清。然后我们转向构造比较复杂的好多个较大的花瓶——社会经济的各种不同的形式。如果小的的花瓶的研究走在前面，就能够更容易地从它们的内部结构和全部联系上看清这些较大的花瓶。庞巴维克偶尔说到过鲁滨逊："在我们敢于走到完整的实际的遮掩了的图像面前之前，我们出于良好的理由在它温和的形态上练一会儿我们的和我们的读者的眼睛；但是，我们的理论的原来的活动场所却是完整的社会经济。"——关于各种鲁滨逊分析的巨大的启迪学价值：M. 韦伯：《关于科学学的论文集》，1922 年，第 196 页；H. 迪采尔，载于《国民经济学年鉴》，1890 年，第 54 卷以及庞巴维克，同上，第 58 卷，1892 年；G. 苏尔策：《经济的各个基本法则》，1895 年，第 80 页及其以下；查理斯·奈特：《资本与劳动》，德文译本，1847 年；J. B. 克拉克：《财富的分配》，1902 年，第 40 页及其以下。关于 18 世纪的那些鲁滨逊的故事（它们与今日的理论研究上的那些鲁滨逊分析没有内在共同点）：H. 赫特纳：《18 世纪德国文学史》，第 6 版，1912 年。

魏克赛尔的《货币利息与物品价格》（1898 年）为"自然交换经济"的高度的启迪学价值（不顾自然交换经济与货币经济的重大对立）提供了一个证据。——关于从自然交换经济上和货币经济上探讨萨伊定律：L. 密克施：《有普遍的生产过剩吗？》，1929 年，第 198 页及下页。

㊽（第 239 页）理论的国民经济学家们试图在绕过各种个别的市场形式并且在只是辅助性地探讨"社会主义"经济的条件下创立一种统一的交换经济理论。在最新的他们的这种尝试中，卡塞尔的著作成了最著名的（卡塞尔：《理论的社会经济学》，第 5 版，1932 年）。卡塞尔想以他的理论研究一种超然于竞争和垄断的交换经济，在这种经济中以对整个社会来说最合理的方式

把各个物品的量引向它们的使用。因为这只发生于严格地根据成本原则形成价格的情况下，就仅仅研究了这一种情况。理论虽然由此而获得了一种巨大的形式上的完美性，但是却没有足够地对准对经济实际的说明。（关于这一点：W. 克劳姆法特：《卡塞尔的理论的结构中的系统观念》，1927 年；以及熊彼特，载于《施穆勒年鉴》，第 51 年度，1927 年，第 241 页及其以下。）

在历史学派的范围内（部分地也在努力使历史的与理论的国民经济学相接近的进程中），曾经尝试过在各个"受时代约束的"理论前面送上一个"不限于一时的"理论。这样斯庇陶夫就谈到了不限于一时的经济并且要把它的理论推上首位。他把不限于一时的经济理论理解为一种由一个统一的意志领导的社会经济，在其中找不到独立的个别经济。因此，这是一种比方说处于维塞尔的"简单经济"的风格中的集中领导的经济。虽然在理论工作的进程中证明，为分析交换经济而运用分析集中领导的经济的那些成果是适当的，但是我们无论如何没有权力先验地把集中领导的经济称为不限于一时的经济。哪些经济现象经受、哪些不经受变化，恰恰是不能先验地确定的，而是只能凭经验，也就是说只是在对历史上遇到的事实状况的分析工作的进程中。因此，把一种关于不限于一时的经济的理论或一种形式的理论送到各种"历史的"、"直观的"或"受时代约束的"理论之前，这是不能容许的——完全不考虑的是，这些所谓的"历史的"理论从来也没有把握住历史的实际并且因此始终仍然只是纲领。（斯庇陶夫，载于《施穆勒年鉴》，第 56 年度，1932 年，第 892 页及下页，第 918 页；伍劳伊哥尔斯，载于《施穆勒年鉴》，第 61 年度，1937 年，第 279 页及下页。）

㊾（第 242 页）对于那些产生于资料变化的经济过程中的变化的陈述，如果是正确地获得的，就是严格地、必然地、不容争辩地有效的。对于经济过程的推移反过来在各种资料上促成的那些变化，就不能作出这样的陈述；按照逻辑学的语言惯用法，对于它们的判断是有问题的。

还有一些例子：国民经济学的理论可以精确地指出，一定的资料的变动如何引起劳动者的各种收入的提高。但是，它不能精确地确定，收入的提高是否以及在多大程度上导致工人们的效率的提高，从而"劳动"这种资料的变化。当它试图这样做时——它偶尔这样做过——它就遭到了失败。或者：借助货币理论的帮助可以精确地证明，一种通货紧缩政策引起经济过程的哪些变化。根据经验，在现代国家中，长期持续的通货紧缩式的萧条在具体情况下常常导致严重的政治震动，导致经济政策和经济秩序的变化。但是，对各种资料的这些反作用是否得以实现以及它们是哪一种的，这又如此之甚地取决于各个个别的国家的特殊结构和其他许多历史事实，以至于国民经济学的理论必须避免对此给出不容争辩的判断。

㊿（第 244 页）此外，就是国际收支理论也犯了这种错误：承认包含着需要解决的问题的那些事实是资料。它把一国的进口和出口以及把国际收支的其他各个项目看成是给定的量，并且正是想由负债与资产方的关系说明外汇兑换率的高度以及它的变化。但是，一国的进口和出口与国际收支的其他各个项目一样很少是给定的量。它们取决于彼此进行贸易的各个国家和各个价格以及各种外汇兑换率本身。因此，国际收支理论是不充分的，而因为它指明的币值恶化的那些原因不恰当，它就在币制政策上发生了极为有害的作用。（对此：哈伯勒：《国际贸易理论》，1933 年，第 26 页及其以下；欧肯：《德国货币问题的批判考察》，1923 年，第 1 章。）

51（第 247 页）因为不划出一个资料的边界就不可能有理论的一国民经济学的研究，所有的理论家（自从有了国民经济学的理论以来）都用资料来工作。在这方面，常常没有使用“资料”这个名称，而是比方说谈到“给定的要素”或“简单的要素”或者还有“生产力”。这不是根本性的。可是根本性的是，对那些资料的各种想法常常是不完整的。

弗里德利希·李斯特称作“生产力”的东西就是资料，不过他不同地、更详尽地刻画了它们的特征。“一个法律或一个公共机构不对生产力的增加或减少发生或大或小的影响几乎是不可想象的。”我们将会说：如果它不改变一种资料的话。因此，经济政策的任务必须是“唤起和培养”这种“生产力”。

直到那里李斯特说得都对。但是，当他要求各种生产力的一种“理论”（他想在各种价值的理论之外提出这种“理论”）时，他就错了。他把各种生产力的理论理解为一种应当说明具体的资料的形成的理论。创立这种理论的任何尝试都必定要失败，因为只有历史的-个别的理解才能够看清具体的资料的形成。比方说这个问题：为什么德国今天具有一个有一定的能力和教育程度的一定的人口，或者为什么那里有一种一定的社会和法律秩序。庞巴维克在同维塞尔的一次讨论中说过：“理论的说明做的是一般说来可以期望于一种理论的说明的一切，它只是终止于‘资料’，对它们自己的进一步说明不再是经济学理论的事情。”他此后继续说道：“这种资料是生产技术的资料，它不需要也不允许用经济学的理论来解释；这恰恰就像这时那样少：在那个有5 袋谷物的垦殖者的例子中引证或者坚持经济学的理论以说明，在那个垦殖者的各种需要中，对于谷物烧酒的需要排在对肉食的需要之后，它们为什么如此排列，以及给予这两种需要中的每一种的满足以怎样的重要性。”(《资本实证论》，附录 7)

关于各种资料及它们的获得，此外：J. B. 克拉克：《经济理论纲要》，1907 年；J. 熊彼特：《经济发展理论》，1926 年，第 75 页及下页，以及《社会科学文献集》，第 42 卷，1916－1917 年，第 3 页及其以下；R. v. 斯特里格尔：《经济学的范畴和经济的组织》，1923 年；L. 罗宾斯：《论经济科学的性质和意义》，1932 年；F. 卢茨：《国民经济学中的经济形势问题》，1932 年，第 65 页及其以下，第 116 页及其以下；克瑞西—万特鲁伯：《农业危机与停滞期间》，1936 年，第 362 页及其以下；K. F. 梅耶，出处同上，第 56 页及其以下；F. W. 迈耶：《国际收支的平衡》，1938 年，第 14 页及下页，第 159 页及其以下。各种资料的装置需要扩大(个别经济的资料——全部经济的资料；计划资料——实际资料)。同时，从我们的研究中得知，我们绝不能把获得资料的工作托付给社会学或者历史的撰写，它们没有能力去做这个：由于国民经济学的问题的提出和各个事实的着重强调的分析，国民经济学必定碰上那些条件——经济过程就取决于这些条件。它把这些条件称作资料。

㊾(第 256 页)关于巴拉圭的耶稣会共同体的经济秩序：P. 埃尔南德斯：《瓜拉尼人的社会组织学》，1912 年；M. 法斯宾德：《巴拉圭的“耶稣会士国家”》，1926 年。

㊿(第 260 页)因此，根据在正文中说过的，国民经济学过去对经济史学的影响经常不是有益的，因为转借了一种不能胜任历史存在的概念形成。就是施特瑞德尔的那些富有成果的工作也受到了极度扩大地使用“资本主义”这个词之苦。

海希尔海姆(《古代经济史》，1938 年)作出了使用各种“经济风格”的尝试。——我重复说：这些尝试的失败不是历史学家们的、而是国民经济学家们的过失。国民经济学家们恰恰不应当把像阶段或者风格那样的不熟悉历史的虚构提供支配，而应该把从历史实际中得出的形态学体系提供支配，通过它的运用经济史学家就成功地认识了经济的具体的秩序结构。(对此还有：A. 吕斯托夫，出处同上。)

⑤(第 263 页)经常误解了这一认识：国民经济学的理论是由“假言”判断组成的。人们过去和现在都认为国民经济学的理论仅仅是由“假定”组成的，也就是说是由为了弥补知识的一个缺陷而对一种说明的理由的暂时的和不

受约束的假设组成的。——这里存在着一个错误,从这个错误中产生了对整个理论分析工作的一种不正确的态度。在逻辑学的严格的意义上,“假言判断”指的是:如果 A 存在,则 C 存在。假言判断宣称:由一个一定的原因产生出一个一定的后果。它以“充足理由律”为基础。思维着的人不断需要假言判断,在假言判断中以特别的程度表现着理智。众所周知,表现了与假言判断的对立的是直言判断:S 是 P。正确地得出的假言判断不可辩驳地、严格必然地、不容置疑地并且绝不是暂时地有效。每一本逻辑学教科书都告知了这一点,以至于列举过的那种误解是不可原谅的。

㊺(第 268 页)关于运用的那些科学理论问题可见注㊾列举的那些著作。关于“真理”与“现实意义”的区别,此外也可见我的文章:《克服历史主义》,《施穆勒年鉴》,第 63 年度,1938 年,第 212 页及下页,本书的第 257 页及第 347 页及其以下。

在研究本身中以及在科学理论上严重地忽视了理论的运用,这是可以容易地理解的。因为不论是对“概念的国民经济学”来说,还是对“二元论”或是对“经验主义”来说,都不可能有运用。——想构思一种“应用的理论”,那是徒劳的。抽象的理论的运用是为了说明具体的历史的事实状况,根据每一次各自的情况而做的。如果以一种所谓的“应用的理论”来与所谓的“纯粹的”理论相对,那就会抹杀“抽象的”与“具体的”的区别。

㊻(第 269 页)关于由不充分的消息给认识较为过去的时代的经济实际设置的那些边界:也可见第 79 页及其以下。经济史学和国民经济学必须也在事实上一直推进到这些边界上。只有当它们把有关秩序结构的问题推到了突出地位并且从这个着眼点持续地透彻研究了各个原始资料(即使例如古代经济史)时,它们才能做到这一点。

㊼(第 270 页)关于重大的二律背反以及它的克服:此处可见第 39 页及其以下和第 337 页及其下页。

㊽(第 295 页)关于各种“动态的理论”:熊彼特在他的《经济发展理论》第 1 章的附录和第 90 页及其以下中告知了较老的文献。(关于熊彼特的动态理论:E. v. 贝克拉特,载于《施穆勒年鉴》,第 53 年度,1929 年,第 1 页及其以下。)从较新的文献中应当特别列举出:E. 伦德伯格:《经济扩张的理论的研究》,1937 年(关于它以及关于这场讨论的状况,总的来说:V. 史密斯,载于《世界经济回顾》,第 47 卷,1938 年,第 613 页及其以下);A. 庇古:《静止状态的经济学》,《经济学杂志》,1935 年;凯恩斯:《就业、利息和货币通论》,

1936年;E. 普来泽尔:《经济形势理论的基本特征》,1933年。——关于在经济史学中的各种发展理论以及关于它们与孔德和实证主义的联系:第72页及其以下,第76页及其以下和注⑫;关于静止状态:第228页及其以下。

对现代的经济形势研究的阐述:罗柏凯:《危机与经济形势》,1932年(入门的):G. 哈伯勒:《繁荣与萧条》,第2版,1940年;里昂·H. 杜普里:《全面的经济运动》,1947年。关于对各种动态理论和经济形势理论的原则性的批评,还有在注㉑中列举的那些著作。

针对对各种经济形势理论的批评所提出的反驳是:应该具有一次性的不仅是个别的经济形势运动,而且是一切经济现象(例如也看各种价格)。因此,据说必定还是有可能不仅创立一种价格理论,而且也创立一种经济形势理论。——但是,由此就没有注意到一个本质的区别:价格日复一日地在上百万种情况下都是相同形式地被要求和支付的。可是个别的经济形势运动——例如1907—1908年德国的萧条或者紧接着的1909—1913年的高涨——都是一种一次性的、不同形式的现象,它只显示出与别的一些经济形势运动的一定的相似性。各个经济形势运动缺乏那种"相同性":这种相同形式性可以在各个价格那里找到,并且是一般地提出价格问题和成功地得出一种价格理论的一个根本的先决条件。(关于经济现象的相同形式性以及关于整个的这个问题,更详细地载于我的《资本理论研究》,1934年,第15页及其以下。)

㊾(第308页)关于经济权力问题的科学讨论通常围绕着这个问题:是"经济规律"还是"政治和经济权力"决定性地决定以及在多大程度上决定经济过程。对那些主张前者的国民经济学理论家们,国民经济学的历史学家们指出了权力的重要性,然而却没有精确地研究它。这种对照和存在于该对照中的问题提法,不能产生多少成果并且应当消失。国民经济学的第一个任务是揭示那些奠定了经济权力的具体的事实状况,并且具体地研究经济权力的各个作用。(由此就同时产生了对于塑造经济宪法不同寻常地重要的洞察力。)在像当前的这样一个以巨大的风格形成着经济上的权力集结的时代中,这个任务是紧迫的。

此外关于这个问题:E. v. 庞巴维克:《权力还是经济规律?》,《国民经济杂志》,第23卷,1914年,重印于《文集》,1924年,第230页及其以下;J. 熊彼特:《分配理论的基本原则》,《社会科学文献集》,1916—1917年,第42卷;F. 凯斯特纳:《组织强迫》,1912年,第2版,1927年;E. 普来泽尔:《分配理论中的财产与权力》，对比性的提要（阿尔弗雷德·韦伯纪念文集，1948 年），第 331 页及其以下。国民经济学的历史学派对于私人经济权力的各种现代问题的态度明确地表现在社会政策协会 1905 年的那些协商中，在它们的开头是一篇施穆勒的短评。（《社会政策协会文集》，第 116 卷，1906 年。）关于经济权力集团的各种意识形态，可见本书第 33 页及其以下。

缺乏关于从重商主义者们一直到今日国民经济学对于经济权力现象的态度的精神史上的研究。此外，一般地关于历史上的权力：修昔底德，V. 第 86 页及其以下；马基雅弗里：《君主论》，Ⅱ，1532 年；雅各布·布尔克哈特：《世界历史的考察和历史学的断片》（《全集》，第 7 卷，1929 年）；弗里德里希·迈内克：《在较近的历史中的国家利益至上原则观念》，第 2 版，1925 年；B. 德·茹沃内尔：《来自权力》，第二版，1948 年。

㊿(第 317 页)关于“满足需要原则”和“赚得原则”：桑巴特：《现代资本主义》，第 4 版，1921 年，和《资产者》，1913 年，带有许多事实材料；还有：《经济生活的秩序》，第 2 版，1927 年。此外，劳姆：《一般经济史》，1932 年，第 20 页及下页；斯庇陶夫，载于《施穆勒年鉴》，第 56 年度，第 911 页及下页。桑巴特有理由地引证了亚里士多德：《政治学》，Ⅰ，8－10。两个人都错了。新近关于这个问题：吕斯托夫：出处同上，第 151 页及其以下。

注⑯和⑱中列举的那些著作告知了古代和中世纪的人们的经济行为。此外关于中世纪：G. 埃斯皮纳斯：《资本主义的起源》Ⅰ，1933 年；施特瑞德尔：《货币经济和早期资本主义》，载于《柱廊式入口——世界史》第 4 卷；凯尔特尔，载于《施穆勒年鉴》，1932 年，第 56 卷，2；茨维迪耐克—苏登郝尔斯特：《世界观与经济》，1942 年，以及由西维金在他的《世界史》，1935 年，第 79 页及下页上所列举的那些著作。

当然，不是 14 世纪所有的远地贸易商都是吕贝克的瓦伦爵普斯家人的类型的，不是 15 世纪晚期的所有远地贸易商都是奥格斯堡的富格家人的类型的。那时在一个和同一个城市和家庭里有过许多层次和历史的变化。极为经常的是，跟在性格乐于冒险和慷慨大方的世代之后而来的是领年金者的世代。正是这样一些变化在中世纪的经济史上留下了深深的痕迹。就是农民们和手工业者们的态度也经常改变：有时满意于、有时则不满意于一种一定的生计并且因此有时温和而有时好斗。如果试图把中世纪的人的经济行动说成是根据“满足需要的原则”的行动，把现代人的行动说成是根据“赚得原则”的行动，那就是以双重的方式非历史地行事：用一个词掩盖了在各个个别的民族、地区、阶层和时代中的经济行为的差别，使多种多样性消失；中世纪的各种原始资料都很清晰地显示出这种多样性，而今天的每一个进行经济活动的人都在我们的当代并且在每一个国家中经历过这种多样性。另外远为过度地强调了现代的和中世纪的对经济的态度之间的对立，而对人的各种连贯的特性则看得过少。我们在正文中谈过，在中世纪的行会会员与现代的工会会员之间，或者在中世纪的远地贸易商与现代的企业家之间存在着某些引人注目的相似性。在这方面，无疑地存在的各种区别常常与今天通常认为的不同："如果与此相反地进入了各个原始资料之中的话，那么就会得到一个几乎是不言而喻的知识：旧风格的从事经济活动的人比现代的人多得多地以一种声名狼藉的业务道德来生活。他要求得过分，造假，起伪誓，逃避赋税和关税。他轻率地借入贷款并且试图损害他的债主们，他还放高利贷。这样一种全部行为只是与他整个的还没有充分发展的经济地位相适应，所以此外根本不可能令人惊异。"（库斯科）

⑥①（第 321 页）告知"经济原则"：H. 迪采尔：《理论的社会经济学》，1895 年，第 175 页及下页。那里还有与别的、较旧的观点的争论。O. 冯·茨维迪耐克—苏登郝尔斯特：《一般国民经济学》，1932 年，引论。汉斯·默勒，载于《国民经济学和统计学年鉴》，第 150 卷，1942 年，第 241 页及其以下；A. 福伊：《古典国民经济学中的经济人及历史主义对它的批评》，马尔堡博士论文，1936 年。——谁想证实（如新近的 W. A. 越尔：《经济政策的理论基础》，1943 年，第 1 卷，第 8 章）：人的所作所为不仅可以用谋求尽可能大的赚得或"资本主义的"动机来解释，他就说得完全正确：保存自己的本能和恐惧、仇恨和争夺权力、爱和人道以及其他的动机以极为不同的方式决定着人们的行动。但是他不可以由此推断说："经济之外的目标设置和内心的冲动导致背弃经济原则。"

经济原则与人的行动的各种目的或目标无关。各个目的是极为不同的，例如可以是利己主义的或是利他主义的；而行动则总是按照经济原则的。一个修道院的领导者，他绝不想去尽可能多地赚得而是完全为人道服务，他在经营各块农田、加工各种原料、购入物品、使用捐助等等的时候都按照经济原则计划和行事。这就是说：他力图以尽可能小的价值花费达到一个一定的目的，以便能够以现有的那些农田、原料等等做出尽可能多的善事。

⑥②（第 322 页）从正文的表述中得知：必须极为慎重地对待被大量滥用了的"理性主义的"对"传统主义的"经济领导这个对照。理性主义的与传统主

义的经济活动之间的差距仅仅产生于那种地方：在那里，根据各种价格的、技术知识的或另外一种资料的变化了的状况有必要实施各种生产资料的一种新式的组合；但是，由于坚持一种旧的流传下来的做法而没有实施这种组合。但是在其他情况下，也就是在技术知识和其他资料接近恒定时，传统主义的经济和理性主义的经济是一致的。此外关于此事：见 H. 马尔夸尔特，出处同上。

㊸(第 326 页)关于价格上升时供给的减少，也就是关于价格和供应量的负的依赖性：I. 费雪：《经济学的基本原理》，1921 年，第 312 页及其以下和 436 页及其以下，带有劳动市场的好多例子。费雪说："煤矿中的较新的实验表明，各种工资的轻微上升促使工人们更长时间的劳动，但是大的提高(高于通常工资的 60%)则引起工作的无规则和减少劳动小时数的愿望。"此外：熊彼特：《国家科学简明词典》第 4 版中的词条"供给"。关于农业：迪策：《作为农业价格政策的手段的强制辛迪加》，《国民经济学年鉴》，第 145 卷，1937 年；A. 恰雅诺夫：《关于农民经济的学说》，1923 年。这种联系的数学探讨：斯塔克尔贝格：《在生产经济中的供给与需求》，《数理的经济和社会研究文献集》，1938 年，第 4 卷。

在重商主义中，把工资下降时劳动市场上的供给上升看成是常规；由此而强烈地影响了重商主义的工资政策。(也可见 E. F. 赫克雪尔：《重商主义》，1932 年，Ⅱ，第 150 页。)在那些较新的人中，例如马歇尔(《经济学原理》，Ⅵ，2 和 12)警告提防对这些情况的数量估计过高。

如果我们确定两种行为，人各按它们而具有一种"灵活的"或是"始终不变的"需要的水平，那么在这里涉及的仅仅是对物质物品的各种需要，没有涉及对闲暇的需要。没有注意到这后一种需要。在工资提高时相应地较少劳动的工人，虽然恰好像过去一样地满足他对物质物品的需要，但是他更好地满足了他对闲暇的需要。这样剔除对闲暇的需要也许是可取的，因为它与别的需要相反，恰恰是通过放弃经济活动来满足的。

㊹(第 328 页)还没有详细地澄清这一问题：按照"尽可能高的纯收入原则"的或按照"尽可能好的供应原则"的经济行动怎样影响经济过程。充分的理论研究将必须为各种不同的经济体制、集中领导的经济的形式、市场形式和货币体系提出和解答这个问题。

一旦放弃了"赚得原则"与"满足需要的原则"的对照，理论地一一般地并且同时历史地一具体地解答这一问题——人对经济的态度的差别如何也在这方面影响它的过程——就从根本上变容易了。

⑥5(第 333 页)支配着 19 世纪和 20 世纪的科学的是这一追求:埋头于一个时代的各个一次性的现象并且从历史上去把握人的行为的各种多样性。这是它的长处,又是它的弱点。它的长处——由于它唤起了对于历史上的世界及其形式的多种多样性的意识;它的弱点——由于它在它的追求上走得太远,仅仅把个别时代的人看作是历史的可变化的生物并且竟然没有再注意过,现在和过去到处都存在着人的某些基本的特征。历史主义以这种方式完全丧失了理解人的能力。它看得到的不再是活生生的人,而是图解化了的发展的形象。这样就能够普遍使用像"满足需要的原则"和"赚得原则"那样的不合乎历史的对照,并且能够认真地尝试用这一个或者另一个词来标明整个时代的经济精神。

众所周知,19 世纪的和 20 世纪初的那种个别化的、突出各个个别的历史时期和各个个别的民族特征的历史学体现着对 17 和 18 世纪的科学的一个回击。在它当中占统治地位的是这种信念(不管涉及的是笛卡尔、康德还是国民经济学家们):各个个别性的人的一切差别,不管它们会有多强烈,都并没有一直达到人的心底;然而恰恰是在全部的历史上,都存在着一个到处都可以找到的基本层。虽然这种观点并不罕见地导致了低估各个个别的民族、时代和人物的特点。就是进行经济活动的人也被古典的国民经济学家们视为一个始终不变的人物,他们相信在任何时候、任何地方都能够找到这个人物。与此相对立的是,当时的科学家并不像后来的那样对在人的态度方面的那些基本的、连贯的特征置若罔闻,这些特征是特别本质的。这是它的长处;就这点而言它对人有更大的了解。

对从事经济活动的人的正确认识将达到两种看法的一个综合。

⑥6(第 193、249、339 页)类型这个概念从柏拉图和主要是从亚里士多德那里获得了一种确定的科学内容。亚里士多德把它运用在贯穿于他的整个研究的那种追求中——把个别的东西联结成一个整体。类型可以说处于个别的现象与一般的东西之间。"他要为大量的各个现象寻找普遍地连贯的特征和类型,收集同族的东西并且由此使它相互说明,使各个问题一般化并且因此而使它们接近于解决"(鲁道夫·欧肯:《亚里士多德的研究方法》,1872 年,第 44 页及下页)。关于亚里士多德的用词:卜尼茨:《亚里士多德索引》(τνπος)。因此,亚里士多德的各个类型接近那些"现实类型"。"(类型的)同一个概念同时出现在各个最不同的领域——动物学、植物学、结晶学、化学、

语言学——中，这属于科学的较新的发展中的那些意义重大的现象”（W. 冯特：《逻辑学》Ⅱ，第3版，第55页）。必须这样补充冯特：类型概念的运用同时渗入了历史学、心理学、教育学和国民经济学。（为了了解：E. 赛特里希：《W. 斯特恩、E. 斯普朗格和M. 韦伯的类型概念的逻辑结构》，1930年。）这些类型大多数是现实类型。关于理想类型的形成，马克斯·韦伯写道：“得出它（理想类型）是通过单方面地提升一个或者也有一些着眼点以及通过把大量混乱的和不连续的、这儿较多、那儿较少、有些地方根本就不存在的个别现象（它们服从那些单方面地强调的着眼点）联合成一个自身很统一的思想构成物。在其概念的纯粹性上，这种思想的图像在实际中的任何地方都是不可能从经验上发现的，它是一种乌托邦；而对于历史学的工作来说就产生了这一任务：在每一个个别的情况下查明，现实与那种理想的图像有多近或多远，从而在多大程度上可以在概念的意义上把一个一定的城市的各种情况的经济性质称为‘城市经济的’”（《科学学论文集》，1922年，第189页及其以下，第275页及其以下，第372页及其以下。《经济与社会》，1922年，第9页及其以下）。——韦伯对于理想类型的形成所说的，不仅是一个未完成的作品，而且也包含着严重的缺陷。他既没有认识到现实类型与理想类型的基本区别，也没有认识到二者的逻辑性质，还没有认识到导致形成这两种类型的抽象方法的差别。因此，他称之为理想类型的那种类型具有一种不确定的概念内容。虽然他批评过现实类型的那种广泛流行的滥用式的使用（见本书的第100—101页及下页），但是他同时也接受了毕歇尔的那些经济阶段并且想把它们解释成理想的类型（例如在《国家科学简明词典》第3版的词条《古代农业史》中）。他把中世纪的“城市经济”同样称为一个理想的类型，就像称呼鲁滨逊经济这个样子完全不同的、真正理想类型的模型那样。由此他助长了那种通常的对理想类型和现实类型的混淆——对此我们已经谈过了（例如注㉔）。因为他对于类型的形成的观点今天还占着统治地位，而不同马克斯·韦伯争论就不可能澄清这个重要的问题的复合体，对他的批评就是不可避免的。在这里涉及的不是反对韦伯而阐发理想类型的一种新概念，而是涉及精确地和完整地确定韦伯没有清楚地和仅仅部分地看到了的东西。（关于马克斯·韦伯：B. 普菲斯特尔：《向理想类型发展》，1928年；谢尔廷：《马克斯·韦伯的科学学》，1936年，第319页及其以下。）至于名称，西格瓦特这样谈到那样一些类型：“我们把它们看作各种理想地完美的类型，以便把各个个别的样本与它们相比较”（《逻辑学》，Ⅱ，第二版，1893年，第240页及下页）。

G. 杰利内克在他的《一般国家学》中再三需要“理想类型”这个概念并且试图精确地规定它(例如第二版,1905 年,第 32 页及其以下)。M. 韦伯接受了 G. 杰利内克的概念和概念内容。韦伯的类型学说的影响是令人惊奇的:人们不仅连同它的一切重大缺点一起接受了它,而且人们甚至相信:韦伯“发现了”理想类型。韦伯本人对这后一种误解没有责任。他自己坚定地强调过,在他之前理论研究早就已经用理想类型来工作了。古典主义者们已经使用过这样一些思想上的模型。例如屠能——而且是以出色的形式;他就是对它们的逻辑性质也作了一些机智的评论(他的《孤立国》第二版的前言。此外:西尼尔:《政治经济学讲演集》,1852 年;J. S. 穆勒:《逻辑学》,第 5 版,第 6 篇,第 9 章第 3 节)。不需要特别指出,现代的理论研究使用了它们。不过,常常是没有清楚地认识到它们的逻辑性质而这样做的。

关于“现实的类型”和“理想的类型”之间的区别:毕歇尔的“家庭经济”是一种现实的类型。应当用“家庭经济”来表现古代和中世纪早期的经济实际。而屠能的“孤立国”——也就是说这样一个国家,在其中一个巨大的城市处于一个土地完全同样的平原的中央,一个没有开垦的荒野把这个国家与其余的世界完全隔开,而且在这个国家中到处都是完全竞争占统治地位——它却是一种理想类型,它被当做思想上的模式来使用。屠能没有用他的孤立国来表现现实的实际并且也不想这样做。但是他在研究具体的经济中得出了它,用它强调了具体的经济的一个方面,而用这个理想类型所获得的那些理论原理则在它们的运用中服务于揭示具体的联系。虽然我们也是这样在各种事实状况中发现了各种秩序形式——经济体制、集中领导的经济的形式、市场形式、货币体系,简言之:整个的形态学体系。它们存在于那里。科学必须在那里发现它们。但是这些秩序形式不是纯粹地存在于那里,而是各式各样地相互“融合着”——一个我们经常地碰到过的结果。通过我们个别地着重强调了它们,也就是说在思想上把它们从它们在实际的经济中所处于其中的那种融合中解脱出来,并且这样以纯粹的形式得出了它们,我们就具有了这样一种类型:它们个别的并不描摹经济现实;相反地它们却在逻辑的意义上是“理想的”。(因此,在现实类型和理想类型上,“现实的”与“理想的”的对照是一种逻辑的对照。在这里,“理想的”与“现实的”一样,并不具有规范的含义。理想的类型没有呈现出完美的理想。它不是伦理学的概念。此外:第 77 页及下页,注⑬和在那里列举的地方。)

提出过这个问题:各种“纯粹的形式”或“理想类型”对各个“模型”是什么

关系。那么:科学从实际的经济中着重突出的那些纯粹的形式被作为模型来利用,那些理论推导就是在它们之上进行的。例如,人们在现在和过去中发现了“供给垄断”。我们把这个通常与别的形式融合了的纯粹形式突出为理想的类型,并且把它作为模型、也就是作为精确地规定了的条件状况来运用。供给垄断的理论就是在这种条件状况之下推导,哪些价格得以实现,以及销售了多少数量。因此,正确地得出的各个模型恰恰不像称呼过它们的那样是“设计的模型”,而是相反的东西。

如果简单地“设定”、也就是先验地构思各种模型——就像过去和现在多次在各种市场形式上发生的那样(例子:注㉞)——那么当然能够随意构思许多模型。但是它们对于认识过程的价值不大;在它们之上得出的那些理论原理同样仍然是无法运用的。这样一些模型是为理智的游戏服务的。它们就像国际象棋。人在那里设立了一定的条件,于是理智和联想的能力就可以在游戏中前后一致地发挥。没有人声称,象棋游戏复述了一种真实的实际或者在认识过程中是直接有用的。在设定的模型上的思维游戏中,也同样少有这种情况。

㊻a(第 249、339 页)类型学和整个形态学的分析今天还在好多地方造成困难。这是可以理解的。因为所有那些已经习惯于用“阶段”或者“风格”来概括没有分析过的事实并且需要像“资本主义”等等那样的总括的名称的人,都绝不会想到着重强调的抽象和揭示现实的各种秩序形式。在纯粹文献上的讨论中将不会克服这些困难。各种市场形式和其余一切类型的获得要求国民经济学家们下定决心,在现实本身中进行工作,形态学地研究厂家和家计,放弃在离开对象的地方进行那些他们在其中出现的讨论。如果像 1945 年之后在德国东部那样集中管理的经济占统治地位,那么过程和影响都与 1918 年之后不同,当时必须主要以交换经济的方法支付某些以货币规定的数额,从而各种价格的机制在筹措和转送战争赔款上运转着。但是,只有在确定了占统治地位的各种市场形势和货币体系之时,才能够精确地描述和解释在交换经济类型的经济秩序中的战争赔款的过程和全部经济的作用。垄断或寡头垄断或竞争是否占统治地位,是否实现了带有或不带有均衡的市场形式,货币是与一种商品相联系还是以贷款的途径产生,对于单方面付款的过程和作用都是决定性的。例如,只有运用形态学的一理论的体系才使得可以说明 1871 年以后法国的战争赔款的和 1918 年以后德国的战争赔款的那些完全不同样子的后果,或者总的来说,各笔“赔款”对我们的世纪第三个十

年全部经济上发生的事情的不同寻常的影响。在别的货币体系和市场形式的范围内过程和作用就会不同。因此，恰恰是与批评的命题相反的观点是正确的：如果有关贡物、战争赔款等等的文献没有容许看清这些单方面的偿付款项事实上在其中发生的那个实际的秩序结构，它就停留在表面上。

各种秩序形式都存在于经济实际之中；经济实际每次都具有一个一定的秩序结构。日常经济生活运行于这些形式之中。如果我们没有认清那些形式，我们就放弃了对经济实际的认识。

⑰（第341页）关于理论的逻辑性质：此处可见第262页和注㉕。

歌德（《格言与反思》，周年纪念版，Ⅳ，第231页）极其确切地说："在理论使我们相信各个现象的联系这一限度内，它就其本身来说没有任何用处。"——这里也应当列举席勒。他最给人深刻印象地区分了认识的三个阶段：普通的经验主义"没有超越经验的现象"，对于它来说，各个感觉"总是个别的和偶然的"。普通的经验主义只具有"经验这唯一的一个要素并且因此不具有经验"。理性主义探求"各个经验的因果关系"。"根据我的判断，理解力的这个功能是必要的，并且是一切科学的不可缺少的条件。""但是它冒着这种危险：把在自然中联系着的那个东西严格地分离出来。"第三：就像席勒所称呼的那种"理性的经验主义"，它把普通的经验主义与理性主义结合起来，进行着科学的认识。"这样我们也就发现，导致科学的认识的，只是各种自由的思考能力的完全起作用，并且加上感官的各种感觉能力的最纯粹的并且最扩散的起作用。"（1798年1月19日致歌德的信。）席勒由此而说明了决定性的那一点。

此外：洛采：《逻辑学》，1874年，第92页及其以下，第175页及其以下，第378页及其以下。

⑱（第344页）关于定义、它的价值、它的地位及对它的滥用的利用，可见第28页、第57页及其以下、第105页及下页、第145－146页、第340－341页及下页，注①、⑨和㉓。

⑲（第344页）胡塞尔：《逻辑研究》，Ⅰ，15；也可见上面的第27页及其以下。

⑳（第346页）在19世纪和20世纪初的期间内，在全部的思维和评价的原则上历史化的运动中发生了真理观念的相对化，这种相对化如何破坏了各门科学的（而且在其中恰恰有国民经济学的）各个基础，对此1937和1938年在《施穆勒年鉴》上的历史主义讨论给出了一幅确凿的图像。历史主义与它

的真理观念相对化一起是一个运动，它激发了当代的全部精神生活。

在这种情况下，它卷入了与它自己的根本矛盾之中。熊彼特从相对主义的实证主义立场出发写道："这种精神态度的意义和价值是清楚的。""对于科学工作的实践来说，重要的不是某些'真理'，而是人们能够用来操作的那些方法，而这简直就意味着：这样来处理资料，以致出现的东西与观察到的各种事实相适应"(《经济发展的理论》第4版序言，1935年，第15页)。与此相反，此外应当着重指出：每个相对主义者(熊彼特也是)都为这样一些在这里阐发的原理本身要求真理的成分，因而不顾一切否认，还是在用真理的观念工作，并且由此而陷入自我矛盾。极其富于影响的帕累托也相似，他再三努力证明真理观念的完全多余，并且尽管如此却把这个所谓的证明看作真实的。奥尔特加附带说道："施本格勒的著作使自己窒息而死，因为他没有考虑到，各个文化的(历史上的人的各个行为的)相对性的证明就它那方面来说是绝对种类的事。历史在提示人类的各种形式的相对性时，就表达出了一种不再相对的认识"(《我们时代的任务》，没有出版年代，第288页及下页)。一切都是相对的；但是我的相对主义的信仰是绝对的——这是一种难于能够指望的、不可靠的、站不住脚的论断。

⑰(第349页)关于专业地和全面地—历史地探讨经济问题：第100页及其以下，第248页及其以下，第256页及下页，第272页及其以下，第287页及其以下，第331页及下页。

⑱(第352页)关于经济秩序在一方面、经济阶段和经济风格在另一方面的对立：此外可见第100页及其以下、第121页及其以下、第248页及其以下。

关于为每个经济秩序创立一种特殊的理论的不可能性：第108页及下页、第260页及下页、第268—269页和注㉖。

⑲(第355页)还经常看不到克服国民经济学与企业经济学的分离的必要性，原因在于错误地认识各个问题和它们的统一。关于较新的企业经济学文献的态度：M. 劳曼载于《世界经济回顾》，1936年，第44卷。在那些在其中建立了联系的较新的企业经济学著作中，应当列举：M. R. 勒曼：《一般企业经济学》，第2版，1949年；W. 普里奥：《经济企业的学说》，特别是第一篇，1935年；M. 劳曼，《企业经济学》，1936年。

⑳(第359页)关于当代的经济宪法政策的各个问题和它们的解决：可见注⑲中列举的那些文章。

⑮(第 361 页)关于法律形态与国民经济学的联系:弗兰茨·伯姆:《竞争与垄断斗争》,1933 年,《经济的秩序》,1937 年;H. 格罗斯曼—道艾尔特,载于《汉萨法律杂志》,第 20 年度,1937 年,第 282 页及其以下;G. 施麦尔德斯,载于《全部国家科学杂志》,第 101 卷,1940 年,第 64 页及其以下。也应该正是使市场形式学说成为能够对法律思想和法律政策富有成果的一个例子:一件东西的所有者是一个垄断者,他的所有权事实上对于他所具有的内容不同于对于处于与别人的竞争之中的所有者:对于一个独自向一个村庄供应水的一眼泉水的垄断式的所有者来说,这个所有物所意味的完全不同于对于那种所有者,他在与其他的水的竞争中供应他的泉水。在垄断的情况下,权力地位远为大得多,而且存在着村中的居民对泉水的所有者的依赖;如果在水的供应中存在着竞争,就会取消这种依赖。财产限制和缔约强制的各个问题各按实现了的市场形式而具有完全不同的意义;因此,应该在法律政策和法律科学上各按市场形式而不同地处理它们。

⑯(第 361 页)第六版(对第五版)的那些修改并不多;我努力以它们来更清楚地突出一些重要之点。

扩充了对各种“货币体系”的阐述(第 182 页及其以下并且特别是第 189 页及其以下);我希望,现在能够像用对各种市场形式的阐述来工作一样地用它来工作。更精确地说明“秩序”的那两个概念证明是适宜的。这出现于最后一章的新号码 15 中(第 355 页及下页)。对经济实际和它的认识的某些误解促使我插入注⑯a。另外我更准确地表达了个别的段落(例如在第 90—91、95、253—254 和 359—360 页)。

我必须再次感谢科学上的朋友们的鼓励。但是我总是应当特别感谢我的妻子。

人名译名对照表

二至三画

卜尼茨　Bonitz
马尔夸尔特　Marquardt, H.
马尔萨斯　Malthus
马克思　Marx
马基雅弗里　Macchiavelli
马歇尔　Marshall
门新　Menghin
门格尔，卡尔　Menger, Karl

四　画

贝克莱　Berkeley
贝克拉特　Beckerath, E. v.
贝多芬　Beethoven
贝希特尔　Bechtel
贝罗　Below
瓦尔拉斯　Walras
瓦克纳格尔　Wackernagel
巴罗内　Barone
巴赫　Bach
韦伯，马克斯　Weber, Max
戈森　Gossen
开普勒　Kepler
孔德　Comte
文德尔班—海姆索特　Windelband-Heimsoeth

五　画

卡尔　Carl
卡尔多　Kaldor, N.
卡弗　Carver, N.
卡西雷尔　Cassirer
卡塞尔　Cassel
弗里切　Fritsch, R.
弗里斯　Fries, J. F.
兰克　Ranke
兰格　Lange
布尔克哈特，雅各布　Burckhardt, Jakob
布洛克，耶汉·波伊纳　Broke, Jehan Boine
冯·西维金　von Sieveking, H.
冯特　Wundt, W.
艾伯特　Ebert
卢茨　Lutz, F. A.
圣西门　St. Simon
古诺　Cournot

史密斯　Smith

六　画

米尔达尔　Myrdal, G.
米切尔　Mitchell, W. C.
米勒—阿尔马克　Müller-Armacx
米勒，亚当　Müller, Adam
迈耶　Meyer, Fr. W.
迈耶，爱德华　Meyer, Eduard
迈内克，弗里德里希　Meinecke, Friedrich
西尼尔　Senior
西格瓦特　Sigwart
毕克尔　Bickel, H.
毕歇尔　Bücher
吕特戈　Lütge, F.
吕斯托夫　Rüstow
乔托　Giotto
亚里士多德　Aristotele
伍劳伊哥尔斯　Vleugels, W.
伊林　Ihering
休谟　Hume
伦德伯格　Lundberg

七　画

克尼斯　Knies, K.
克伦威尔　Cromwell
克劳姆法特　Kromphardt, W.
克劳斯　Kraus
克纳普　Knapp
克莱门斯　Klemens
克瑞西—万特鲁伯　Criacy-Wantrup
阿贝尔　Abel, W.
阿奎那，托马斯　Aquino, Thomas
阿基米德　Archimedes
阿蒙　Amonn, A.
希尔德布兰德　Hildebrand
希克斯　Hicks, I. R.
希茨　Sizi
劳姆　Laum
劳曼　Lohmann, M.
劳腾巴赫　Lautenbach, W.
李凯尔特　Rickert
李斯特，弗里德利希　List, Friedrich
李嘉图　Ricardo
库利舍尔　Kulischer, J.
库诺夫　Cunow, H.
库斯科　Kuske, B.
伯姆，弗兰茨　Böhm, Franz
伯恩海姆　Bernheim
君士坦丁　Konstanti
里夫曼—凯尔　Liefmann-Kell
苏尔策　Sulzer
狄尔泰　Dilthey, W.
庇古　Pigou
张伯伦　Chamberlin
伽利略　Galilei
利克希斯　Lexis, W.
沙林　Salin
怀特　Veit, O.

廷特纳　Tintner
杜普里，里昂·H.　Dupriez, Leon H.
纳塞尔　Neisser

八　画

罗里希，弗里茨　Rörig, Fritz
罗柏凯　Röpke, W.
罗宾逊，琼　Robinson, J.
罗宾斯　Robbins, L.
罗雪尔　Roscher
罗斯托夫采夫　Rostovtzeff
罗德贝尔图斯　Rodbertus
凯尔特尔　Kelter
凯恩　Kern
凯恩斯　Keynes
凯斯特纳　Kestner
迪尔，卡尔　Diehl, Karl
迪采尔　Dietzel, H.
迪策　Dietze, C. v.
坡廷格尔　Peutinger
坡楞厄　Plenge, J.
坡斯坦　Postan, M. M.
帕索夫　Passow, R.
帕夏，凯末尔　Pascha, Kemal
帕累托　Pareto
杰文斯　Jevons
杰利内克　Jellinek, G.
欧肯，瓦尔特　Eucken, Walter
欧肯，鲁道夫　Eucken, Rudolf
庞巴维克　Böhm-Bawerk
叔本华　Schopenhauer
林达尔　Lindahl, E.
拉伯，弗兰茨　Laab, Franz
奈特，查理斯　Knight, Charles
舍恩贝格　Schönberg
昆策　Kunze, A.
奇奥达诺　Chiaudano, M
法斯宾德　Fassbinder, M.
孟德斯鸠　Montesquieu

九　画

施本格勒　Spengler
施纳贝尔，弗兰茨　Schnabel, Franz
施麦尔德斯　Schmölders, G.
施奈德　Schneider, E.
施泰因—哈登贝格　Stein-Hardenbergischen
施特瑞德尔　Strieder
施密特—科佩斯　Schmidt-Koppers
施塔姆勒　Stammler, R.
施穆勒　Schmoller
哈色勃来克　Hasebroek, I.
哈伯勒　Haberler, G.
哈耶克　Hayek
哈恩　Hahn, A.
哈特曼　Hartmann, L. M.
哈德良　Hadria
洛采　Lotze
洛施　Lösch, A.
洛朗　Laurent, H.

威克斯　Wicks
威克斯第德　Wicksteed
威廉二世　Wilhelm Ⅱ
派尔曼　Pöhlmann
茹沃内尔，德　Jouvenel，de
修昔底德　Thukydide
勃肯　Böckh
柏格森　Bergson
叙勒　Schule
费雪　Fisher，I.
茨维迪耐克—苏登郝尔斯特　Zwiedincck-Südenhorst
恰雅诺夫　Tschajanow，A.
胡塞尔　Husserl

十　画

海夫纳　Höffner，G.
海夫纳　Höffner，J.
海尔弗里希　Helfferich，K.
海希尔海姆　Heichelheim，F.
海森伯　Heisenberg，W.
埃尔南德斯　Hernández，P.
埃奇沃思　Edgeworth
埃斯皮纳斯　Espinas
泰纳，希波里特　Taine，Hippolyte
泰勒　Taylor，W.
泰斯道尔夫　Tesdorpf，W.
特伦德伦堡　Trendelenburg，A.
特罗尔　Trower
荷马　Homer
桑巴特　Sombart
莫扎特　Mozart
格罗斯曼—道艾尔特　Grossmann-Doerth
拿破仑　Napoleon
索雷尔　Sorel，A.
哥特尔　Gottl

十一画

密切利希　Mitscherlich，W.
密克施　Miksch，L.
密克维茨，古那尔　Mickwitz，Gunnar
米塞斯　Mises，V.
康帕内拉　Campanella
康德　Kant
勒纳　Lerner
勒曼　Lehmann，M. R.
盖耶尔　Geyer，B.
盖斯特里希　Gestrich，H.
曼戈尔特　Mangoldt，V.
笛卡尔　Descartes
萨伊　Say，J. B.
梅耶　Maier，K. F.
屠能，约翰・亨利希・冯　Thünen，Johann Heinrich von
维塞尔　Wieser

十二画

斯庇陶夫　Spiethoff
斯拉法　Sraff
斯图肯　Stucken
斯特里格尔，冯　Strigl，von

斯特恩　Stern, W
斯宾塞　Spencer
斯盘　Spann
斯密，亚当　Smith, Adam
斯塔克尔贝格　Stackelberg
斯蒂达　Stieda
斯普朗格　Spranger, E.
奥尔特尔　Oertel
奥尔特加　Ortega
奥古斯丁　Augustin
奥古斯都　Augustu
奥宾　Aubin
奥维尔斯顿　Overstone
普里奥　Prion, W.
普来泽尔，艾里希　Preiser, Erich
普菲斯特尔　Pfister
舒尔特　Schulte, A.
舒尔特，阿劳伊斯　Schulte, Aloys
舒尔采—格弗尼茨　Schulze-Gävernitz
鲁屏　Ruppin
鲁滨逊　Robinson
谢尔廷　Schelting
博洽德　Burchardt
黑格尔　Hegel
道普什　Dopsch, A.

十三至十四画

福伊　Fey, A.
福特，亨利　Ford, Henry
福斯特　Foster
鲍尔，克莱门斯　Bauer Clemens
鲍道英　Baudoin, L.
路德维希二世　Ludwing Ⅱ
赫特纳　Hettner, H.
赫克雪尔　Heckscher, E. F.
熊彼特　Schumpeter
魁奈　Quesnay
赛特里希　Seiterich, E.
歌德　Goethe

十五至十八画

默勒，汉斯　Möller, Hans
穆勒　Mill, J. S.
穆勒，詹姆斯　Mill, James
霍恩，利伯　Horn, Liber
戴克里先　Diokletia
魏克赛尔　Wicksell
魏帕特　Weippert

图书在版编目(CIP)数据

国民经济学基础/(德)瓦尔特·欧肯著;左大培译.—北京:商务印书馆,2017
(汉译世界学术名著丛书:120年纪念版:珍藏本)
ISBN 978-7-100-14077-5

Ⅰ.①国… Ⅱ.①瓦… ②左… Ⅲ.①国民经济—经济学 Ⅳ.①F20

中国版本图书馆CIP数据核字(2017)第137942号

汉译世界学术名著丛书
(120年纪念版·珍藏本)
国民经济学基础
〔德〕瓦尔特·欧肯 著
左大培 译

商 务 印 书 馆 出 版
(北京王府井大街36号 邮政编码100710)
商 务 印 书 馆 发 行
南京爱德印刷有限公司印刷
ISBN 978-7-100-14077-5

2017年12月第1版 开本710×1000 1/16
2017年12月第1次印刷 印张26
定价:125.00元